古典文獻研究輯刊

十五編

潘美月・杜潔祥 主編

第9冊

20世紀《文心雕龍》研究史論（下）

李 平 著

國家圖書館出版品預行編目資料

20 世紀《文心雕龍》研究史論（下）／李平　著 — 初版 —
新北市：花木蘭文化出版社，2012〔民 101〕
目 2+180 面；19×26 公分
（古典文獻研究輯刊 十五編：第 9 冊）
ISBN：978-986-254-992-6（精裝）
1. 文心雕龍　2. 研究考訂
011.08　　　　　　　　　　　　　　　　101015063

ISBN-978-986-254-992-6

9 789862 549926

古典文獻研究輯刊
十五編　第九冊　　　　　　ISBN：978-986-254-992-6

20 世紀《文心雕龍》研究史論（下）

作　　　者　李　平
主　　　編　潘美月　杜潔祥
總 編 輯　杜潔祥
企劃出版　北京大學文化資源研究中心
出　　　版　花木蘭文化出版社
發 行 所　花木蘭文化出版社
發 行 人　高小娟
聯絡地址　新北市永和區中正路五九五號七樓
　　　　　　電話：02-2923-1455／傳真：02-2923-1452
網　　　址　http://www.huamulan.tw　信箱　sut81518@gmail.com
印　　　刷　普羅文化出版廣告事業
初　　　版　2012 年 9 月
定　　　價　十五編 26 冊（精裝）新台幣 42,000 元　　　版權所有·請勿翻印

20世紀《文心雕龍》研究史論（下）

李　平　著

目

次

下　冊

第四章　論王利器的《文心雕龍校證》

　　王利器先生作爲現代「龍學」研究的大家，最重要的貢獻在《文心雕龍》校勘方面。他在 20 世紀 40 年代寫成的《文心雕龍新書》（以下簡稱《新書》），被北京大學推薦給巴黎大學北平漢學研究所，編入《通檢叢刊》（第十五卷）刊印，並與《文心雕龍新書通檢》配套發行。隨後臺灣宏業書局、成文書局、明文書局、龍門書局等多家出版機構盜印此書，〔註1〕實際上擴大了王氏校本的影響。1980 年，王先生又修訂《新書》，更名爲《文心雕龍校證》（以下簡稱《校證》）由上海古籍出版社出版。該本付梓，邁文先生在《人民日報》上發文高度評價了此本的價值：「彙集現存各本和敦煌唐寫本 27 種，並援用前人徵引到《文心雕龍》的梁蕭繹（梁元帝）《金樓子》本共 56 種本子，加以校勘，糾謬正訛，儘量給讀者提供一個可靠的定本。」〔註2〕此評不誣，幾年後詹鍈先生出版《文心雕龍義證》，便是以《校證》本爲底本的。

　　鑒於王先生校訂《文心雕龍》的重要影響，考察先生的「龍學」研究成就，首先要關注先生在「龍學」上的校勘成就。

第一節　《文心雕龍校證》堪稱校勘範例

　　王利器先生長於校讎，他的本科畢業論文便是《風俗通義校注》，〔註3〕

〔註1〕　王利器：《我與文心雕龍》，見王貞瓊、王貞一整理：《王利器學述》，浙江人民出版社 1999 年版。

〔註2〕　王利器：《我與文心雕龍》，見王貞瓊、王貞一整理：《王利器學述》，浙江人民出版社 1999 年版。

〔註3〕　王利器：《我與風俗通義》，見王貞瓊、王貞一整理：《王利器學述》，浙江人民出版社 1999 年版。

而其等身的著述中，《新書》《校證》外，《水滸全傳》《文則‧文章精義》《世說新語》《苕溪漁隱叢話》《繹史》的點校及《鹽鐵論校注》《文鏡秘府論校注》《文筆要訣校箋》《呂氏春秋‧本味編校注》等都屬古籍校注一類。勤於校讎，是有其學統淵源與學術歷練的。先生就讀四川大學時從名宿向宗魯修讀《校讎學》，對校讎產生了濃厚的興趣，畢業論文選題校注，被學校推薦參加重慶政府舉辦的第一屆大學生畢業會考，得了滿分，後又得到北京大學傅斯年先生的稱讚，可見王先生川大畢業時已經打下了紮實的校勘功底。畢業後隨傅斯年在北京大學文科研究所攻讀三年，畢業論文選題《呂氏春秋》研究，以注疏體撰成《呂氏春秋比義》，〔註4〕足見王先生深厚的小學功夫。

當王利器應聘到北京大學任教時，傅斯年便安排先生教授四年級「校勘學」課與「《文心雕龍》」選修課。校勘學課程講授「古書舊式」與「校勘釋例」，內容較向宗魯《校讎學》及趙萬里所授陳垣《元典章校補釋例》都有所拓展；《文心雕龍》選修課則「一篇一篇、一字一句地講」，充分發揮先生的校勘特長。〔註5〕

正是長期的學術積累，使王利器在《文心雕龍》的校勘上得心應手，《新書》出版，堪稱精審，《校證》後出，更加完善。兩書融入王先生對校勘的深刻理解，專注於文字校訂，讎對精細，考論縝密，刪繁削冗，取精用巨集，行文規範，篇幅適中，堪當校勘的範例。

校讎釋義，學術界有廣義與狹義之別，但誰也不能否認校勘工作在古籍研究中的基礎性作用。程千帆先生說：「校勘工作是從事學術研究，特別是古代典籍研究的起點。」〔註6〕從王利器的《文心雕龍》校勘實踐看，先生繼承了向宗魯校讎理論，〔註7〕更側重從狹義上理解校勘，即對《文心雕龍》進行

〔註4〕 《呂氏春秋比義》論文因送審而佚失。王利器在《我與風俗通義》中說：「我的這篇約 300 萬言，裝訂成二十冊，上有傅斯年先生親筆批註的《呂氏春秋比義》論文就下落不明了。多年心血，毀於浩劫。」

〔註5〕 王利器：《我與文心雕龍》，見王貞瓊、王貞一整理：《王利器學述》，浙江人民出版社 1999 年版。中華書局編審劉宗漢爲王先生撰寫的碑誌突出了先生的校箋成就，其曰：「出於川中名宿向宗魯先生之門，學有本源，根柢深厚，平素勤勉刻苦，博聞強記。雖一九五七年一九六六年拂逆橫來，人所不堪，仍孜孜以求，手不釋卷。所治遍及四部，尤長於箋注古籍。」見王貞一撰《懷念父親王利器》，載《紅樓夢學刊》1999 年第 3 輯。

〔註6〕 程千帆、徐有富：《校讎廣義》（校勘編），《程千帆全集》（第二卷），河北教育出版社 2000 年版，第 23 頁。

〔註7〕 向宗魯說：「辨章學術者，校讎之餘事。是正文字者，校讎之本務也。」見《校

逐字逐句校訂，孜孜於「龍學」研究的基礎性工作。通讀《新書》《校證》，不難發現其中體現出先生《校讎學方法論》即《古書舊式》的精髓。

《校讎學方法論》〔註 8〕全面論述古籍各種舊式，對校勘有非常大的實用價值。《校證》比對當時能見的各種版本，勘核各類徵引古籍，不熟諳古書舊式實難勝任這一工作。先生在對避諱字的校改上便很好地注意了古籍「推崇本朝」的舊式。《校證》根據各種版本刊印的時間出校避諱字 21 處，因前校例徑改清人避「孔丘」諱的「邱」為「丘」字兩處，〔註 9〕出校傳抄者避李世民諱改「世」作「代」，「民」作「人」；宋人避帝諱改「貞」作「正」，「慎」作「謹」；清人避帝諱改「玄」作「元」，「胤」作「允」，「弘」作「宏」等。如不熟悉版本源流，不精通校勘方法，這些於文義很通暢的代用字便很難校勘出來。

陳垣校勘沈刻《元典章》，「復籀其十之一以為之例，而疏釋之」，〔註 10〕撰成《校勘學釋例》，奠定了校勘學的理論基礎。王利器在北京大學講授「校勘學」課程，熟悉校勘釋例，在《新書》《校證》與其他大量的校勘工作中，陳氏校勘學的影響不容忽視。而《校證・序錄》的後半部分近 8000 字的篇幅，便是先生的《文心雕龍》校勘釋例。

《序錄》後半部分內容以《文心雕龍》校勘為例，簡潔明瞭地介紹校勘理論。首先，明確參校文獻，以黃叔琳《輯注》養素堂本為底本，有 27 種參校版本，1 種轉引本，未徵引 6 種，援用《文心雕龍》徵引書目 53 種。還有北京圖書館藏徐渭仁手校本，乃過錄梅注本，傅增湘手校本，乃對校唐寫本，「都是校而不正，絕無發明」，便都沒有引用，而近人唐寫本校本，還有幾家沒有提及，「凡是無所發明的，我認為都沒有提及的必要」。〔註 11〕這說明先生經眼的文獻超過了列舉的書目。大量搜羅參校文獻，明確了校勘工作需竭

　　　讎學》，商務印書館 1944 年版，第 1 頁。
〔註 8〕　見《當代學者自選文庫・王利器卷》，安徽教育出版社 1999 年版，第 153～198 頁。
〔註 9〕　黃叔琳《文心雕龍輯注》本「丘」字避「孔丘」諱寫為「邱」凡三見，分別為《宗經》篇「申以九邱」，《史傳》篇「邱明同時」，《議對》篇黃注「主父」曰：「當作吾邱」。王彥坤《歷代避諱字彙典》介紹了清世諱「丘」的大致情況，「加旁」條載：《橋西雜記》云：「雍正三年，奉上諭，孔子聖諱，理應回避，令九卿會議。九卿議以凡系姓氏，俱加阝為邱字……上諭：『……嗣後除四書五經外，凡遇此字，並加阝為邱，地名亦不改易，但加阝旁，讀作期音，庶乎允協，足副尊崇先師至聖之意。」俞樾云：「謹按：加阝旁作邱，至今遵行，至讀期音，則世無知者，宜申明之也。」
〔註 10〕　陳垣：《校勘學釋例》，中華書局 1959 年版。
〔註 11〕　王利器《序錄》，見《文心雕龍校證》，上海古籍出版社 1980 年版。

澤而漁的道理。而在校勘記中，引用的舊說，除普通見得到的 15 種外，還有謝兆申、徐㶉手校本（底本汪本）、吳翌鳳手校本（底本張之象本）等 2 種稀有本與《史傳篇疏證》數條，其他眾多參校文獻過錄很少，甚至有許多一次也不引用，這說明校勘迥異乎資料彙編，需要對參校文獻進行細緻的甄選，最後達到由繁趨簡、由博返約的效果。此項工作猶如大海撈針，需要付出艱巨的勞動。《校證》加序錄、附錄才二十三萬多字，比諸多《文心雕龍》的校注本簡潔，足見先生高標準的遴選功夫。

其次，《序錄》提出了校勘工作的主要任務，「不僅在求異同，而是要定是非」；校勘的最高境界是「要使書本受到我們的益處」；同時，王利器數次致意於讀者，提出校勘需要面向讀者的意見。「恢復古書本來面目」、「接近本來面目」〔註 12〕一直是校勘工作的主要目的，先生校異同，定是非，力求使書本受益，即是此意。像《文心雕龍》這樣的古籍，版本數量大，一個字的異文多，簡單拉雜拼湊，「五花八門，弄得讀者莫名其妙」，也不符合校勘的目的。因此先生在詳細比勘，確有把握的情況下直接修改底本訛誤，「省學者兩讀」，解決了許多前人誤解或未解的問題，「減少了讀者一些困難」。〔註 13〕由此可知，讓讀者讀到可靠、簡明的讀本，也是校勘目的之一。《新書》《校證》完全達到了校勘目標，可視為校勘的範本。

再次，《序錄》提出了對舊本實事求是、對舊說批判繼承的校勘態度。校勘是在古籍流播過程中出現版本竄亂訛誤的基礎上展開的，如果版本就是原初的形式，或者經過學者精校確無訛誤，仍強為之出校，為校勘而校勘，便是以劣竄正，糟蹋古籍了。《文心雕龍》歷經滄桑，作為《校證》底本的梅注本、黃注本，係出多人之手，過錄他校尤夥，《校證》附錄列原校姓氏便有 34 家之多，其中錯訛在所難免。而其他諸家注本也有錯亂，在輾轉抄錄中，訛奪衍誤、張冠李戴的現象頗多。《文心雕龍》有校勘的必要是學術界的共識。王先生不畏艱勞，迎難而上，「盡取諸家所據材料，詳細對校一過，以梅還梅，以黃還黃，以甲還甲，以乙還乙」，實事求是，力求還原諸本的本來面目；而對於校勘的錯誤意見，「加以批判，使涇渭分流，朱紫各別，庶幾不致於信口雌黃而郢書燕說」。〔註 14〕

〔註 12〕王叔岷《斠讎學》（補訂本），臺灣商務印書館 1995 年修訂版，第 6 頁。
〔註 13〕王利器：《文心雕龍校證·序錄》，上海古籍出版社 1980 年版。
〔註 14〕王利器：《文心雕龍校證·序錄》，上海古籍出版社 1980 年版。

又，《校證》靈活運用了四種傳統校勘方法，《序錄》釋例解析了校勘方法，爲我們校勘實踐提供了範例。

隨後，王先生在《序錄》中總結了《校證》的九類校改誤例。分別是：

字形相似而誤的：如《樂府》篇「叔孫定其容典」之「典」字誤爲「與」字；《章句篇》「而善於貿代」的「貿」字誤爲「資」字。

字音相近而誤的：如《誄碑》篇「頹景豈戢」的「戢」字誤爲「忒」字，「『戢』與『立』『集』『泣』，俱緝韻字，若作『忒』，則出韻了」，之所以有此訛誤，乃先因形近誤爲「貳」，再因音近誤爲「忒」；《哀弔》篇「觀其慮瞻辭變」的「瞻」字誤爲「善」字。

一字誤爲兩字的：《銘箴》篇「警乎立履」的「警」字誤爲「敬言」兩字；《總術》篇「不必盡窕槬之中」的「槬」字誤爲「瓜㭰」兩字。

上下文偏旁相涉而誤的：《祝盟》篇「可謂祝辭之組麗也」，「麗」字因「組」字偏旁相涉而誤爲「纚」字。

俗書形近而誤的：《奏啓》篇「事略而意誣」的「誣」字誤爲「逕」。

壞文形近而誤的：《書記》篇「觀此眾條」的「眾」字繁體「眾」壞文而誤爲「四」字。

顛倒的：《檄移》篇「莫之或違者也」誤作「莫或違之者也」，《附會》篇「節文自會」誤爲「文節自會」。

脫漏的：《頌讚》篇：「讚者，明也，助也」脫漏「助也」二字；《議對》篇「驗古明今」脫漏「明」字。

增衍的：《練字》篇「子思弟子，於穆不似，音訛之異也；晉之《史記》，三豕渡河，文變之謬也」，「音」字上衍「者」字。

九類誤例，王利器都靈活運用對校法、本校法、他校法、理校法，對訛誤進行了校改。這類校改有理有據，方便讀者，有益古籍，值得校勘者學習。

最後，《序錄》交待了斷章分句的依據，即以范注爲藍本，稍有改動。

細讀《序錄》，結合《校證》具體條目，校勘學的知識便熟識了不少。因此，稱《校證》是校勘學的典型範例，當不爲過。

第二節　《文心雕龍校證》洵爲可靠讀本

學術界談論《校證》的文獻學貢獻，幾乎都會矚目於王先生蒐羅各種版

本,辨章學術,考鏡源流,校訂字句,並且與楊明照先生的校注四書進行比較,較其高下。其實,兩位「龍學」專家各有所長,不必強爲比照。

竊以爲,《校證》的文獻學價值著重體現在對《文心雕龍》文本的普及上,因爲先生的校勘,使《文心雕龍》從此有了可靠的讀本。

《文心雕龍》版本眾多,古代善本雖然彌足珍貴,但魯魚亥豕,別風淮雨,訛奪誤衍,錯誤很多,一般讀者難以辨其是非。現當代校注本也不少,但像《校證》這樣簡明的校勘本委實不多。黃侃《文心雕龍劄記》不出原文;范文瀾《文心雕龍注》大篇幅引錄資料,校勘乃其餘事;楊明照幾十年如一日,致力《文心雕龍》校注工作,但其《文心雕龍校注拾遺補正》只出條目,不列原文,《增訂文心雕龍校注》校訂精審,卻不改底本,學者兩讀尚可,普通讀者引錄便難以適從。而且,范文瀾、楊明照、詹鍈諸先生校注兼及,卷帙浩繁,非專業學者恐畏難而不肯卒讀。

茲就《校證》校改底本文字條目進行統計,列表如下,以見王利器在文字校訂上的貢獻:

篇名	校改條數	篇名	校改條數	篇名	校改條數	篇名	校改條數	篇名	校改條數
原道	3	銘箴	9	封禪	5	情采	1	指瑕	3
徵聖	7	誄碑	13	章表	7	鎔裁	1	養氣	2
宗經	11	哀弔	16	奏啓	11	聲律	11	附會	5
正緯	3	雜文	5	議對	10	章句	6	總術	5
辨騷	8	諧隱	2	書記	7	麗辭	2	時序	8
明詩	6	史傳	9	神思	4	比興	6	物色	2
樂府	8	諸子	5	體性	5	誇飾	6	才略	7
詮賦	17	論說	8	風骨	3	事類	3	知音	3
頌讚	9	詔策	9	通變	3	練字	3	程器	1
祝盟	13	檄移	7	定勢	2	隱秀	2	序志	1
備注	出校改字 303 處,另加《史傳》篇「邱明同時」徑改爲「丘明同時」1 處不出校,一共校改底本 304 處。其中《新書》《校證》不一致 5 處,《封禪》篇「敘離亂」條《新書》依黃本,《校證》改爲「敘離合」;《奏啓》篇「故位在鷙擊」條《新書》依黃本,《校證》改爲「故位在摯擊」;《時序》篇「劉刁禮吏而寵榮」條《新書》改「刁」爲「刀」,《校證》依黃本,不統計;《時序》篇「孫干之輩」條《新書》改「于」做「干」,《校證》依黃本不出校,不統計;《序志》篇「既沈予聞」條《新書》《校證》「沈」作「洗」,《校證》依底本,不統計。									

　　汪春泓以楊明照、詹鍈二位先生著作爲根據列表統計明代 34 家校改字數，發現「朱鬱儀校出四十字，徐燉校出五十字，梅慶生校出六十二字，王惟儉校出一百三十七字」。〔註15〕新材料發現，校勘更加精細，王利器「除了異文可通或疑義未定的不改而外」，其餘「決知其爲誤時，爲省學者兩讀，便以黃注養素堂原本爲底本而大大地有所改定」〔註16〕校改底本訛衍脫亂文字達304 處，校改底本 10 處及以上的有 8 篇之多，在《文心雕龍》校勘史上，的確是一大創舉。

　　王利器校改底本，大多數依據唐宋古本，具有較大的可靠性。充分利用唐寫本便是其一大特色。

　　《文心雕龍》最古的版本，當以敦煌遺書唐寫本《文心雕龍》殘卷爲最，「此本雖然僅存全書百分之二十六強，但就諸家比較一致認爲可據以校正今本文字者，已有四百七十餘字之多」。〔註17〕戶田浩曉《作爲校勘資料的文心雕龍敦煌本》一文，總結唐寫本在校勘上「能正形似之訛」、「能正音近之誤」、「能正語序錯倒」、「能補入脫文」、「能刪去衍文」、「能訂正記事內容」〔註18〕六大作用。唐寫本的校勘價值的確很高，王利器先生便合理利用了這一重要版本。

　　就《校證》依唐寫本的校勘情況列表如下，以窺《校證》對唐寫本的利用。

篇　　名	出校條數	據校改條數	印證他本條數	校正唐寫本訛誤
原道第一	1			
徵聖第二	26	2		
宗經第三	36	4		
正緯第四	31	5		1
辨騷第五	30	4	5	1
明詩第六	38	6	4	1
樂府第七	28	4	3	4
詮賦第八	41	14	8	1
頌讚第九	47	13	6	2

〔註15〕汪春泓：《明代關於文心雕龍校勘注釋之成就以及某些焦點問題探討之總結》，見《文心雕龍研究》第 5 輯，河北大學出版社 2002 年版，第 325 頁。
〔註16〕王利器：《文心雕龍校證·序錄》，上海古籍出版社 1980 年版。
〔註17〕林其錟、陳鳳金：《敦煌遺書文心雕龍殘卷集校·前言》，上海書店 1991 年版。
〔註18〕戶田浩曉：《文心雕龍研究》（曹旭譯），上海古籍出版社 1992 年版。

祝盟第十	44	13	4	1
銘箴第十一	44	9	6	1
誄碑第十二	43	15	4	1
哀弔第十三	35	11	9	1
雜文第十四	31	6	4	3
諧讔第十五				
合　計	475	106	53	17

　　依唐寫本的校勘分四個層次進行，第一層為依唐寫本出校，即校出唐寫本與底本的異文，總計 475 條，出校堪稱細緻；第二層次即依唐寫本校改訛誤，或增加脫文，或校正誤字，總計 106 處；第三層次依唐寫本印證他本之是，後出版本精確的校改，恰好與唐寫本合，王利器不依唐寫本校改，僅以其印證別本，以標古人校勘之功；最後層次為校正唐寫本訛誤，王先生並不一味迷信古本，而是審慎推斷，糾正了唐寫本訛誤 17 處，間接為唐寫本校勘。

　　對照楊明照《校注拾遺補正》、詹鍈《義證》及現代各家校釋本，諸家大多數與王利器的校改一致。如《原道》篇「剬詩緝頌」、「發輝事業」兩句「剬」、「輝」二字，楊明照均斷「制」、「揮」為是；《正緯》篇「黃金紫玉之瑞」條范《注》、饒宗頤《集釋稿》、斯波六郎注等校「金」為「銀」是，與《校證》同，「採摭英華」、「糅其雕蔚」中「採」「糅」二字，楊斷唐寫本作「捃」、「探」是，《校證》都據唐寫本校改底本。楊明照校注旁徵博引，與王校相輔相成，證成王改不誤。

　　當然，校改底本字句是要冒極大風險的，百密一疏，也會出現一些誤改的。如《新書》與《校證》兩個本子，在校改底本文字時也有不同的，如：《封禪》篇，《新書》「敘離亂」下注：「『亂』字原脫，梅據許延祖補。徐校本、張之象本，補『分』字。梅六次本、張松孫本，補『合』字。」而《校證》底本文字已改「亂」為「合」，注：「『合』字原脫，梅據許延祖補『亂』字。徐校本、張之象本、王惟儉本，補『分』字。梅六次本、何校本、張松孫本補『合』字。案《明詩》篇有『離合之發，萌於圖讖』語，今從之。」按，此處依本校法改「亂」為「合」，恐非。黃注引《後漢書‧祭祀志》一段《刻石文》較好地詮釋了「亂」字之義，楊明照不出校注，當表示認同；詹鍈《義證》：「按《明詩》篇『離合』與此無關」，並援梅注引錄光武東封泰山碑文為證並斷曰：「據此當仍以補『亂』字為是。《考異》：『蓋下言武功，上言離亂，

有亂必勘，自相偶屬也。』」〔註19〕

　　《奏啓》篇《新書》「故位在鷙擊」注：「『鷙』原作『摯』，黃本改。」《校證》則作「故位在摯擊」，並校黃改之非：「『摯』何校本、黃本改『鷙』，按《史記・酷吏傳》：『而縱以鷹擊毛摯爲治。』《集解》徐廣曰：『鷙鳥將擊，必張羽毛也。』此彥和所本，黃改非是。」王利器據《史記》旁證，校改「鷙」字爲「摯」；而楊明照則斷黃改爲「是」，認爲「鷙擊」即《春秋緯》、《漢書》之「鷹隼擊」，〔註20〕詹鍈則引范《注》與楊氏《校注》，雖校而不改，卻證成「鷙擊」不誤。比照三家引證材料，疑《校證》改字有誤。

　　《時序》篇，《新書》「劉刀禮吏而寵榮」，注曰：「『刀』原作『刁』，今據汪本、佘本、張之象本、《兩京》本，改。」《校證》則不改底本，仍然作「劉刁禮吏而寵榮」，注：「『刁』汪本、佘本、張之象本、《兩京》本作『刀』。」詹鍈《義證》斷句爲「劉、刁禮吏而寵榮」，引《訓故》、何焯注、范文瀾《注》證明此句所指爲劉隗、刁協，又引旁證《刁協傳》：「協字玄亮，久在中朝，諳練舊事，朝廷凡所製度，皆稟於協焉。」〔註21〕以此知《新書》據他本改字不妥。

　　《序志》篇「洗」與「沈」的校勘變化最大，最見先生用力。《新書》「既洗予聞」注：

　　　「洗」原作「沈」，佘本、《廣文選》、《梁書》作「洗」。今據改。盧云：『『沈』似當作『況』，『況』與『眂』，古通用。」紀云：「『洗』字是。」范云：「莊子《德充符》：『不知先生之洗我以善耶。』陶弘景《難沈約均聖論》云：『謹備以諮洗，顧具啓諸蔽。』『洗聞』『洗蔽』，六朝人常語也。」

爲校改一字，詳覈板本，細辨權威校本，特別是范《注》旁徵理校，鑿鑿有據，幾成定讞。然《校證》還是回復到了「沈」字，注曰：

　　　「沈」佘本、《廣文選》、《梁書》作「洗」。盧云：「『沈』似當作『況』，『況』與『眂』，古通用。」紀云：「『洗』字是。」器案《戰國策・趙策》上，武靈王平晝閒居章：「常民溺於習俗，學者沈於所聞。」即彥和所本，盧、紀說俱未是。

〔註19〕詹鍈：《文心雕龍義證》，上海古籍出版社1989年版，第808頁。

〔註20〕楊明照：《增訂文心雕龍校注》，中華書局2000年版，第326頁。

〔註21〕詹鍈：《文心雕龍義證》，上海古籍出版社1989年版，第1705頁。

由此可見，校字殊非易事。查楊明照《校注拾遺》，亦在此字上反覆斟酌，最後在《戰國策》引文後，斷曰：「則此當以作『沈』爲是。」更補出旁證：「《商子・更法篇》：『夫常人安於故俗，學者溺於所聞。』（《史記・商君傳》，《新序・善謀篇》同）《漢書・揚雄傳下》：『（解難）使溺於所聞，而不自知其非也。』『溺聞』，亦『沈聞』也。其作『洗』者，（《梁書》、《廣文選》、《經濟類編》、《廣文選刪》、《漢魏六朝正史文選》、佘本、張乙本作『洗』）乃『沈』之形誤。（盧文弨《抱經常文集》卷十四《〈文心雕龍〉輯注》書後謂『沈』當作『況』，亦非。）」〔註22〕

《校證》在依唐寫本出校方面，也偶有誤校或疏漏。如《哀弔》篇第45條「並敏於致語」句校唐寫本誤「語」爲「誥」，潘重規案斷：「王利器謂唐寫本作『誥』，非。」〔註23〕又，《辨騷》篇第43條「酌奇而不失其眞」句，《新書》《校證》出校唐寫本「眞」作「貞」，而趙萬里《唐寫本文心雕龍殘卷校記》、鈴木虎雄《敦煌本文心雕龍校勘記》、楊明照《校注拾遺補正》、潘重規《唐寫本文心雕龍合校》、林其錟、陳鳳金《敦煌遺書文心雕龍殘卷集校》均出校「其眞」作「居貞」，並斷「貞」字是，「居」字非。王先生沒有依照慣例校改底本「眞」字，亦未出校「其」作「居」，不知其所見唐寫本有誤，還是一時疏忽。

而《宗經》篇第48條，王利器依梅六次本、張松孫本改底本爲「文用」爲「運用」，不從唐寫本「久用」。詹鍈《義證》便引斯波六郎、范文瀾《注》、楊明照《校注》、潘重規《合校》諸家校語，以駁王氏校改「運用」之不當，默認唐寫本作「久用」爲是。〔註24〕

雖然王利器《校證》出校有一些疏誤，但校勘本非易事，校字尤難，王先生迎難而上，釐定一個比較可靠的讀本，對《文心雕龍》的推廣普及有著重要的意義。

第三節　《文心雕龍校證》可以還原別本

陳垣《校勘學釋例》論及對校法的長處時說：「得此校本，可知祖本或別本之本來面目。」〔註25〕王利器《新書》《校證》廣搜《文心雕龍》別本，大

〔註22〕楊明照：《增訂文心雕龍校注》，中華書局2000年版，第624頁。

〔註23〕潘重規：《唐寫本文心雕龍合校》，香港新亞研究所1970年出版，第48頁。

〔註24〕詹鍈《文心雕龍義證》，上海古籍出版社1989年版，第78頁。

〔註25〕陳垣：《校勘學釋例》，中華書局1959年版，第144頁。

量運用對校法，得此校本，可以瞭解《文心雕龍》眾多別本的原貌。

　　把《校證》與其他校注本據唐寫本出校條目予以對照，發現《校證》還是比較全面地出校了唐寫本異文，反映了唐寫本原貌。請看諸家據唐寫本的出校條數一覽表：

篇　　名	《校證》據校條數	鈴木虎雄據校條數	趙萬里據校條數	潘重規《合校》據校條數	楊明照《校注》據校條數	林其錟、陳鳳金《集校》校記條數
原道第一	1	2	1		1	
徵聖第二	26	33	24	32	16	32
宗經第三	36	52	33	39	25	45
正緯第四	31	37	26	31	18	32
辨騷第五	30	37	36	45	17	50
明詩第六	38	47	41	49	21	56
樂府第七	28	41	36	49	16	51
詮賦第八	41	52	39	45	17	46
頌讚第九	47	56	38	48	26	53
祝盟第十	44	54	48	58	16	59
銘箴第十一	44	52	44	49（另「卷之三」出校1條）	26	52
誄碑第十二	43	54	38	45	25	57
哀弔第十三	35	40	27	35	16	40
雜文第十四	31	36	40	48	21	47
諧隱第十五		1	1	1		
合　　計	475	593	470	575	261	622

　　鈴木虎雄《敦煌本文心雕龍校勘記》、趙萬里《唐寫本文心雕龍殘卷校記》、潘重規《唐寫本文心雕龍殘本合校》等專門針對唐寫本進行校勘，趙萬里出校條目與王利器相當，鈴木博士、潘重規先生僅比王先生出校多一百餘條，可見王利器《校證》對唐寫本的利用程度，反之由《校證》可窺唐寫本的面目。

　　林其錟、陳鳳金《敦煌遺書文心雕龍殘卷集校》則以敦煌遺書本爲底本，對照後出版本、集合諸家校記，撰校記 622 條，其中王利器《校證》的大量校文被錄入。亦見《校證》在唐寫本《文心雕龍》殘本校勘上的重要意義。

　　楊明照《增訂〈文心雕龍〉校注》由於附錄了潘重規《合校》，因此在校注當中，沒有全面爲唐寫本出校，據校條目當然要少得多。

　　從《新書》到《校證》，後者增加校文 44 條，刪除《時序》篇「孫於之輩」句校文 1 條，變化《新書》校文多達 721 條。兩相對照，《校證》主要增加了元至正本、明弘治十七年馮允中刊本、王惟儉《訓故》本的內容；又進一步對校紀昀評本、李詳《補注》、傳錄馮舒校本、何焯校本、謝兆申手校本、明銅活字本《御覽》、明鈔本《御覽》等，增補校文；另增加一些本校材料或旁證材料；還有些改變是兩本簡稱不一所致，如日本享保辛亥岡白駒校正句讀本，《新書》簡稱「岡本」，《校證》簡稱「日本刊本」。〔註 26〕

　　元本與傳校元本在《校證》中是兩個概念。

　　《新書》對校的傳校元本即元至正中嘉興郡學刊本，不同於元至正十五年本。王利器在《校證・序錄》中曰：「元至正十五年（1355）嘉禾刊本，……上海圖書館藏。今稱元本」；「傳校元本，元至正中嘉興郡學刊本，……北京圖書館藏，底本爲廣東朱墨套印。紀《評》本。今稱傳校元本。」〔註 27〕查上海古籍出版社影印《元刊本〈文心雕龍〉》，錢惟善《序》言是書出「嘉興郡守劉侯貞」家，並曰：「侯欲廣其傳，思與學者共之，刊梓郡庠，令余敘其首。」〔註 28〕對比可知，元至正十五年本當爲嘉興郡守刊本，王先生稱「嘉禾刊本」，估計是受傅增湘的影響。〔註 29〕

　　傳校元本爲北京圖書館藏本，注「元至正中嘉興郡學刊本」，據《校證》出校排序，估計此本爲 1355～1368 年間刻印。每半葉九行，行十七字，與上海圖書館藏本每半葉十行，行二十字不同版。

　　查楊明照《增訂文心雕龍校注》，知傳校元本即「近人倫明校元至正本」，

〔註 26〕《文心雕龍校證》依然有兩條沒有把「岡本」更換成「日本刊本」。一處爲《指瑕》篇第 28 條「可以無慚於千載也」句校文，一處爲《附會》篇第 15 條「昔張湯擬奏而再卻」句校文。

〔註 27〕王利器：《文心雕龍校證・序錄》，上海古籍出版社 1980 年版。

〔註 28〕《文心雕龍》（元刊本），上海古籍出版社據上海圖書館藏元刻本影印，1993 年版。

〔註 29〕傅增湘《徐興公校〈文心雕龍〉跋》曰：「阮華山之宋槧，自錢功甫一見後，跡迹遂隱；即黃蕘圃所得之元至正嘉禾本，後此亦不知何往。」《元史・地理志》載：「嘉興路，唐爲嘉興縣。石晉置秀州。宋爲嘉禾郡，又升嘉興府。」則嘉興、嘉禾爲一地二名。然歷史上以「嘉禾」爲地名比較混亂，曾一度爲建陽縣名，後明代「崇禎十二年以桂陽之倉禾堡置，析臨武縣地益之」（《明史・地理志》），還曾以「嘉禾嶼」指廈門。

北京圖書館藏，僅有《原道》至《書記》二十五篇，「與上海圖書館所藏者對勘，不但彼此文字有異，行款亦截然不同。因知元至正中所刻《文心》，非止一版也」。〔註30〕

在《新書》中，王利器校勘時排傳校元本於唐寫本之後，據其出校88條，《書記》篇以後僅出《養氣》篇校文一條，說明傳校元本確爲殘本。傳校元本在《文心雕龍》的校勘中往往被忽視，閱讀《新書》，能夠瞭解此本情況。

《校證》進一步在傳校元本之前出校元本。兩相對勘，即可略知兩個元本的區別。《校證》出校元至正本與傳校元本文字相同的有78處，另有十處傳校元本文字與元本異，如《論說》篇「言不持正論如其已」二句八字，《校證》注傳校元本作「才不持論寧如其已」，而元本則作「才不持論如其已」〔註31〕七字；又如《封禪》篇「雖文理順序」傳校元本「順」作「頗」，元本則作「煩」字。

可惜的是，《校證》並沒有充分利用元本出校，僅據元本出校80餘條，在還原元本方面略遜於楊明照《校注》。王元化先生說：「今人王利器先生的《文心雕龍校證》、楊明照先生的《文心雕龍校注拾遺》，都以之作爲主要的對校本之一。特別是楊著，校勘周詳精審；作者以養素堂本爲底本，……綜其讎校元至正本所得，計一百七十多條。」〔註32〕

《新書》附錄王惟儉《訓故》本校勘記，總計得524條，《校證》則把校勘記融入進來，統計得339條，約占單行校勘記的三分之二。因此，可以說《校證》較全面還原了王惟儉《訓故》本的面目。

雖然《校證》或多或少有一些瑕疵，在校改底本上存在一些疏忽，但在《文心雕龍》校勘方面的貢獻不可低估，「龍學」專家廣泛認同便是《校證》文獻學價值的最好證明。

第四節　王利器「范注」訂補考辨

范文瀾的《文心雕龍注》是《文心雕龍》注釋由傳統向現代轉型的開始，在校注方面，「范注」網羅古今，擇善而從，上補清人黃叔琳、李詳的疏漏，下啓今人楊明照、王利器的精審，具有承前啓後、繼往開來的重要意義，被

〔註30〕楊明照：《增訂文心雕龍校注》，中華書局2000年版，第1041頁。
〔註31〕《文心雕龍》（元刊本），上海古籍出版社據上海圖書館藏元刻本影印，第83頁。
〔註32〕王元化：《文心雕龍・前言》（元刊本），上海古籍出版社據上海圖書館藏元刻本影印。

視爲《文心雕龍》研究史上的一座里程碑，至今仍是《文心雕龍》最通行的讀本和「龍學」入門的階石。「范注」是作者任教於南開大學時在「口說不休，則筆之於書」的基礎上寫成的，據趙西陸說脫稿於 1923 年。1925 年由天津新懋印書館以《文心雕龍講疏》爲名刊行，1929～1931 年北平文化學社分上中下三冊出版時更名爲《文心雕龍注》，1936 年上海開明書店出版七冊線裝本。「龍學」界一般認爲，北平文化學社本係根據新懋印書館《講疏》大加修訂而來，開明書店本又是從文化學社本施以若干修訂而來，至此「范注」基本定型。1958 年經作者又一次核對訂正，人民文學出版社（原古籍刊行社或古典文學出版社）分二冊重印，這就是現在流行的本子。

然而，據王利器《我與〈文心雕龍〉》一文回憶，作者 50 年代在文學刊行社工作時，曾擔任范文瀾《文心雕龍注》重版的責任編輯。他說，開始范老不同意重印這部書，認爲是「少作」，存在不少問題。他則表示這次做責任編輯，一定盡力把工作作好。在整理過程中，他訂補了 500 多條注文，交范老審定時，范老完全同意，並提出：「你訂補了這麼多條文，著者應署我們兩人的名字才行。」作者認爲這是當責任編輯應當作的份內工作，所以不同意署他的名字。而在作者自己的《文心雕龍校注》一書中，他訂補的 500 餘條注文均未採用。〔註 33〕這一段學壇佳話並不爲多少人所知，即使在「龍學」界此前也從未聽人說過。相反，人們一直以爲「范注」由開明書店本到人民文學本的修訂工作就是范老本人做的。而 500 多條訂補僅在數量上也是相當可觀的，完全能與李詳的《文心雕龍補注》相比。筆者將「范注」開明書店本與人民文學本放在一起比勘對照，發現兩者差別確實不小，除一些簡單的字句正誤外，重要的訂補也不少。現擇其要者分類束釋如下。

一、增　補

「范注」以字句校讎之嚴謹，典故引證之詳細，贏得了學界的一致好評。「范注」校字除正文夾校外，尚有 297 條注涉及到校字，通過如此大量的字句校勘，「范注」對《文心雕龍》原文進行了有效的勘誤訂正、疏通清理工作，在很大程度上使今本《文心》通暢可讀。另外，「范注」以典故徵引爲主，對《文心》作了全面詳細的用典考證，提供了豐富翔實的語源材料，爲讀者正

〔註33〕詳見《王利器學述》，浙江人民出版社 1999 年版，第 222～223 頁。

確理解原文含義打下了基礎。儘管如此，遺珠之憾也時或有之。對此，王利器在可能的範圍內作了增補。

（一）增補校字

《誄碑》贊曰：「頹影豈忒」。「忒」唐寫本作「戠」。王利器補注：「案唐寫本作戠是，本贊純用緝韻，若作忒則失韻。《禮記・緇衣》『其儀不忒』，《釋文》『忒一作貣』，而貣俗文又作貳，與戠形近，故戠初誤爲貳，繼又誤爲忒也。」這就以用韻爲理由，證明了唐寫本是。查楊明照《文心雕龍校注拾遺》對此句的校勘與王說完全相同。

《隱秀》：「並思合而自逢，非研慮之所求也。」「求」，黃校：「元作果，謝改。」王利器補注：「案果疑課字壞文，本書《才略篇》『多役才而不課學。』即與此同義。陸機《文賦》『課虛無以責有，叩寂寞而求音。』則課亦有責求義，謝氏臆改非是。」

《附會》：「夫才量學文，宜正體制。必情志爲神明，事義爲骨髓。」「髓」《御覽》作「鯁」。王利器補注：「案《御覽》五八五引骨髓作骨鯁，是。本書《辨騷篇》：『骨鯁所樹，肌膚所附。』亦是以骨鯁與肌膚對言。才量學文，量疑當作優，或繫傳寫之誤。殆由學優則仕意化成此語。」又，本篇「夫文變多方」，「多方」，汪本作「無方」。　王利器補注：「案《御覽》五八五引多方作無方，與汪本同，本書《通變篇》『變文之數無方。』文與此正同，疑作無方爲是。」

《才略》：「然自卿淵已前，多俊才而不課學。」王利器補注：「案《史通・雜語下》引俊才作役才，是。」

以上是用本校、他校法來判定是非，確立正字。其所校字句，大多理由充分，論證有力，故爲人所從。

（二）增補出典

《正緯》贊曰：「榮河溫洛，是孕圖緯。神寶藏用，理隱文貴。世歷二漢，朱紫騰沸。芟夷譎詭，糅其雕蔚。」開明書店本於「榮河溫洛，是孕圖緯」句後標注〔28〕，於「芟夷譎詭，糅其雕蔚」句後標注〔29〕，然均有注無文。王利器於注〔28〕後補注文：「《易乾鑿度》『帝盛德之應，洛水先溫，六日乃寒。』」

《諸子》贊曰：「辨雕萬物，智周宇宙。」王利器補注：「《莊子・天道篇》『辨雖雕萬物不自說也。』此彥和所本。《情采篇》亦引此文。」

《封禪》:「然骨掣靡密,辭貫圓通,自稱極思,無遺力矣。典引所敘,雅有懿乎。」「范注」曰:「《章表篇》『應物掣巧』《御覽》作制是也。此骨掣之掣亦當作制。雅有懿乎,紀評云『乎當作采。』」這一段注文顯然是解釋上引原文的,然開明書店本卻將其誤入注〔17〕後,而注〔17〕則是解釋「班固典引」的,這樣注文與原文就不統一了。為此,王利器在上引原文後補注〔18〕,將上引「范注」歸入,並補充曰:「案紀說是,本書《雜文篇》『班固賓戲,含懿采之華。』亦以懿采評班文。《時序篇》亦有鴻風懿采之文。」

《書記》:「喪言亦不及文」,王利器補注:「《孝經·孝親章》『孝之子喪親也,言不文。』本書《情采篇》『孝經垂典,喪言不文。』文原作交,誤。」這一條增補兼及出典與校字。

以上增補雖本著「補葺昔賢遺漏」的目的,但對完善「范注」卻有著重要的意義。

二、訂　正

「范注」以黃叔琳注本為基礎,充分吸收前人的校注成果,並參以近人在《文心雕龍》研究上的最新創獲,在名物訓詁、故實徵引方面確有總結前人之功。但是,不可否認,「范注」也還存在一些明顯的不足之處,如引文不夠精確,判斷有失武斷等。王利器在為「范注」重版做責編時,對其中的錯誤不足之處做了大量的訂正。這裡只能擇其要者做一些例示說明。

(一)訂正引文之誤

「范注」引書雖注篇名,但引文有時不能準確說明原文,且與原書每有出入。如《銘箴》有言:「仲尼革容於攲器,則先聖鑒戒,其來久矣。」開明書店本引《荀子·宥坐篇》注之:「孔子觀於魯桓公之廟,(《說苑·敬慎篇》作周廟)有攲器焉。孔子問於守廟者曰:『此為何器?』守廟者曰:『此蓋為宥坐之器。』(《敬慎》作右坐之器)孔子曰:『吾聞宥坐之器,虛則攲,中則正,滿則覆。』……孔子喟然而歎曰:『吁,惡有滿而不覆者哉!』」楊倞注曰:「宥與右同,言人君可置於座右以為戒也。」人民文學本則改引《淮南子·道應篇》注之:「孔子觀桓公之廟,(《說苑·敬慎篇》作周廟)有器焉,(《荀子·宥坐篇》作攲器)謂之宥卮。孔子曰:『善哉,予得見此器。』顧曰:『弟子取水。』水至灌之,其中則正,其盈則覆。孔子造然革容曰:『善哉,持盈者乎』。」孔子觀攲器事,

互見各書，《荀子》雖爲早者，然本篇「革容」二字，則本《淮南子‧道應篇》。所以，王利器的訂正使引文與原文聯繫得更加緊密。

　　黃叔琳注、紀昀評《文心雕龍輯注》本的頁眉大多爲紀評，然其中也有少數黃評，引用者往往混淆，「范注」也有這種情況。如《徵聖》：「故知繁略殊形，隱顯異術，抑引隨時，變通會適。」黃叔琳曰：「繁簡隱顯，皆本乎經。後來文家，偏有所尚，互相排擊，殆未尋其源。」紀評：「八字精微，所謂文無定格，要歸於是。」開明書店本將黃評與紀評混淆起來，統統謂之紀評。人民文學本對此作了訂正。再如《銘箴》注〔15〕開明書店本引紀評云亦係黃評之誤，人民文學本徑直改爲黃叔琳云。另，「范注」以黃叔琳《輯注》爲基礎，但「范注」引「黃注」時有不加注明的現象，對此王利器也予以訂正。如《宗經》：「故子夏歎書，昭昭若日月之明，離離如星辰之行，言昭灼也。」黃叔琳注曰：「《尚書大傳》『子夏讀《書》畢，見於夫子。夫子問焉，子何爲於《書》？子夏對曰，《書》之論事也，昭昭如日月之代明，離離若參辰之錯行，上有堯舜之道，下有三王之義，商所受於夫子，志之於心，不敢忘也。」開明書店本引這段話，不出黃注，人民文學本補之。又如《書記》「掩目捕雀」條注，開明書店本注〔58〕曰：「《三國魏志‧王粲傳》……」而內容實爲黃注引《何進傳》所云，故人民文學本注〔59〕訂正曰：「黃注『《何進傳》……』」。再如《程器》注〔6〕引《晉書‧王戎傳》也係黃注，開明書店本不出黃注，人民文學本補之。

　　「范注」引文雖注篇名，然篇名錯誤者也有不少。如《辨騷》注〔14〕引屈原《九章‧悲回風》：「浮江淮而入海兮，從子胥而自適。」開明書店本誤爲《九章‧橘頌》，人民文學本訂正爲《悲回風》。又如開明書店本《頌贊》注〔11〕：「《漢書‧藝文志》有李思《孝景皇帝頌》十五篇。案彥和之意，以孝惠短祚，景帝崇黃老，不喜文學；然《郊祀志》尚稱『孝惠二年，使樂府令夏侯寬，備其簫管，更名曰《安世樂》，高廟奏《武德》、《文始》、《五行》之舞……』」注中《郊祀志》乃《禮樂志》之誤，人民文學本糾之。同篇注〔32〕：「……至於贊之爲體，大抵不過一韻數言而止，雄《東方畫贊》稍長……」《東方畫贊》當爲《東方朔畫贊》，乃夏侯湛所作，爲當時所重，收入《文選》卷四十七。王利器於人民文學本中正之。再如開明書店本《雜文》注〔3〕引「《藝文類聚》五十七傅玄《七謨序》曰……」人民文學本正之爲「《全晉文》據《藝文類聚》五十七《御覽》五百九十輯傅玄《七謨序》曰……」。

除了引文篇名有誤外，「范注」引文本身也常有誤。例如：

《諧隱》注〔2〕引《左傳·宣公二年》：「城者謳曰：『睅其目，皤其腹，棄甲而復；於思於思，棄甲復來。』驂乘答歌『牛則有皮，犀兕尚多，棄甲則那。』」「驂乘答歌」當為「使其驂乘謂之曰」，王利器訂正之。

《章表》注〔9〕引《荀子·儒行篇》：「效有防表」，實為《荀子·儒效篇》：「行有防表」之誤。另，本篇注〔13〕：「胡廣，字伯起。」胡廣，字伯始。篇中「觀伯始謁陵之章，足見其典文之美焉」，正作「伯始」不誤。以上王利器均訂正之。

《議對》注〔30〕引《漢書·文帝紀》：「十三年九月，詔諸侯王公卿郡守舉賢良能直言極諫者，上親策之。」「十三年」為「十五年」之誤。另，本篇注〔36〕引《漢書·成帝紀》：「鴻嘉三年，行幸雲陽……」「三年」乃「二年」之誤。以上人民文學本均正之。

（二）訂正判斷之誤

《原道》：「玄聖創典，素王述訓。」開明書店本注曰：「玄聖應作元聖。《說文》『元，始也。』」人民文學本訂正曰：「玄聖一作元聖，非是，玄聖與素王並舉，見《莊子·天道篇》。又《春秋演孔圖》輯本，說孔子母徵在感黑帝而生，故曰玄聖。」案王利器謂「玄聖」為孔子，似可商榷。然「玄聖」不必作「元聖」則有道理。詹鍈《文心雕龍義證》：「張衡《東京賦》薛綜注：『玄，神也。』『玄聖』，謂神明的聖王，如伏羲。」李曰剛《文心雕龍斠詮》：「案作『元』者避清諱而改。」

《樂府》：「秦燔樂經，漢初紹復，制氏紀其鏗鏘，叔孫定其容與。」開明書店本注曰：「容與猶言禮儀節奏。」人民文學本訂正曰：「『容與』唐寫本作『容典』，案《後漢書·曹褒傳論》，正作容典。」王利器《文心雕龍校證》引《後漢書·曹褒傳論》：「漢初，天下創定，朝制無文，叔孫通頗采經禮，參酌秦法，雖適物觀時，有救崩敝；然先王之容典，蓋多闕矣。」注：「容，禮容也；典，法則也。」

《詔策》：「昔鄭弘之守南陽，條教為後所述，乃事緒明也。」開明書店本注曰：「《後漢書·鄭弘傳》『政有仁惠，民稱蘇息，遷淮陰太守。』劉攽曰『案漢郡無淮陰者，當是淮陽，此時未為陳國也。』案黃注引《鄭弘傳》曰『弘為南陽太守，條教法度，為後所述。』考《弘傳》並無此語，未知其何見而云然。（《後漢書·羊續之傳》稱其條教可法，為後世所述。黃注蓋誤記。）

竊疑昔鄭弘之守南陽，當作昔鄭弘之著南宮。本傳云『弘前後所陳有補益王政者，皆著之南宮，以爲故事。』據此，陽是宮字誤，南宮既誤南陽，後人乃改著字爲守字，不知弘實未爲南陽太守也。」案黃注引《鄭弘傳》所云乃《漢書・鄭弘傳》所載，「范注」只檢《後漢書・鄭弘傳》，故不知所云，王利器爲之訂正。

　　《封禪》：「錄圖曰：……」鈴木云嘉靖本作綠。「范注」開明書店本注曰：「紀評曰：『錄當作綠。』其說無考。」王利器於人民文學本訂正曰：「紀評曰：『錄當作綠。』案本書《正緯篇》『堯造綠圖，昌制丹書。』綠圖與丹書對文，嘉靖本作綠，是。」

　　《體性》：「仲宣躁銳，故穎出而才果。」開明書店本注曰：「《魏志・王粲傳》：『之荊州依劉表，以粲貌寢而體弱通侻，不甚重也。』（裴注『通侻者，簡易也。』）《王粲傳》謂粲善作文，舉筆便成，無所改定。此銳之征，又陳壽評曰：『粲特處常伯之官，興一代之制，然其沖虛德宇，未若徐幹之粹也。』此似躁之征。」王利器訂正曰：「案《程器篇》：『仲宣輕脆以躁競。』此銳疑是競字之誤。《魏志・杜襲傳》：『（王）粲性躁競。』此彥和所本。」王氏所舉本證與他證均甚有力，而「范注」則有牽強臆測之嫌。楊明照《文心雕龍校注拾遺》也據《程器篇》之本證和《魏志・杜襲傳》，認爲「『銳』應作『競』必矣。」

　　《序志》：「茫茫往代，既沈予聞。」開明書店本注曰：「沈一作洗。《莊子・德充府》『不知先生之洗我以善耶。』陶弘景《難沈約均聖論》云『謹備以諮洗，原具啓諸蔽。』洗聞洗蔽，六朝人常語也。」王利器於人民文學本訂正曰：「案《戰國策・趙策》趙武靈王曰：『學者沈於所聞。』此彥和所本，作洗者不可從。」楊明照也認爲當作「沈」，謂「其作『洗』者，乃『沈』之形誤。」」

三、補　充

　　「范注」校字、徵典每有不完備之處，王利器在訂正過程中常予以補充，並多指明何者爲彥和所本，表現出重源流、尚考證、善辨別的求眞務實精神。如開明書店本《正緯》注〔16〕：「《尙書序正義》曰：『緯文鄙近，不出聖人，前賢共疑，有所不取，通人考正，僞起哀平。』《正義》之文，蓋本彥和。唐寫本作謂僞起哀平，語意最明。」王利器於人民文學本補充曰：「又《洪範正義》『緯候之書，不知誰作，通人討核，謂僞起哀平。』正與唐寫本合。」

　　《頌贊》：「贊者，明也，助也。」「范注」：「譚獻校云：『案《御覽》有

助也二字，黃本從之，似不必有。』案譚說非。唐寫本亦有助也二字。」王利器補充曰：「下文『並颺言以明事，嗟歎以助辭。』即承此言爲說，正當補助也二字。」

《祝盟》：「若夫楚辭招魂，可謂祝辭之組纚也。」「范注」：「《楚辭·招魂》王逸注謂宋玉哀原厥命將落，欲復其精神，延其年壽，故作《招魂》。案招祝雙聲，招魂猶言祝魂。又《招魂》句尾，皆用些字。《夢溪筆談》曰：『今夔峽湖湘及江南僚人，凡禁咒句尾皆稱些，乃楚人舊俗。』咒即祝之俗字。紀評謂《招魂》似非祝詞，蓋未審招祝之互通也。」這裡解釋了「招祝」，但「組纚」仍未解釋。王利器補充曰：「又案纚也敦煌本作麗也，是。《楊子法言·吾子篇》『霧谷組麗』。李軌注『霧谷雖麗，蠹害女工。』此彥和所本。」

《雜文》：「崔瑗《七厲》，植義純正。」「范注」謂：「崔瑗《七厲》，據本傳應作《七蘇》。李賢注曰：『瑗集載其文，即枚乘《七發》之流。』《全後漢文》自《北堂書鈔》一百三十五輯得『加以脂粉，潤以滋澤』兩句。」王利器補證曰：「又案傅玄《七謨序》，《七厲》乃馬融所作，此或彥和誤記。」傅玄《七謨序》云：「馬季長作《七厲》。」劉勰蓋誤以季長爲瑗，瑗所作爲《七蘇》。

《史傳》：「唯素臣乎」，「臣」原作「心」。「范注」引紀評曰：「陶詩有『聞多素心人』句，所謂有心人也。似不必改作素臣。」並案曰：「紀說是也，素心，猶言公心耳。」王利器補充曰：「本書《養氣篇》『聖賢之素心。』是彥和用素心之證。《文選·陶徵士誄》『長實素心。』亦作素心。」

《諸子》：「辭約而精，尹文得其要。」「范注」引《四庫提要》曰：「其書本名家者流，大旨指陳治道，欲自處於虛靜，而萬事萬物則一一綜覈其實；故其言出入於黃、老、申、韓之間。……」王利器於「范注」前補充曰：「《漢志》名家《尹文子》一篇。」

《論說》：「至石渠論藝，白虎通講，聚述聖言通經，論家之正體業。」「范注」正文夾註謂孫云：《御覽》「至」下有「於」字。引孫詒讓《白虎通義考》下篇云：「今本《文心雕龍》『述』上衍『聚』字，『聖』下衍『言』字，應依《御覽》引刪。」又引《校勘記》：「『通』字『言』字並衍，諸本皆誤。《玉海》引無『通』字『言』字。」「范注」雖旁徵博引，然並未判斷孰是孰非。王利器補證：「又案本書《時序篇》『歷政講聚。』即指此事，亦作講聚，明鈔本《御覽》作講聚，是。」這就作出了判斷。「搞校勘工作的任務，不僅在

求異同，而是要定是非。」〔註34〕王利器《文心雕龍校證》對這幾句的校勘說得更明白：「『白虎講聚，述聖通經』二句八字，原作『《白虎通》講聚述聖言通經』十字，王惟儉本作『白虎講聚，述聖□□通經』，今據《御覽》、《玉海》改。」楊明照《文心雕龍校注拾遺》亦謂：「今本『通』字，非緣《白虎通德論》之名，即涉下『通』字而誤。『言』字亦涉上文而衍。《御覽》及《玉海》六二引，並無『通』『言』二字，當據刪。」

《詔策》：「《周禮》曰師氏詔王爲輕命。」「范注」引孫詒讓《札迻》說，並加案曰：「此句與上『《詩》云有命自天，明命爲重也』對文，當依梅本作《周禮》曰師氏詔王，明詔爲輕也。輕字下命字衍文，當刪。」王利器於「范注」前補充曰：「盧文弨《抱經堂文集》十四《文心雕龍輯注書後》『當作周禮曰，師氏詔王，明爲輕也。』下衍一『命』字。」

《檄移》：「齊桓征楚，詰苞茅之闕。」「苞」，黃校云：「汪本作菁。」「范注」引《左傳》僖公四年：「……爾貢包茅入……」王利器補引：「《穀梁》僖公四年傳，包茅作菁茅，此彥和所本。《管子・輕重篇》，《韓非子・外儲說左上》，包茅亦作菁茅。」楊明照《文心雕龍校注拾遺》：「若作『苞茅』（《左傳》本作『包』，他書多引作『苞』），與《左傳》雖合，於詞性則失矣。《禹貢》孔傳：『其所包裹而致者。』《左傳》杜注：『包，裹束也。』是『包』爲動詞。」

《章表》：「及羊公之辭開府，有譽於前談。」羊公，即羊祜，字叔。加車騎將軍開府如三司之儀。「范注」引「《晉書・羊祜傳》祜上表固讓曰：……」王利器補充曰：「案《御覽》五九四引《翰林論》『裴公之辭侍中，羊公之讓開府，可謂德音矣。』此彥和所本。」

《奏啓》：「若乃按劾之奏，所以明憲清國。昔周之太僕，繩愆糾謬，秦之御史，職主文法；漢置中丞，總司按劾；故位在摯擊，砥礪其氣，必使筆端振風，簡上凝霜者也。」「范注」爲前幾句徵典出注，而末兩句則未注。王利器爲之補注：「案《初學記》十二引崔篆《御史箴》『簡上霜凝，筆端風起。』此彥和所本。」

《書記》：「辭者，舌端之文，通己於人。子產有辭，諸侯所賴，不可已也。」「范注」引：「《說文》『辭，訟也。』辭之本訓爲獄訟之辭，通用爲言說之辭。《左傳》襄公三十一年『叔向曰，辭之不可以已也如是夫。子產有辭，諸侯賴之，若之何其釋辭也。』」王利器補引：「《韓詩外傳》七『君子避三端……

〔註34〕王利器：《文心雕龍校證・序錄》，上海古籍出版社1980年版。

避辯士之舌端。』此彥和所本。」

《定勢》贊曰:「枉轡學步,力止襄陵。」「襄」,謝云當作「壽」。「范注」謂:「作壽陵是。」並引《莊子‧秋水篇》:「子獨不聞夫壽陵餘子之學行於邯鄲歟?未得國能,又失其固行矣,直匍匐而歸耳。」王利器補證:「本書《雜文篇》『可謂壽陵匍匐,非復邯鄲學步。』正作壽陵不誤。」

《事類》:「有學飽而才餒,有才富而學貧。學貧者,迍邅於事義;才餒者,劬勞於辭情:此內外之殊分也。」「分」,《御覽》作「方」。「范注」引《韓詩外傳》、《南齊書‧文學傳論》,證明「學飽而才餒」之人。王利器補證:「又案《莊子‧逍遙遊》『定乎內外之分。』此彥和所本,作『方』者非是。」

四、釐 正

「范注」在浩如煙海的文史典籍裏,剔抉爬梳、引經據典,然有時也難免有錯亂。對「范注」中的一些錯亂之處,王利器也盡力釐正疏通,以使注文通暢可讀。

《正緯》:「夫六經彪炳,而緯候稠疊。」「范注」〔6〕:「《說文》『稠,多也。』《蒼頡篇》『疊,重也,積也。』《史記‧司馬相如傳》『紛綸葳蕤。』《索隱》『亂貌』」這裡,「《史記‧司馬相如傳》『紛綸葳蕤』《索隱》『亂貌』」不知所注。顯然,這是注下文「孝論昭晢,而鉤讖葳蕤。」而「范注」〔7〕在解釋這兩句時則無上引之文。王利器經過梳理,將其移到注〔7〕下。這樣,注文與原文才互相吻合。

《奏啟》:「劉隗切正,而劾文闊略。」「范注」謂:「《晉書‧劉隗傳》:『隗遷丞相司直,彈奏不畏強禦。』其奏劾祖約曰:『約幸荷殊寵,顯位選曹,銓衡人物,眾所具瞻;當敬以直內,義以方外,杜漸防萌,式遏寇害。而乃變起蕭牆,患生婢妾,身被刑傷,虧其膚髮。群小噂沓,囂聲遠被,塵穢清化,垢累明時。天恩含垢,猶復慰喻;而約違命輕出。既無明智以保其身,又孤恩廢命,宜加貶黜,以塞眾謗。』(《晉書‧祖約傳》約妻無男,而性妒,約亦不敢違忤。嘗夜寢於外,忽為人所傷,疑其妻所為。欲求去職,帝不聽。欲便從右司馬營東門私出。司直劉隗劾。)」引文「其奏劾祖約曰:……」也是《晉書‧祖約傳》所載,故注文顯得雜亂。經王利器梳理調整的注文如下:

《晉書‧劉隗傳》:「隗遷丞相司直,彈奏不畏強禦。」又《晉書‧祖約傳》,「約妻無男,而性妒,約亦不敢違忤。嘗夜寢於外,忽為人所傷,疑其妻所

為。欲求去職，帝不聽。欲便從右司馬營東門私出。司直劉隗劾之曰：『約幸荷殊寵，顯位遷曹，銓衡人物，眾所具瞻；當敬以直內，義以方外，杜漸防萌，式遏寇害。而乃變起蕭牆，患生婢妾，身被刑傷，虧其膚髮。群小嘩唶，囂聲遠被，塵穢清化，垢累明時。天恩含垢，猶復慰喻；而約違命輕出。既無明智以保其身，又孤恩廢命，宜加貶黜，以塞眾謗。』」

　　《議對》「范注」〔31〕中竄入了〔32〕的內容，即所引《漢書·董仲舒傳》和《平津侯傳》的有關記載。引這些內容顯然是為了說明原文：「仲舒之對，祖述春秋，本陰陽之化，究列代之變，煩而不慁者，事理明也。公孫之對，簡而未博，然總要以約文，事切而情舉，所以太常居下，而天子擢上也。」在這些原文後，開明書店本也標注〔32〕，但其注文內容卻竄入注〔31〕中。王利器對此作了調整，使原文標注與注文內容統一起來。

　　梁啟超曾說：「學術者，天下之公器。」1672 年，顧炎武到達山西太原，遇到閻若璩。顧炎武向閻若璩出示了自己的《日知錄》，閻氏提出了某些補充、糾正，顧氏愉快地採納了。而閻氏則把自己對《日知錄》的 50 多條補正，以「補正《日知錄》」的標題收入自己的讀書箚記《潛邱箚記》之中。〔註35〕現在，范老和王老都已仙遊歸道，當年的一段學壇佳話已成為一椿學術公案，到了該辨別清楚的時候了。本此目的，筆者對「范注」王利器訂補作了以上初步檢討。他日有人為王老編輯文集，則可進一步搜求，從而以「范注訂補」之名收入其集中，這樣才名副其實。

〔註35〕參見《四庫全書總目》，中華書局 1987 年版，第 1030 頁。

第五章　論王元化的《文心雕龍創作論》

　　王元化先生從 1937 年發表第一篇作品起到 20 世紀 90 年代末的文學創作及治學歷程，大致可以分爲三個時期：20 世紀 30 年代末至 50 年代是其早期創作和文論研究時期，這一時期，王元化以文學創作和文藝批評爲主，並開始進行學術研究。20 世紀 60 年代至 80 年代是其學術探索期，這一時期，王元化大膽探索，出版了《文心雕龍創作論》；突破禁區，對美學、「知性」、「寫眞實」、「形象思維」、「人性」等問題發表見解；開拓領域，倡導風格學的研究，其學術研究帶著濃厚的探索色彩。20 世紀 90 年代是其文化反思期，這一時期，王元化從反思黑格爾哲學開始，修改舊作，關注中國傳統文化，並將自己的反思沿著政治民主和近現代思想文化史兩個層面展開，學術研究以文化史、思想史爲重點，呈現出反思的特點。

第一節　《文心雕龍創作論》的寫作背景

　　20 世紀 60～80 年代，是王元化的學術探索期。這一時期，隨著中國文論界禁錮和解放的交替更迭，王元化的學術研究呈現出探索的特點，其主要的學術成就體現在古代文論、美學、當代文藝理論的探索研究上。其中《文心雕龍創作論》一書，不僅以詳贍精確的考證工夫，做到「根底無易其固」，還進一步揭櫫《文心雕龍》創作論部分的當代學術價值，「裁斷必出於己」，從而在《文心雕龍》研究史上佔有重要地位。書中，作者成功地運用了「三結合」的研究方法解讀中國古典文獻，開啓了「龍學」研究和古代文論研究的新局面。作者對文學創作內部規律的大膽探索，對美學、「知性」、「寫眞實」、「形象思維」、「人性」、風格學的研究和倡導，體現了一個知識份子應有的理

論探索勇氣。王元化這一階段的治學活動，從側面反映了中國學術界在 20 世紀 60～80 年代，努力擺脫庸俗社會學、唯意志論、直觀反映論的線式思維慣性，向著開放性和建設性方向發展。

王元化早在 20 世紀 40 年代問學汪公岩時，就對《文心雕龍》發生興趣。他對《文心雕龍》的喜愛也同樣受到了魯迅的啟發。解放前在國立北平鐵道管理學院教授國文時，王元化講授過《文心雕龍》。由於胡風一案的牽連，60 年代他被安置在上海作協文研所，應所裏年輕人的要求再次講授《文心雕龍》，並潛心於《文心雕龍》的研究。經過 60 年代的理論研究和文論界對其中一些篇章的爭議，至 1979 年終於有了《文心雕龍創作論》的問世。此書由於著者嚴謹求實的治學態度和詳贍精確的考證工夫，在《文心雕龍》研究史上佔有重要地位，成為新時期「龍學」和比較文學研究中的一部力作。

《文心雕龍》一書，熔史、論、評於一體，是我國古代文學批評史上體系最完整、結構最嚴密的一本專著，章學誠曾評價其為「勒為成書之初祖」（《文史通義‧詩話》）。從「古為今用」的角度看，《文心雕龍》最富理論價值的部分當屬「創作論」，王元化《文心雕龍》研究的重點正在於此。他在《文心雕龍創作論》中重點探討主客交流等八個方面的文學創作內部規律。這八個規律的遴選，王元化主要有以下三個方面的思考：一、選取那些對文藝理論有普遍意義的文論範疇；二、與西方的理論相對照，溝通東西方文論聯繫；三、以最高階段的成熟形態反照於低級階段的萌芽狀態，促使《文心雕龍》的藝術創作規律融入具有更大普遍性的美學、文藝學的大系統中，從而為建構當代文藝理論體系和具體文論研究做出貢獻。正如王元化在《〈文心雕龍〉創作論八說釋義小引》中指出的，一方面，「在闡發劉勰的創作論時，首先需要以實事求是的態度揭示它的原有意蘊，弄清它的本來面目，並從前人或同時代人的理論中去追源溯流，進行歷史的比較和考辨，探其淵源，明其脈絡。」﹝註1﹞另一方面，「如果把劉勰的創作論僅僅拘囿在我國傳統文論的範圍內，而不以今天更發展了的文藝理論對它進行剖析，從中探討中外相通、帶有最根本最普遍意義的藝術規律和藝術方法，……那麼不僅會削弱研究的現實意義，而且也不可能把《文心雕龍》創作論的內容實質真正揭示出來。」﹝註2﹞因此，《文心雕龍創作論》一書帶有鮮明的探索色彩。

﹝註1﹞ 王元化：《文心雕龍創作論》，上海古籍出版社 1979 年版，第 68 頁。
﹝註2﹞ 王元化：《文心雕龍創作論》，上海古籍出版社 1979 年版，第 69 頁。

第二節　《文心雕龍創作論》的內容特色

　　王元化的《文心雕龍創作論》在內容闡釋方面具有鮮明特色，作者把熊十力「根底無易其固而裁斷必出於己」的警句作為理論研究的指導原則，釋詞——根底無易其固，釋義——裁斷必出於己，通過嚴謹細緻的考證，全面深入的比較，將《文心雕龍》創作論上陞到現代文藝理論的高度。

一、釋詞——根底無易其固

　　歷來的研究者在詮釋、詁解《文心雕龍》中的概念、名詞和術語等方面，付出了大量的精力，取得了相當可觀的成就。但是，由於我國古代論著用語缺乏科學性，同語異義的專門名詞更是屢見不鮮，因此不免常有曲解之處，造成後來者的迷誤。尤其是一些《文心雕龍》的注本，大多重典實而略詞意。然而出典已明並不代表注釋工作的完成，有時，對一般字句的注釋往往關係到對整個篇章思想的宏觀把握。所以在《文心雕龍創作論》中，王元化通過對具體字、詞的訓釋，聯繫劉勰的文學主張，對前代注家之誤，進行了考證釐清，提出了不少新觀點，如對「物」與「虛靜」諸詞的訓解即屬此例。

　　在《文心雕龍》中，對「物」字的解釋關係到如何理解劉勰在《物色篇》提出的「心物交融」這一重要的創作理論問題，因此對「物」字的訓解，有助於進一步探清《文心雕龍》創作思想的底蘊。王元化對「物」字的訓釋，緊扣《物色篇》是劉勰對藝術與現實的審美關係的論述，首先從《經籍籑詁》所輯先秦至唐代的訓釋，共 50 餘例中，釐清排除，得出對「物」字最常見的解釋為「雜帛也」、「萬物也」、「事也」、「器也」、「外境也」，接著考證《文心雕龍》一書中除物字與他字連綴成詞者外，用物字凡 48 處，通過分析又得出這些物字，除極少數外，都具有同一涵義的結論。但是范文瀾《文心雕龍注》一書，在釋《神思篇》「神與物遊」一句時，取黃侃之說，作「外境」解，而在釋下文「物沿耳目」一句時，卻做截然不同的「事也理也」解，這就容易令人產生種種誤會。王元化指出：「物」字若作「事理」解，從訓詁說是失去了本義，從馬克思主義的認識論來說，「只有感性事物（外境或自然） 才能夠被感覺器官（耳目）所攝取。至於『事理』則屬抽象思維功能方面，決不能由感官直接來捕捉。……說抽象的事理可以通過作為感官的耳目直接感覺到，這顯然是不合理的。」〔註

〔註 3〕　王元化：《文心雕龍創作論》，上海古籍出版社 1979 年版，第 78 頁。

3﹚如此,《神思篇》「物」字之訓,前後並無歧義,即王國維《釋物篇》所考「雜色牛」的訓釋,引申為「萬有不齊之庶物」,從而或釋為「外境」、或釋為「自然」、或釋為「萬物」均可。這才是《文心雕龍》所論心物交融說的「物」字的勝解。王元化在此採用乾嘉漢學的考證功夫,從唯物主義認識論中尋求支持,將考辨之功與對文意的整體把握相結合,得出了令人信服的結論。

對「虛靜」一詞的訓釋,歷來注家往往將《神思篇》虛靜說和道家思想聯繫在一起,王元化認為如此則與劉勰的「陶鈞文思,貴在虛靜」的構思手段不合。因為從實質上,老莊的虛靜說完全是以虛無出世的思想為內容,他們把虛靜理解為一種絕聖去智、無知無欲的混沌境界,並以這種境界作為養生的最高目標,但劉勰則是將虛靜作為一種陶鈞文思的積極手段,認為這是構思之前的必要準備。劉勰在《養氣篇》所說的「水停以鑒,火靜而朗」,正是他的虛靜說的自注。水停火靜都是以達到明鑒的積極目的為出發點的。由此觀之,劉勰的「虛靜」與道家的「虛靜」二者的區別是顯而易見的。故而歷來注家,如黃侃《文心雕龍箚記》引《莊子》「惟道集虛」及《老子》「三十幅共一轂,當其無,有車之用」來闡釋「陶鈞文思,貴在虛靜」是有所缺失的。王元化在這裡敏銳地察覺到了前代注家之失,那麼劉勰的「虛靜」說是否別有所本呢?他通過對先秦諸子提倡虛靜說的各家主張進行檢索,發現荀子曾在《解蔽篇》中提出「虛壹而靜」之術,此詞雖最早出於宋銒、尹文的著作,但荀子卻賦予它新的涵義:虛則入──心能虛,才能攝取萬物萬理;壹則盡──心能壹,才能窮盡萬物萬理;靜則察──心能靜,才能明察萬物萬理。由此可見,荀子的「虛壹而靜」之說也是作為一種思想活動前的準備工作而提出的。王元化通過對「虛壹而靜」的追根溯源,為劉勰「虛靜」說的理論淵源作出了更合理的解釋。

同樣,對於藝術想像中的「杼軸獻功」、意象中的「離方遁圓」等詞的訓釋,王元化也都提出了自己的見解和看法,力圖對詞語的本意進行還原,做到「根底無易其固」。

二、釋義──裁斷必出於己

王元化在《文心雕龍創作論》中擷取了八組審美範疇:審美主體—審美客體的關係(心物交融說)、藝術材料—藝術想像的關係(杼軸獻功說)、風格—個性的關係(才性說)、表象—概念的關係(擬容取心說)、思想—感情

的關係（情志說）、創作過程三步驟（三準說）、藝術結構整體—部分關係（雜而不越說）、自覺—非自覺的關係（率志委和說）。這八組審美範疇主要分別探討了文學創作的八個內部規律問題：即創作活動中主客關係、藝術想像、創作個性、表象與概念、思想與情感、藝術結構，以及藝術創作過程和創作行爲的自覺與不自覺等。

在《釋〈養氣篇〉率志委和說——關於創作的直接性》一文中，王元化重點探討的是創作行爲的自覺與不自覺過程。他首先指出「率志委和」一語是指文學創作過程中的一種從容不迫直接抒寫的自然態度。接著提出過去注家用《莊子・知北遊》「生非汝有是天地之委和」或《抱朴子・至理篇》：「身勞則神散，氣竭則命終」二句去解釋「率志委和」一詞，是未得確解的。通過對比剖析，王元化揭櫫了劉勰在《神思篇》一方面提出「是以秉心養術，無務苦慮；含章司契，不必勞情也」，另一方面又強調「積學以儲寶，酌理以富才，研閱以窮照，馴致以懌辭」的重要。因爲作家從事文學創作活動，一方面必須依靠平日的辛勤磨練，不斷積累；另一方面又必須在寫作時，採取一種直抒胸臆的自然態度。這其實就是今天文藝理論中討論的關於文學的創作發生階段的問題。首先與其他任何創造一樣，作家從事文學創作也得有生產所必需的材料，即使某一文學作品可能是獨創的和前所未有的，它也是以一定的材料爲基礎和內容而建構起來的。材料，是文學創作的第一要素，也是文學創作過程的第一起點，但是有了材料，祇是具備了從事文學創作的最基本條件，一部好作品的產生，亦有賴於作家在具體創作過程中的狀態。作家在創作過程中，有時會出現一種創作激情突然迸發的現象，那一刻，思想豁然開朗，想像分外活躍，無數生動的意象和美麗的辭句，紛至沓來，流於筆端。其實這種現象就是「靈感」或者即指「創作的直接性」或「直接因素」。王元化說：「這裡所說的『創作的直接性』就是指作家把認識生活方面的活躍想像力和藝術實踐方面的敏銳表現力結合在一起，讓它們在整個創作過程中間攜手並進。」﹝註4﹞創作的直接性，一方面有賴於平時材料的積累，另一方面有賴於靈感的光顧，激情的迸發。現在我們將「靈感」這類文學創作問題視爲常識，但在唯心唯物僵硬對立、庸俗社會學泛濫的時代，揭示「率志委和」即「創作的直接性」，是需要很大的理論勇氣的。王元化對創作過程中「創作的直接性」的論述，有力地反駁了文論界長期存在的創作要從概念出發，

﹝註4﹞　王元化：《文心雕龍創作論》，上海古籍出版社1979年版，第221頁。

忽視藝術創作規律特殊性的錯誤觀點。

第三節　《文心雕龍創作論》的研究方法

「通常所謂的理論『方法』，至少包括這樣兩層涵義：一是指理論研究的工作方法，如考證方法、賞析方法、評論方法以至於社會學方法、心理學方法、語言學方法、自然科學方法等；另一是指研究工作者的思維方式，亦即思想方法，如辯證方法、形而上學方法等。前者體現人們從不同角度、不同層次上去探究和把握文藝現象的趨向，它更多地與文藝本身的特性相關合；後者則構成認識主體對於客觀世界總體的反映模式，從而更直接地與研究者的世界觀相聯繫。」〔註5〕就理論研究的工作方法而言，每個學科都有各自的特殊方法論，但也有一些共通的方法。

王元化的《文心雕龍創作論》在學界引起巨大反響之一是緣於其中前所未有的研究方法，在《〈文心雕龍創作論〉第二版跋》中，王元化對自己的研究方法做了一個特別說明：「在六十年代的頭一、二年開始醞釀並撰寫本書的時候，正是學術界自由探討的空氣比較活躍的時候，報刊上時或出現一些有關科研方法的文章。那時涉及到馬克思提出的由抽象上陞到具體等有關科學規律方面的理論，邊緣科學、科學雜交、科研方法（類推法、向未知方面的設想法、對比法、歸納法）、文獻和文物結合研究等等。……這種活躍的學術空氣帶來的清新氣息，不僅給人鼓舞，也使人的頭腦從僵滯狹窄的狀態變得開豁起來。它打開我的思路，使我想在《文心雕龍》的研究方面作些新的嘗試。我首先想到的是三個結合，即古今結合、中外結合、文史哲結合。」〔註6〕通觀《文心雕龍創作論》一書，我們可以將其主要採用的研究方法歸納如下：

一、宏觀微觀相結合

《文心雕龍創作論》一書採用上、下篇的寫作體例。在上篇，王元化對劉勰的身世、思想、文論觀點傾向，均用專題論文的形式，作系統深入的探索，取得了很大的成就。如考證劉勰出身於「庶族」而非「士族」，在當時是突破舊說的一項重要的研究成果。此外，王元化對劉勰前後期思想的變化，

〔註5〕 陳伯海：《文藝方法論討論中的一點思考》，《上海文學》1985 年第 9 期。
〔註6〕 王元化：《文心雕龍創作論》，上海古籍出版社 1984 年版，第 310～311 頁。

也作了深入的探索和研究。他論證《文心雕龍》成書於齊代，而《滅惑論》撰於梁代，從而闡明了劉勰前後期思想的差異，解決了劉勰思想與儒道釋諸家的關係，爲研究《文心雕龍》本身作了必要的準備工作。總之，上篇考證劉勰身世與士庶區別的問題、《滅惑論》與劉勰前後期思想變化的關係以及劉勰的文學起源論與文學創作論的概括性論述，均屬於對《文心雕龍》創作思想的周邊剖析。其價值在於把《文心雕龍》一書中展現的創作思想置於魏晉南北朝文學思想和歷史文化的背景下，這樣宏觀的總體觀念就構成了上篇的主要內容。

　　而下篇的「文心雕龍創作論八說釋義」則首先從原著中鑒別、選擇出那些對美學、文藝學有普遍意義的範疇，通過具體剖析、探幽抉微，研究並闡明《文心雕龍》的文學觀、創作論等具體內容。在具體的材料辨析過程中，書中又總是本著由考訂而史述、由史述而論斷的原則，以小見大，從現象觀本質，方法上的一個顯著特點是注重從思想背景方面分析文學理論問題。通過對《文心雕龍》《物色篇》「心物交融」說，《神思篇》「杼軸獻功」說等八個主要文學創作理論的選擇，刪繁就簡，使文學創作的基本規律凸顯在人們眼前。在對以上八個基本理論的評騭得失，闡述發揮中，形成了作者在批判繼承《文心雕龍》創作思想方面的一家之言。

二、古今中外相結合

　　王元化的《文心雕龍創作論》出版後，被學界推崇爲當時的「比較文學研究代表作」，他對此贊辭的回答是：「老實說，我對比較文學沒有研究。在撰寫本書時，我也沒有想到採取比較文學的方法。」〔註7〕他強調其自覺運用的方法是「三個結合」，即古今結合、中外結合、文史哲結合。王元化所謂的「古今結合」、「中外結合」，亦即比較研究的方法或對比研究的方法。

　　一方面，正如馬克思在《〈政治經濟學批判〉導言》所說：「人體解剖對於猴體解剖是一把鑰匙。低等動物身上表露的高等動物的徵兆，反而只有在高等動物本身已被認識之後才能理解。」〔註8〕另一方面，「不以今天更發展了的文藝理論對它進行剖析，從中探討中外相通、帶有最根本最普遍意義的藝術規律和藝術方法……那麼不僅會削弱研究的現實意義，而且也不可能把

〔註7〕　王元化：《文心雕龍創作論》，上海古籍出版社1984年版，第310頁。
〔註8〕　《馬克思恩格斯選集》第2卷，人民出版社1972年版，第108頁。

《文心雕龍》創作論的內容實質真正揭示出來。」〔註9〕可見，王元化對古今中外相結合的提倡，是從原著中提煉範疇，在鑒別、選取那些對美學、文藝學具有普遍意義的範疇之後，與西方審美理論對照，溝通東西方文論聯繫，以最高階段的成熟形態反照於低級階段的萌芽狀態，促使《文心雕龍》論述的具體的藝術規律融入美學、文藝學的大系統中，從而見出其意義和價值。

　　《文心雕龍》研究需要把古與今和中與外結合起來，進行比較對照，分辨同異，進而找出在文學發展史上帶有規律性的東西，這樣才能達到研究的目的。中國古代文學批評在長期的發展過程中形成了許多概念和範疇，如文氣、韻味、風骨、意境、格調、神韻、風雅、比興、陽剛、陰柔等等。這些概念和範疇包含著豐富的內容，但是如果我們不把它們與今天的文藝理論的概念和範疇聯繫起來，不用現代語言對它們進行科學的闡釋，就很難理解、把握它們，更談不上古為今用了。同時，中國古代文學批評是在特殊的歷史條件下產生的，它有自己的特點和特殊的發展規律。為了研究它的特點和規律，我們有必要把它和外國的文藝理論相比較，以見出我國古代文學批評的特點和貢獻。例如，中國古代文學批評中特別發展的「表情」說、「意境」論、「傳神」論，是同中國古代的抒情藝術特別發達有關。西方文藝理論中特別發展的「模倣」說、「典型」論、「逼真」說，則是古希臘土壤上特別發達的造型藝術（如雕塑）和敘事作品（史詩、悲劇等）的理論概括。在不同土壤上生長出來的文論，同中有異，異中有同，互有優勢，各有千秋。我們應該對中外文藝批評理論作比較研究，取長補短，建立有中國特色的現代文學批評理論。〔註10〕

　　「比興」是中國古典詩學的重要問題之一。在釋劉勰的「擬容取心」說時，王元化將劉勰的「比」「興」結合著「容」「心」去分析，認為劉勰的「比屬於描繪現實表象的範疇，亦即擬容切象之義。興屬於揭示現實意義的範疇，亦即取心示理之義。」〔註11〕劉勰通過「擬容取心」強調作家在塑造藝術形象時，不僅要注意摹擬現實的表象，同時更應通過現實表象去揭示現實意義，也就是說「容與心」、「比和興」在文學創作中是不可偏廢、相輔相成的。王元化通過劉勰總結魏晉辭賦創作時，有「日用乎比，月忘乎興，習小而棄大，

〔註9〕　王元化：《文心雕龍創作論》，上海古籍出版社 1979 年版，第 69 頁。
〔註10〕　參見胡經之：《中國美學史方法論略談》，《北京大學學報》1980 年第 6 期。
〔註11〕　王元化：《文心雕龍創作論》，上海古籍出版社 1979 年版，第 138 頁。

所以文謝於周人」之語，進一步論證劉勰是主張作家要通過藝術形象去揭示現實意義，而不能僅僅把藝術形象作爲描繪外在現象的單純手法。這就通過古今結合、中外結合的方式，把這一問題納入西方文論範疇：「表象」、「表現」來加以論述，將劉勰的「擬容取心說」與歌德的「意蘊說」相比較，一方面批判劉勰的形象論通過個別去表現一般，受到時代侷限，依據先入爲主的成見，用現實的個別事物去附會儒家的一般義理。比如說，詩人先有了「美刺箴誨」的觀點，而用關雎去比附后妃之德。這樣劉勰的個別與一般的關係就成了「譬喻」的關係，而歌德是反對這種譬喻文學的。另一方面王元化從馬克思「抽象上陞到具體」的觀點中得到啓示，批判了歌德的「意蘊說」重視了由個別到一般，卻忽視了由一般到個別，而其實兩者是雙向建構的過程，忽視個別的一般是抽象普遍性，忽視一般的個別是洛克的白紙說。王元化在論述中還對黑格爾美學中「藝術感知」這一命題，有準確深入的領悟。他說：「通常有一種錯誤的看法，以爲藝術的表現是把概念翻譯成爲形象。事實上恰恰相反，藝術表現是作家的一種直接需要，一種自然的推動力；形象的表現的方式應該正是作家的感受和知覺的方式。」〔註12〕在思維活動的起點上，「我們必須區分以思想形式出現的表象和以感覺形式出現的表象的不同性質」。〔註13〕在藝術構思活動中，否認形象思維而認爲創作是把感性材料的表象抽象爲概念，然後再從概念出發，通過具體的藝術表現手法化爲藝術形象是錯誤的。這是一種視文學爲圖解概念的工具，而將創作束縛在了「表象—概念，概念—表象」的公式之中。王元化在一系列文章中，反覆申述藝術表現是一種「藝術感知」的觀點。這個觀點探討的其實就是「形象思維」問題。「形象思維」在當時是一個被列入「唯心主義」的禁語。王元化對這些問題的研究，應該說給中國文論帶來了一個突破，其影響也是深遠的，成爲文論界探討藝術表現論、藝術認識論不可迴避的觀點。

三、文史哲相結合

　　理論研究的工作方法是與研究對象的特點相聯繫的，中國古代有文史哲不分的學術傳統，特別是先秦諸子的文學批評思想基本上包含在他們的學術思想裏，是和哲學、歷史、政治、倫理雜糅在一起的。而他們的有些觀點雖

〔註12〕王元化：《文心雕龍創作論》，上海古籍出版社 1979 年版，第 228 頁。
〔註13〕王元化：《文心雕龍創作論》，上海古籍出版社 1979 年版，第 150～151 頁。

不是直接論述文學的問題，卻涉及文藝的思維方式、批評方法和政治的或哲學的思想基礎。如莊子的「言不盡意」說就涉及文學反映現實的思維方式；孔子的「反苛政」、主張「仁者愛人」，孟子的「民貴君輕」的民本思想，就成為我國古代關注現實人生的創作和理論的政治思想基礎。這就要求我們對中國古代文學批評的研究要採用文史哲結合的綜合研究方法。

王元化在《文心雕龍創作論・第二版跋》中說：「我想在《文心雕龍》的研究方面作些新的嘗試。我首先想到的是三個結合，即古今結合、中外結合、文史哲結合。尤其是最後一個結合，我覺得不僅對我國古代文論的研究，就是對於更廣闊的文藝理論研究也是很重要的。我國古代文史哲不分，後來分為獨立的學科，這在當時有其積極意義，可說是一大進步，但是今天在我們這裡往往由於分工過細，使各個有關學科彼此隔絕開來，形成完全孤立的狀態，從而和國外強調各種邊緣科學的跨界研究的趨勢恰成對照。我認為，這種在科研方法上的保守狀態是使我們的文藝理論在各個方面都陷於停滯、難以有所突破的主要原因之一。」〔註14〕

王元化研究《文心雕龍》首先以哲學為基礎，由「抽象上陞到具體」，並從美學的角度去觀照分析文藝現象，總結文藝創作規律。同時從史的角度對一些文論範疇的發展加以釐清。下面試以王元化對「心物交融說」的分析為例，說明王元化這一研究方法的特點。

文學創作的過程，用中國古代文論的範疇來說，是一個心物交融的過程；用西方哲學術語來說，是審美主體與審美客體互逆交流的過程。王元化在對文學創作這一規律的探討上，在審美主客體關係上，從兩個方面作了論證：一方面，從史的角度，清理出「劉勰—龔自珍—王國維」這條中國古代文論中探討審美主客體關係的線索，並進而揭示出審美主客體關係中的相互滲透、相互交融的關係。從劉勰的「心物關係」到龔自珍的「善入善出」，再到王國維的「有我之境」與「無我之境」，通過對這條發展線索的清理，王元化揭示了中國文論心物交融的特徵，正是主體個性、獨創性與客體真實性、客觀性的滲透與交融。可見這樣一條創作規律早已潛藏在中國文論中，「心物交融」相通於「審美主客」。

另一方面，站在哲學的高度，以哲學為基礎從美學的角度去分析文藝現象。王元化從黑格爾的哲學體系出發，清理、批判黑格爾美學中「心靈」與

〔註14〕王元化：《文心雕龍創作論》，第 311 頁，上海古籍出版社 1984 年版。

「感性」的關係，「理念」與「現實」的關係，從而揭示出以近代哲學爲背景的眞正的審美主客體關係。王元化在評述黑格爾審美主客關係理論的同時，還涉及了現實主義、創作藝術典型的原則、如何評價「暴露文學」等問題，從哲學出發，理解美學，再延伸至文藝現象，王元化的研究方法可謂別具一格。

第四節　《文心雕龍創作論》的學術貢獻

　　王元化的《文心雕龍創作論》不僅在「龍學」研究史上佔有重要地位，而且爲我們進行古代文論和當代文藝理論的研究提供了新思路，其貢獻主要有以下兩點：

一、大膽突破當時的理論禁區

　　1957 年「反右派」鬥爭擴大化後，不正常的政治運動接踵而至，文藝界的主要研究方法不再是文藝批評，而是赤裸裸的階級鬥爭。與此相聯繫，當時的文學研究，主要側重於外部規律，即文學與經濟基礎以及上層建築中其他意識形態之間的關係，例如文學與政治的關係，文學與社會生活的關係，世界觀與創作方法的關係等。我們的文藝理論研究，長期存在著以政治標準爲第一，甚至爲唯一的衡量準則，注重對文藝是政治和社會的反映論的強調，而忽視對藝術創作獨特規律的研究。《文心雕龍創作論》對文學創作中主客交流等八個內部規律的探討，有利於糾正當時文學工具論帶來的忽視對文學創作自身特點研究的偏頗，是一種理論上的大膽突破。正如作者在《〈文心雕龍創作論〉第二版跋》中所說：「我覺得在古代文學研究方面存在著一種惰性作用，有些文學史和不少作家作品研究大多都是用知性分析方法寫成的，以庸俗社會學頂替科學理論，但年深日久，習慣成自然，竟然沒有人指出這種阻撓古典文學研究前進的嚴重缺陷，甚至連一兩句批評也聽不到。……這是值得重視並需加以糾正的。」〔註 15〕「我們的文藝幾乎都是照搬蘇聯的體系，充滿機械論和庸俗社會學的陳詞濫調，我企圖通過《文心雕龍創作論》盡力去糾正文學理論的這種狀況。」〔註 16〕

〔註 15〕王元化：《文心雕龍創作論》，上海古籍出版社 1984 年版，第 315 頁。
〔註 16〕王元化：《清園論學集》，上海古籍出版社 1994 年版，第 644 頁。

二、為《文心雕龍》和古代文論的研究提供了新思路、新視角

　　王元化以「根底無易其固，而裁斷必出於己」的警句作為理論研究的指導原則，以三結合的綜合研究法為具體研究方法，憑藉深厚的國學修養和嫻熟的現代哲學、美學理論知識，通過嚴謹細緻的考證，全面深入的比較，將《文心雕龍》中有關創作論的範疇上陞到當代文藝理論的高度，作出了今天應有的科學「裁斷」，真正實現了對《文心雕龍》的闡釋由傳統向現代的轉型。故而，此書不僅為《文心雕龍》研究，而且也為古代文論研究開闢了一條新的道路。其中側重於對文學內部規律的探討，也為建立當代文藝理論的框架作出了貢獻。王元化主張「應該培養一種對論證本身的理論興趣」，〔註17〕「理論畢竟不是希臘神廟中的神喻。它應該有充分的論據，有使人信服、明白易曉的論證。」〔註18〕這樣，因潛心研讀黑格爾、馬克思、恩格斯等人的哲學著作所帶來的嚴謹學風，以及抽象思辨的哲學訓練和熊十力的「根底無易其固，而裁斷必出於己」的中國國學研究思維相結合，使得王元化的《文心雕龍》研究帶上了鮮明的特色：古今融通、中外互證、文史哲結合的綜合研究法。

第五節　《文心雕龍創作論》的時代侷限

　　當然，因時代原因，《文心雕龍創作論》在某些論述上也留下了不足，如書中斥蕭子顯將陸機和劉勰所說的想像不受身觀限制這一特點向著神秘方向發展即為此。王元化引蕭子顯：「文章者，蓋情性之風標，神明之律呂也。蘊思含毫，遊心內運，放言落紙，氣韻天成。莫不稟以生靈，遷乎愛嗜，機見殊門，賞悟紛雜」〔註19〕之語，指出蕭子顯認為想像活動祇以情性和神明為依據，純粹是一種「遊心內運」的心理活動，忽視客觀世界對於作家想像活動的影響，因此指斥蕭子顯將想像往神秘方向發展。按，蕭子顯《文學傳論》一文主要談及的是文學創作的「通變」問題，他認為文章應「言尚意了」，明白易曉；「雜以風謠」，可以攙雜當時流行於宮廷的吳歌、西曲；「不雅不俗」，既不如傳統詩文典雅，也不似民間歌謠俗氣。蕭子顯的主張既通於王僧虔所說「競新哇」，「尚謠俗」，「排斥典正」，也通於劉勰在《文心雕龍·通變》中

〔註17〕王元化：《傳統與反傳統》，上海文藝出版社 1990 年版，第 98 頁。
〔註18〕王元化：《傳統與反傳統》，上海文藝出版社 1990 年版，第 32 頁。
〔註19〕蕭子顯：《南齊書》卷五十二，中華書局 1972 年版，第 907 頁。

提到的「斟酌乎質文之間，而櫽括乎雅俗之際」的問題，目的在於肯定齊梁文學的「通變」。故王元化所引蕭子顯此語實為蕭子顯文章觀的表述。當時的齊梁新貴們，既不贊同儒家文學出於對政治倫理重大內容的關注而讓「吟詠情性」帶著諷諫的目的，也不欣賞魏晉的「情」因玄學影響而帶上抽象思辨的哲理意味，而主張文藝要接近現實生活以及由這種生活引起的多重感受，直接去抒發那些即使是庸俗的、日常的，卻是源自現實生活的內心情感，他們寫文寫詩主要就是為了顯示個人才情和得到一種精神滿足，並非要蘊涵哲理或諷諫，達到什麼重大的政治目的。蕭子顯認為文章應是人的本性的標識和人的精神的音律，主張「各任懷抱，共為權衡」。「蘊思含毫，遊心內運，放言落紙，氣韻天成。莫不稟以生靈，遷乎愛嗜，機見殊門，賞悟紛雜」即是針對此點而言的。即使就蕭子顯提到的「屬文之道，事出神思，感召無象，變化不窮」〔註 20〕這一涉及文學創作時的神思現象而言，蕭子顯也並未只偏重於「神秘」之心，而忘乎想像的現實基礎。接下來的「俱五聲之音響，而出言異句；等萬物之情狀，而下筆殊形」一句，不僅講到創作離不開客觀現實，同時也談到了創作中需通過作家的主動創造，在「俱五聲之音響」、「等萬物之情狀」的基礎上，得以「出言異句」、「下筆殊形」，求得「新變」。王元化斥蕭子顯將想像往神秘方向發展云云，固然是當時「唯心」「唯物」之爭的時代產物，但王元化在此對蕭子顯的解釋亦欠周全。

另外，王元化期望通過對劉勰出身庶族的考證，以作為其正確（唯物主義）思想的身份說明，也深深地烙上了時代的印記。韋勒克、沃倫在《文學理論》一書中論述作家的出身與其思想的關係問題時曾說：「一個作家的社會出身，在其社會地位、立場和意識形態所引起的各種問題當中，只占一個很次要的部分；因為作家往往會驅使自己去為別的階級效勞。大多數宮廷詩的作者雖然出生於下層階級，卻採取了他們恩主的意識和情趣。」〔註 21〕書中還舉出雪萊、卡萊爾和托爾斯泰等作家都是「背叛」其所屬階級的明顯例子。因此，「我們決不可把作家的聲明、決定與活動同作品的實際含義相混淆。⋯⋯在作家的理論和實踐之間，信仰和創造力之間，可能有著很大的差異。」〔註 22〕

〔註 20〕蕭子顯：《南齊書》卷五十二，中華書局 1972 年版，第 907 頁。
〔註 21〕韋勒克、沃倫：《文學理論》，生活‧讀書‧新知三聯書店 1984 年版，第 95～96 頁。
〔註 22〕韋勒克、沃倫：《文學理論》，生活‧讀書‧新知三聯書店 1984 年版，第 96 頁。

　　當然《文心雕龍創作論》中的這些缺失並不影響其成為「龍學」研究中的一部力作，三結合的研究方法以及對八個文學內部規律的探討，仍為研究古典文論和建構當代文藝理論框架提供了方法論和具體闡釋的文本範例。對此，學界至今激賞不已。

第六章　論詹鍈的《文心雕龍》研究

　　詹鍈（1916～1998），字振文，山東聊城人。1938 年畢業於北京大學中文系，曾聆聽過陳寅恪、胡適、羅庸、聞一多等名師的教誨，眼界開闊，涉獵廣泛，這為他後來採用學貫中西、文史交融的治學方法奠定了堅實的基礎。先生曾輾轉各地任教，但深感當時古典文學教師中一部分人思想陳舊、門戶之見深厚、知古而不知今、知中而不知外，於是毅然於 1948 年赴美留學，並由文學研究轉向了心理學研究，1950 年獲美國南加州大學教育心理學碩士學位，1953 年獲美國哥倫比亞大學心理學博士學位。同年 7 月滿懷報效新中國的一腔熱情，衝破重重阻撓回到國內，1954 年任教於天津師範學院（河北大學前身）。但是由於特殊的歷史原因（1958 年康生親自發動對全國心理學的批判），在教了 6 年心理學之後，不得不放棄心理學轉而又回到古典文學上來。但心理學的學習與研究卻對先生以科學方法研究文學問題產生了深刻的影響。

　　詹先生由心理學轉向古典文學之後，開始涉足「龍學」領域，一生孜孜矻矻，勤耕不輟，共發表有關《文心雕龍》的專著 4 種、單篇論文 17 篇。先生不僅注重「龍學」知識的普及，編寫了作為中國文學史知識叢書之一的《劉勰與〈文心雕龍〉》，而且首創《文心雕龍》的風格學理論，主張「風格學是劉勰文學理論中的精華」，編寫了第一部《文心雕龍》風格學專著——《文心雕龍的風格學》。然其力作，還是 130 餘萬字的《文心雕龍義證》（以下簡稱《義證》）。先生是古籍整理與研究的「大家」，《義證》是先生 40 年《文心雕龍》研究心血的結晶，其取材弘富、徵引廣博、科學嚴謹，贏得了學界的一致讚譽。《義證》集前人校注之大成，奠後人校注之基石，將當代《文心雕龍》的研究推向了一個新的高峰。

　　詹先生的「龍學」研究，具有鮮明的特色，不僅在字句校注方面具有獨特的彙校集注的性質，而且在理論探討方面首創了風格學理論。本文試圖從版本敘錄、字句校注、理論內涵、治學精神等方面，對其「龍學」研究進行深入的探討，以顯示其在「龍學」史上的鮮明特色和獨特之處。

第一節　《文心雕龍》版本敘錄的特點與價值

　　《文心雕龍》作為我國古代文學理論批評史上最傑出的代表，由於古本失傳，在長期的流傳過程中出現了很多異本，其版本之眾，是其他詩文評論著作無法比擬的。因而，為了正確理解原文的本意，對如此眾多的版本進行搜羅與整理，就成為《文心雕龍》研究中一項重要而又基礎的工作。在現、當代眾多的「龍學」研究者中，王利器、楊明照兩位先生都曾對《文心雕龍》的版本進行過整理，王利器《校證》在「序錄」中列出了校勘時所依的本子，楊明照《校注》的《附錄》部分更是專門羅列了「版本」一項，但二者都仍有未厭人心之處。詹鍈先生也具有強烈的版本意識，對古籍版本進行整理與敘錄是先生一以貫之的治學方法。如他在李白研究中就首先寫成了《李太白集版本敘錄》，在《文心雕龍》研究中亦是如此，早在 1980 年，就在《中華文史論叢》第三期上發表了《〈文心雕龍〉板本敘錄》，後收錄於《義證》之中。先生強調：「《文心雕龍》是我國文學理論批評史上最有影響的一部著作，可是由於古本失傳，需要我們對現存的各種版本進行細緻的校勘和研究，糾正其中的許多錯簡，才能使我們對《文心雕龍》中講的問題，得到比較正確的理解。」〔註1〕可以說，先生在對王、楊二位先生所依版本進行覆核的基礎上，於《文心雕龍》版本的搜羅整理用力甚勤，創獲甚多。

一、版本敘錄的特點

　　版本敘錄是對古籍在流傳過程中出現的異本的成書過程、編次體例、存佚情況、版本源流等進行系統介紹的過程，詹鍈先生正是從這些方面把多年來在北京、上海、天津、南京、濟南所見的各種版本和抄校本加以介紹，希望能引起《文心雕龍》研究者的注意。由於先生的版本敘錄是在王利器《校證》和楊明照《校注》所依各種版本並加以覆核的基礎上完成的，因此我們

〔註 1〕　詹鍈：《文心雕龍義證》，上海古籍出版社 1989 年版，第 9 頁。

試圖從三者的比較中見出先生《義證》版本敘錄的特點。

（一）搜羅廣泛，敘錄完備

　　《校證》所依版本爲自唐寫本到民國六年附有李詳《補注》的龍谿精舍叢書本凡 27 種異本，另列了由諸家轉引來的異本 1 種、已知有其書而未得徵引的異本 6 種，以此來求同異、定是非。《校注》對版本搜羅用力甚勤，於《附錄》第六的「版本」項中廣泛搜羅唐以下《文心雕龍》版本之寓目者與未見者，並把它們歸爲寫本、刻本、選本等幾類，其中於已見本中收集到寫本 2 種、單刻本 11 種、叢書本 4 種、選本 11 種，共 28 種；於未見本中計寫本 5 種、刻本 18 種、校本 12 種，共 35 種，綜計其已見與未見者共計 63 種。《義證》則在二者基礎上，後出轉精，敘錄了上自元至正本、下至近世發現的唐寫本共 32 種異本。其中，除乾隆四年刊李安民批點本《文心雕龍》和顧黃合斠本《文心雕龍》未見外，均爲先生輾轉各地親眼所見。

　　先生在對王、楊兩家所依各本予以覆核的基礎上，輾轉各地補充王、楊之所未見者，對其進行完善。例如海內僅存之最早刻本——元至正十五年（1355）刊本《文心雕龍》十卷，當時范、楊、王都說沒見過這一刻本，楊明照《校注》將元至正乙未嘉禾本列於「未見」者中，云：「見錢允治跋及讀書敏求記。按黃丕烈曾得一元刻本，見蕘圃藏書題識，且有校本流傳，俱未言其刊刻年月；孫詒讓《札迻》列有黃氏校元至正刊本，當是意定之也。」〔註2〕詹鍈先生則對其進行了詳細的校勘、考訂，如從序題下方的「安樂堂藏書記」印和「明善堂覽書畫印記」得出這個本子在清代曾經爲怡親王收藏，因爲根據《藏書紀事詩》卷四第一百九十三頁記載，「安樂堂印」、「明善堂印」都是怡親王藏書的印記；其次，從錢惟善序中得知這個本子是乙未年嘉興知府劉貞刻的；再次，先生指出有不同的元刻本存在，今藏上海圖書館的元刻本與黃丕烈的藏本可能不是一個來源，因爲元至正刻本的下落一直不明，從黃丕烈《蕘圃藏書題識》卷十載《文心雕龍》跋語和傅增湘《徐興公校〈文心雕龍〉跋》就可以見出來。先生的考訂可謂發前人所未發，對《文心雕龍》的校勘具有重要的價值。

　　再如先生收錄的徐𤊹校汪一元私淑軒刻本，已成今世罕見之本，從徐𤊹父子所抄錄的許多篇序跋來看，徐氏父子收羅了元明兩朝各種版刻的《文心雕龍》，他們用來校勘的許多版本，有的已經失傳，後人多根據他們所抄補的序跋，

才知道有過這些版本。先生的敍錄爲後來的研究者透露了些許資訊。還有天啓七年謝恒抄、馮舒校本，陳鱣校養素堂本，顧譚合校本等都是先生新增校勘所得。這些版本對於《文心雕龍》的校勘都有著非常重要的參考價值。

（二）敍錄詳細，考訂用力

版本的考訂主要著眼於版本的收藏、版式特點、凡例序跋、源流及存佚等方面。《校證》敍錄極爲簡略，於每種版本的名稱之下，僅交代其行款、收藏、今稱，具體情況皆語焉不詳，王利器先生的目的僅僅是交代其校勘所用的本子，並不做詳細的考訂。《校注》相對《校證》而言，略微詳細，但是仍不夠充分，只交代了版本的行款梗概。《義證》於每種版本的考訂都甚爲詳細，對上自元至正本、下至近世發現的唐寫本等版本的相關情況作了系統的介紹，其中還不乏自己的獨到收穫。

下面以張之象本爲例，列表對照三者的敍錄情況：

		《校證》	《校注》	《義證》
版本名稱		萬曆七年（1579）張之象本	張之象本	張之象本
版本收藏		北京大學藏	無	北京大學藏
版式特點	行款	無	每半頁十行，行十九字	正文每半頁十行，每行十九字
	款式	無	文心雕龍卷一 梁通事舍人東莞劉勰撰 每篇相次，分卷則另起	文心雕龍卷一 梁通事舍人東莞劉勰撰 每卷末列有校者姓名,和卷首一致
凡例序跋		無	卷首有張氏序，知爲萬曆七年刻者	卷首有序文說：《文心雕龍》十卷四十九篇，合篇終《序志》一篇爲五十篇。……獨是書世乏善本，譌舛特甚，好古者病之。比客梁溪，見友人秦中翰汝立藏本頗佳，請歸研討，始明徹可誦。……予遂梓之。……萬曆七年（1579）歲次己卯春三月朔旦,碧山外史雲間張之象撰。 下列： 訂正文心雕龍名氏 張之象字玄超　秦　柱字汝立 校閱文心雕龍名氏

			陸瑞家字信卿　程一枝字巢父 諸純臣字民極　陸光宅字興中 張雲門字九韶　董開大字元功 楊繼美字彥孫　蔡懋孝字仲遠 沈荊石字侯璧　錢日省字三孺
殘缺情況	無	無	這個本子的《隱秀》篇和《序志》篇都不全
源流情況	涵芬樓四部叢刊景印的嘉靖本，實即張之象本，因佚去張序，便把它冒充嘉靖本了。	每卷末有校者姓名，涵芬樓所景印者即此本，惟因闕張氏序文而誤認爲嘉靖本耳。	涵芬樓《四部叢刊》影印的「嘉靖本」，少了張之象序和卷首的訂正校閱名氏，實際上是張之象本。

　　從上表所列各項的對照中可見一斑，先生不僅介紹了張之象本的收藏、行款、版式、序跋等情況，而且交代了版本的產生及源流情況，使讀者據此對這一版本能夠有充分的瞭解。更寶貴的是，對所搜羅的 32 種異本，先生敘錄大多如此詳細。可以說，先生對版本的考訂是相當盡力的。

（三）正誤存疑，考訂準確

　　先生的版本敘錄，不僅搜羅廣泛、考訂詳細，而且力圖正誤存疑、考訂準確。如世傳極少，不易得見的明王惟儉訓故本，《校證》考訂極爲簡略，云：「萬曆三十七年王惟儉訓故本，北京圖書館藏。今稱王惟儉本。」《校注》云：「見黃氏輯注。按此本明清公私書目，幾無一著錄者；以王漁洋生值清初，去損仲未遠，尚歷二十餘年始訪得之，則其傳本之少可知。」《義證》則對其進行詳細校勘，不僅介紹了刊刻時間——「萬曆三十九年（1611）自刻本」，館藏地點——「北京圖書館、山東省圖書館藏」，卷首《合刻訓注〈文心雕龍〉〈史通〉序》、《文心雕龍訓故序》的部分序語，刊刻的緣起，寫作凡例，款式，行款，跋語等情況。而且還寫有校記，爲王惟儉鳴不平，正誤存疑，提出自己的獨到見解。先生云：「《文心雕龍訓故》世間流傳很少，清黃叔琳《文心雕龍輯注》的注解部分，有很多是從這裡抄去的。黃叔琳的序中只提到是在梅慶生音注本的基礎上加工的，而沒有提《文心雕龍訓故》，只在原校姓氏表上最後加了王惟儉的姓名。其實所謂『黃叔琳注』，有多少是黃氏或其門客注的呢？」〔註3〕先生的發問是值得思考的，實際上王氏的

〔註3〕　詹鍈：《文心雕龍板本敘錄》，見《文心雕龍義證》，上海古籍出版社 1989 年

注釋內容基本都被黃氏借用，黃氏注釋對於王氏《訓故》之框架並無根本性的突破，文體論部分因襲的痕迹十分明顯，有「拾遺補缺」餘地的「創作論」部分也未能有實質性的推進。與王氏《訓故》相比較，《輯注》襲用的事實是不容否認的，而黃氏卻沒有提及《訓故》，其學術道德是值得商榷的。楊明照先生評價《輯注》謂：「刊誤正偽，徵事數典，皆優於王氏訓故、梅氏音注遠甚，清中葉以來最通行之本也」，並沒有指出黃氏《輯注》對王氏《訓故》的襲用，詹鍈先生對此卻有清醒的認識，這樣對王惟儉及《訓故》也才是公平的。關於《輯注》對王氏《訓故》的襲用，後來也成為學界公認的事實。

關於梅慶生萬曆己酉音注本《文心雕龍》的刊刻地點一直頗有爭議。楊明照據徐𤊹跋、顧起元序，主張刻於南京；而詹鍈據明錢允治跋，主張刻於南昌。通過考證，我們發現徐𤊹跋云：「此本吾辛丑年校讎極詳，梅子庾刻於金陵」兩語在時間上並不連續，辛丑為萬曆二十年，此時梅氏尚未刻印此本，今見梅氏天啟二年六次校定本才為「金陵聚錦堂梓」。其己酉初刊本第一頁板口下方有「吉安劉雲刊」五字。而錢允治跋歷數自至正至萬曆各本刻印的時間與地點，云：「按此書至正乙未刻於嘉禾，弘治甲子刻於吳門，嘉靖庚子刻於新安，辛卯刻於建安，癸卯又刻於新安，萬曆己酉刻於南昌」，言之鑿鑿，故梅本似初刊於南昌為是，詹鍈先生的校勘應是準確的。

我們知道，梅慶生音注本有幾個不同的版本，戶田浩曉教授稱現存的梅慶生音注本至少有六種不同的板本，即劉本（有顧起元序文第一頁板心下方刻「吉安劉雲刊」五字）、昌平本（內閣文庫所藏昌平阪學問所舊藏本）、姜本（姜午生訂校的梅慶生音注本）、聚錦堂本、天啟本（有曹學佺序）、古吳陳長卿本。在《校證》中，王利器僅列出了兩種即萬曆三十七年梅慶生校本和天啟二年梅慶生第六次校定本；《校注》稱「見此本凡三種：一為金陵聚錦堂本，一為古吳陳長卿本，……餘一本無刊刻年地，顧序為許廷祖楷書，卷一首頁板心下欄空白，餘悉與上述二本同」，但楊明照對此三種刻本原文有無不同缺乏一定的瞭解，在原文校注過程中將所見這三種不同梅慶生音注本一概稱之為「梅本」，並以聚錦堂梓行本代表所有異本，這不能不說是一種疏漏。《義證》中，詹鍈就所見指出了四種不同的梅慶生音注本，即萬曆三十七年刻本、天啟二年梅慶生重修音注本、此本又有兩種——金陵聚錦堂本和古吳

陳長卿本、天啓二年曹批梅慶生第六次校定本，並且詳細比較了天啓二年曹批梅慶生第六次校定本與金陵聚錦堂本、古吳陳長卿本的異同之處：相同之處是三個本子在板式大小、刊刻字體、斷板處等方面都是一樣的；不同之處是這個本子每篇都加印了曹學佺的眉批，增加了《定勢》篇，補刻了《隱秀》篇缺文兩板。如此清晰的校勘，避免了發生文字校注時各版本互相混淆的錯誤，對弄清《隱秀》篇補文的真偽也提供了一些版本上的依據。

（四）溯源討流，正本清源

《義證》的版本敘錄，不僅僅介紹各版本的收藏、版式、殘缺、書法等情況，更重要的是對一些重要版本的源流進行了考辨，這也是《文心雕龍》其他研究著作的版本敘錄所缺乏的。源流者，歷史也；版本源流，亦即版本之歷史淵源。考訂版本源流，是版本研究工作中的一項重要內容，即對圖書版本的發生、發展過程及其相互關係的一種研究，摸清理順版本發生發展的過程，以及在發展過程中形成的相互之間的「親」、「疏」關係。凡是傳世愈久、流佈愈廣、影響愈大的古籍，其版本種類就愈多，版本源流就愈複雜，《文心雕龍》便是如此。《文心雕龍》許多版本之間的關係異常複雜，因此理清各版本之間的關係不失為一項非常有意義的工作，它有助於辨別、比較、確定各版本的優劣，為進一步的字句校注、理論研究提供真實可靠、完整優良的材料依據。

詹鍈先生對重要版本的源流都做了考辨，如元至正本作為現存最早的刻本，與明清許多的刻本都存在著淵源關係。現存最早的明刻本是弘治十七年（1504）馮允中刊本，先生認定其《隱秀》篇和《序志》篇缺文與元至正刻本同，且從都穆跋語：「梁劉勰《文心雕龍》十卷，元至正間嘗刻於嘉興郡學，歷歲既久，板亦漫滅。弘治甲子，監察御史彬陽馮公出按吳中，謂其有益於文章家，而世不多見，為重刻以傳」，可以見出馮本乃直接出自元至正本。而馮本又是明清許多版本的祖本，如汪一元私淑軒刻本。在對其敘錄中，先生交代了它與弘治本的關係，「此本從弘治本出，而略有增改。《隱秀》篇、《序志》篇缺文與元至正本同。」另外嘉靖癸卯佘誨刻本、萬曆己卯張之象本、萬曆壬午《兩京遺編》本及崇禎己卯徐𤊻校汪一元私淑軒刻本等都出自馮允中本，與元至正本出入甚少，大致都屬於同一個版本系統。先生的源流考訂，簡明扼要，便於讀者明白。

再如，於天啓七年（1627）謝恒抄、馮舒校本敘錄的最後，先生云：「這

個鈔校本曾經錢遵王、季振宜收藏，何焯的所謂校宋本《文心雕龍》，就是校的這個本子，而黃叔琳輯注本則是從何焯校本翻刻的。上引錢功甫、馮舒跋語，陸心源《皕宋樓藏書志》、張金吾《愛日精廬藏書志》都曾輾轉傳錄。錢功甫校宋本在錢牧齋後即已失傳。這個本子就是以錢功甫本為底本的唯一鈔校本了。」這段校語清楚地說明了錢功甫本，謝恒抄、馮舒校本，何焯校本，黃叔琳輯注本四種版本之間的淵源傳承關係，讓人一目了然。

因為版本的源流關係和宗族家譜之間的關係有相似之處，所以可以像宗譜、家譜圖系一樣，用圖表的方式來反映版本源流。而且以圖表線條代替文字敘述，具有形象直觀之特點、一目了然之功效。為更清楚地瞭解《文心雕龍》的版本源流關係，筆者在《義證》版本敘錄文字基礎上，繪製一張《文心雕龍》版本源流關係圖，以更清晰地理解先生的版本考訂。

（說明：1.實線表示翻刻前一種版本或以前一種版本為底本而加以校勘的；2.虛線表示校勘時所根據的或曾參考過的版本；3.有些沒有連接實線或虛線的版本，它們的繼承關係還待進一步調查。）

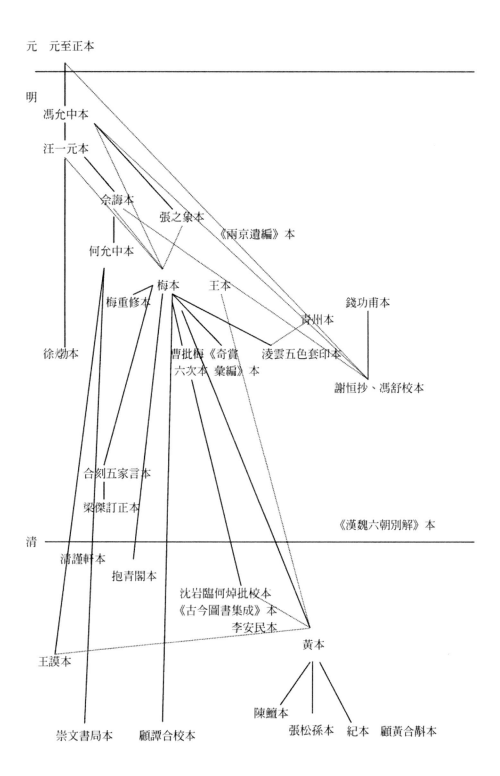

二、版本敘錄的價值

《義證》的版本敘錄，搜羅用力甚勤，考訂詳細準確，爲人們閱讀、研究《文心雕龍》提供了極大的方便，具有極高的參考價值。

首先，《義證》對版本的詳細準確的敘錄可以大大減少人們的校勘、考證之勞。《文心雕龍》異本眾多，有些版本更是非常珍貴，但世傳很少，不易得見，如王惟儉訓故本。青年學子或是一般的《文心雕龍》讀者對這些罕遇的本子就很難瞭解，有了詹鍈先生的版本敘錄，那就方便多了。可以說，正是因爲有了詹鍈先生廣泛搜求、嚴格校勘的辛勞，才有了讀者方便、放心的參考與使用。這些珍貴版本的敘錄對《文心雕龍》研究者來說具有極大的參考價值。

其次，《義證》的版本敘錄爲進一步的字句校勘和注釋奠定了堅實的基礎。眾所週知，校勘須以眾多版本爲資料佐證，版本乃校勘之基礎。《義證》的字句校注能夠具有彙校集注的性質，成爲當代《文心雕龍》校注方面的集大成之作，與先生對版本精心用力的校勘和考證是分不開的。舉例來說，《知音》篇「豈成篇之足深，患識照之自淺耳」中的「自淺」，先生在充分掌握各種版本的基礎上予以了校勘，云：「按此處元刻本、兩京本、黃本均作『自淺』，弘治本『自』作『目』，張之象本、梅本、凌本從之。何焯『自』作『目』。雖可兩通，但仍以從元本作『自』爲勝。」注釋方面亦是如此。廣搜異本，比勘文字，是減少文字差錯的重要一環，也是做出正確判斷，進行準確注釋的必要準備。如《書記》篇：「鄭氏譜《詩》，蓋取乎此」句，參照楊明照《校注拾遺》，可以發現其根本沒有出注，而《義證》則援引了《訓故》、梅注、黃注、范注各本以釋之。《訓故》：「《後漢書‧鄭玄傳》：『著《毛詩譜》。』注云：『玄於《詩》、《禮》、《論語》，爲之作序。此譜亦序之類。避子夏序名，以其列諸侯世及之次，謂之爲譜。』」梅注：「《毛詩傳》鄭玄箋，作《詩譜》十六篇。」黃注：「《漢藝文志》：帝王、諸侯世譜二十卷，古來帝王年譜五卷。」范注云：「鄭玄《詩譜序》曰：『夷、厲以上，歲數不明，《太史年表》，自共和始。歷宣、幽、平王而得《春秋》次第，以立斯譜。欲知源流清濁之所處，則循其上下而省之；欲知風化芳臭氣澤之所及，則傍行而觀之。』觀鄭語，知《詩譜》即《詩》表。正義云：『譜者，普也。注序世數，事得周普，故《史記》謂之譜牒，是也。』案正義此文竊取彥和而小變者。」各本所注側重不同，先生兼收並蓄，有助於人們理解原文的本意。

以上從版本敘錄的特點和價值兩個方面，分析了先生版本敘錄的大致情

況。從中可以看出先生精心用力、嚴謹細緻的敘錄作風，對《文心雕龍》的眾多異本進行詳細敘錄，其所錄各本，大多考訂詳備，深得同行贊同，在《文心雕龍》校勘史上也具有重要的地位。

第二節　《文心雕龍》字句校注的性質與特點

　　《義證》以前，《文心雕龍》校注方面就已經取得了巨大的成就，比如具有里程碑意義的范注，字句校讎謹嚴，典故徵引詳細，詞語釋義精當，材料引錄翔贍；王利器《校證》校讎諸本，定其是非；楊明照《校注拾遺》〔註4〕更是校勘周詳、是正精審，並附錄「著錄」、「品評」、「采摭」、「因習」、「引證」、「考訂」、「序跋」、「版本」、「別著」等九項，有「小百科全書」之稱。儘管如此，在校注方面仍存在未盡愜當之處，其中最迫切的就是缺乏一部真正意義上的包括彙校、彙注、彙評的「集注」本，學界也希望這樣的「集注」本能夠早日問世。而詹鍈先生有感於《文心雕龍》研究中「多空論而少實證」，「甚至把自己的看法強加在劉勰身上」的不良風氣，編著了《義證》，試圖「把《文心雕龍》的每字每句，以及各篇中引用的出處和典故，都詳細研究，以探索其中句義的來源」。〔註5〕全書充分吸取前人特別是近人與當代學者（包括港、臺、日、英）的研究成果，擷眾家之精華，使其具有了彙校集注的性質，成為《文心雕龍》校注史上的集大成之作，一定程度上填補了《文心雕龍》沒有「集注」本的空白。正如先生所言，「使讀者手此一編，可以看出歷代對《文心雕龍》研究的成果，也可以看出近代和當代對《文心雕龍》的研究有哪些創獲。」〔註6〕可以說，正是此書使先生無愧於「劉氏之忠臣，藝苑之功臣哉」！

一、彙校性質

　　清人王鳴盛在《十七史商榷》自序中曾說：「好著書不如多讀書，欲讀書

〔註4〕　《文心雕龍義證》中所稱的楊明照《校注》皆指《文心雕龍校注拾遺》（上海古籍出版社 1982 年版），故本文中所引《義證》中的例子涉及到《校注》的皆指《文心雕龍校注拾遺》，而筆者其他地方所用《校注》指《文心雕龍校注》（古典文學出版社 1958 年版）。

〔註5〕　詹鍈：《文心雕龍義證·序例》，上海古籍出版社 1989 年版，第 3 頁。

〔註6〕　詹鍈：《文心雕龍義證·序例》，上海古籍出版社 1989 年版，第 7 頁。

必先精校書。校之未精而遽讀，恐讀亦多誤矣。」〔註7〕《文心雕龍》字句相沿既久，「別風淮雨」，往往有之。曹學佺在爲梅慶生寫的《文心雕龍序》中，就曾不無感慨地說：「《雕龍》苦無善本，患漫不可讀」（見「凌雲套印本」）。因此，自明清以至近人及當代學者於字句校勘大多用力甚勤，黃叔琳《輯注》、范注、王利器《校證》、楊明照《校注》、李曰剛《斠詮》等在校勘上都取得了巨大的成就。但是，諸家校勘成果仍時有不同，且還存在一些失誤處有待進一步的完善。《義證》以論證原著本義爲主，對校勘也十分重視，它在《校證》原文的基礎上，遍探眾家的校勘成果，兼善樂同，勘誤訂正，對諸家校語的不同之處作出按斷，對失誤處作出完善，使全書具有了彙校的性質，在《文心雕龍》校勘史上具有集大成的意義。

《義證》的校勘，原文以王利器《校證》爲底本，上下參稽、旁徵博引，充分吸取各家的校勘成果，使人手持一書，便可以瞭解各家的字句校定情況。

如：對於《宗經》篇：「後進追取而非晚，前修運用而未先」的校勘，先生是廣徵博引：

《校證》：「『運』原作『文』，曹云：『文用疑作運用』。梅六次本、張松孫本改作『運』，今從之。唐寫本作『久用』。」斯波六郎：「改作『運用』頗爲惡劣。」范注：「唐寫本『文』作『久』，是。」《校注》：「按唐寫本作『久』是也，『文』其形誤。『久用』與上句『追取』，相對爲文。天啓梅本據曹學佺說改作『運』，非是。」潘重規云：「班固《典引》：『久而愈新，用而不竭。』久用未先，正本班語。『未先』與『非晚』亦相對成文。」《斠詮》：「未先，未有前於此也。」

又如，《知音》篇：「揚雄自稱『心好沈博絕麗之文』，其事浮淺，亦可知矣。」關於「其事浮淺」，各家所作校語不同，先生亦擇善引用，以爲參證：

范注：「疑當作『不事浮淺。』」《校釋》：「按『其』疑『匪』誤，此言雄好深奧之文，匪從事於浮淺可知。故下曰『深識鑒奧，歡然內懌』也。」《校注》：「『其』下，《訓故》本有一白匡。按今本上下文意不相應。『其』下疑脫一『不』字。」《校證》：「今按疑當作『共事浮淺』，意謂揚雄自稱心好沈博絕麗之文，則世俗之共事浮淺，亦可知矣。王惟儉本『其』下有□。」《斠詮》：「『共事浮淺』，承上文『俗監之迷者，深廢淺售』而言，亦與上文屈平所謂『眾不知余之

異采』之意相偶。若如范楊二氏之校，則語意直致，上下文不相貫
串矣。」吳林伯《商兌》：「『共事浮淺』，乃就上文引雄語論斷，『其』
下省略『不』字，實爲『其不事浮淺』，正與下文『深識鑒奧』一貫。
《論説》：『曹植《論道》體同書抄，言不持正，論如其已。』『如其
已』，猶《春秋左傳》昭三十一年『不如其已』。古人爲行文之便，
自有省『不』之例。」《綴補》：「案『事』猶『於』也。『其於浮淺
亦可知』，意謂揚雄決不好浮淺之文也。」
由上可知，《義證》共擇善引用了七家校語來校勘「其事浮淺」，如此廣徵博
引，把「其事浮淺」的校勘情況交代的十分全面。
　　具體地說，《義證》遍採眾家校勘成果校勘全書，可以分爲以下三種情況：
首先，充分利用各家校語來校對誤字，這也是全書中最常見的情況。
　　如：《宗經》：「義既挺乎性情」，《義證》引用了幾家校語來校對「挺」字：
　　　《校證》：「『挺』原作『極』。唐寫本及銅活字本《御覽》作『挺』，
　　　宋本《御覽》、明鈔本《御覽》作『埏』。按『挺』『埏』俱『挻』形
　　　近之誤，《老子》十一章：『挻埴以爲器。』『挻』與『匠』義正相比，
　　　今改。」橋川時雄：「極字不通。挺、極形似之誤。挺字始然反。《老
　　　子》：『埏埴以爲器。』《釋文》引《聲類》云：『柔也。』河上公注
　　　云：『和也。』」斯波六郎同意趙萬里《校記》之説，謂應作「埏」，
　　　是「作陶器的模型」。又説：「此字又可作動詞用，如《老子》第十
　　　一章『埏埴以爲器』，《荀子‧性惡》篇『故陶人埏埴而爲器』，《齊
　　　策》三『埏子以爲人』等。」潘重規《唐寫文心雕龍殘本合校》：「『挺』
　　　蓋『挻』之僞。《説文》：『挺，長也。』《字林》同。《聲類》云：『柔
　　　也。』（據《釋文》引）《老子》：『挻埴以爲器。』字或誤作『埏』。
　　　朱駿聲曰：『柔，今字作揉，猶煣也。凡柔和之物，引之使長，持之
　　　使短，可析可合，可方可圓，謂之挻。陶人爲坯，其一端也。』」
遍採眾家之後，先生進而指出：「『挺』通『埏』，此處猶言陶冶。」
　　其次，利用各家校語來刪補原文的衍文和脱文。
　　《諸子》：「斯則得百氏之華采，而辭氣之大略也。」原「氣」下有「文」
字，《義證》引用幾家校勘成果來刪除衍文：
　　　《校證》：「『氣』下原有『文』字。……『文』蓋『之』字誤衍，……
　　　今據刪。」范注：「『文』疑是衍字。《論語‧泰伯》篇：『曾子曰：

出辭氣，斯遠鄙倍矣。」鄭玄注曰：『出辭氣能順而說之，則無惡戾
之言出於耳。』彥和謂循此則得諸子之順說，不至爲鄙倍之言所誤
也。」《校注》：「按無『文』字是。『文』蓋『之』之誤（《章表》篇
「原夫章表之爲用也」，元本等誤『之』爲『文』，是其例），而原有
『之』字亦復書出，遂致辭語晦澀。《詔策》篇『此詔策之大略也』，
《體性》篇『才氣之大略哉』，句法與此相同，可證。」

在此基礎上，先生指出梅本「氣」字下空二格，無「文」字，從而可以看出
「氣」後並無「文」字，應刪去。

又，《義證》引用各家校語來補充脫文。如《頌贊》篇：「風雅序人，故
事兼變正；頌主告神，故義必純美。」其中的兩個「故」字皆是後補的，《義
證》引《校證》與《校注》校之。《校證》：「原無『故』字，據唐寫本、《御
覽》補。又《御覽》『兼』作『資』。」《校注》：「《御覽》、《唐類函》引，亦
有兩『故』字，與唐寫本合。」

再次，利用各家校語糾正原文的倒置錯簡之病。如《徵聖》：「變通適會。」
「適會」原作「會適」，先生引各家校語糾正之。

《校證》：「『適會』原作『會適』，唐寫本作『適會』。」《校注》：「按
唐寫本是。《章句》篇『隨變適會』，《練字》篇『詩騷適會』，《養氣》
篇『優柔適會』，並其證也。」趙萬里《唐寫本文心雕龍殘卷校記》：
「按上云抑引隨時，與此句相對成文，則以作適會爲是。」

再如，關於《宗經》篇「觀辭立曉，……」四句的位置，各本意見有所不同，
先生引錄橋川時雄等人的校勘成果，糾正錯簡，加以校訂。

《義證》在廣泛吸取各家校勘成果的基礎上，匡正謬誤、疏通文本，使
其字句校勘具有彙校性質。這其中，先生一方面針對各家意見不同校語，兩
存其說，列示歷代校勘成果。

如《原道》：「爲五行之秀，實天地之心。」先生列示了眾家的校勘成果，
黃叔琳校：「一本『實』上有『人』字，『心』下有『生』字。」徐復《文心
雕龍正字》：「按『人』字當在上句『爲』字上，爲二句之主詞，應增。『生』
字則涉下『文心生而言立』句衍。」楊明照《校注》謂此二句：「疑原作『爲
五行之秀氣，實天地之心生』。下文『心生而言立』，即緊承『天地』句。《徵
聖》篇贊『秀氣成采』，亦以『秀氣』連文。」先生於所引之後稱「說可並存」。

再如《諧讔》：「雖抃笑衽席，而無益時用矣。」「笑」字原無，「衽」原

作「推」。先生列示了九家的校勘成果：

范注：「『推』，當是『帷』字之誤，抃帷席，即所謂眾坐喜笑也。」

《校釋》：「按范注說是，上文『憑宴會而發嘲調』，故曰『帷席』。」

陳書良《文心雕龍校注辨正》（《中華文史論叢》，一九八一年第三輯）：「唯『抃帷席』，語殊不通，疑有脫字，應爲『雖抃笑帷席，而無益時用矣』。『抃笑』一詞亦見於同篇『豈爲童稺之戲謔，搏髀而抃笑哉』。」

沈岩錄何校本「雖抃推席」改爲「雖忭懽几席」。

趙西陸《評范文瀾文心雕龍注》：「『推席』不詞，明有誤字。檢本書《時序》篇云：『傲雅觴豆之前，雍容袵席之上。』袵席連文，知『推』蓋『袵』形近之僞。（潘重規《讀文心雕龍箚記》曰「『推』疑當作『帷』」，非是。）」

《注訂》：「抃，猶今言鼓掌也，意是雖鼓掌推席，只供笑謔，無益時用也。下文有『忭笑』一詞，此句疑脫笑字，宜作『雖抃笑推席』，諸本似皆誤。」

《考異》：「推席者，推席而起歡喜之態，王校改『推』爲『袵』者誤。」

《校證》：「『雖抃笑袵席』，原作『雖抃推席』，義不可通。譚云：『有脫誤。』劉師培《中古文學史》第三課：『推』疑『雅』字。案下文有『抃笑』語，《時序》篇有『雍容袵席之上』語，此文蓋『抃』下脫『笑』字，『推』爲『袵』形近之誤。今輒爲補正如此。『抃笑袵席』與上文『憑宴會而發嘲調』相承，《論說》篇『抵噓公卿之席』句意並近。」

周注：「抃笑，拍手歡笑。袵席，席，酒席，袵即席。」

另一方面，在列示他人成果的同時，《義證》亦力求做到擇善而從，給出自己的判斷。如《事類》篇：「表裏發揮」中的「揮」，《校證》：「『揮』，汪本、佘本、張之象本、何允中本、日本活字本、梅本、凌本、梅六次本、鍾本、梁本、四庫本、王謨本、張松孫本作『輝』。徐校作『揮』。」先生在此基礎上給出自己的按斷，認爲「輝」字義長，並指出元刻本「揮」正作「輝」。

或進一步提供證據，補證前說，從而使校勘更具可靠性。如《奏啓》：「必

斂飭入規，促其音節，辨要輕清，文而不侈，亦啓之大略也。」《校證》：「『飭』，元本、馮本、汪本、佘本、張之象本、兩京本、梅六次本、張松孫本、吳校本作『徹』，王惟儉本作『轍』，何允中本、日本活字本、梅本、凌本、陳本、鍾本、梁本、徐校本、清謹軒鈔本、日本刊本作『散』，黃本改作『飭』。」《義證》進一步補證《校證》的說法，云：「按曹能始批梅六次本亦作『斂轍入規』。沈岩錄何焯云：『則啓之無取乎冗長明矣。劉、柳之啓，後世之不戾於古者也。』按『轍』、『徹』義通，均指軌轍。黃本臆改爲『飭』，非是。」

　　《義證》對前人失誤處亦予以指正，以進一步完善《文心雕龍》的校勘工作。《議對》：「事以明覈爲美，不以環隱爲奇。」《校證》：「『環』原作『深』，今據《御覽》改。『環』爲彥和習用字。」《斠詮》：「環隱，謂環迴隱奧也。」但《義證》卻對兩家觀點加以駁正，「按各本俱作『深』，且『深隱』亦習用語，無煩改字。」

　　又如《神思》：「物以貌求，心以理應。」《義證》云：

> 「應」字，元刻本、弘治本、佘本、王惟儉本、兩京遺編本均作「勝」，那樣和末句「垂帷制勝」的「勝」字重複。張之象本、梅本並作「應」，今從之。這兩句說：所求於事物的是它的外部形象，而內心通過理性思維形成感應。《校注》、《校證》均謂「應」字當作「勝」，解說迂曲，今所不取。

二、集注性質

　　對《文心雕龍》原文本意的愜恰理解，離不開精確的文字校勘，更離不開可靠的字句注釋。《義證》正是以字義疏證爲主，全書的主體部分就是「注文」，先生力圖把「《文心雕龍》的每字每句，以及各篇中引用的出處和典故，都詳加研究，以探索其中句義的來源。」因此，先生寫作這部洋洋大著的方法是：「上自經傳子史，以至漢晉以來文論，凡是有關的，大都詳加搜考。其次是參照本書各篇，展轉互證。再其次是引用劉勰同時人的見解，以比較論點的異同。再就是比附唐宋以後文評詩話，以爲參證之資。對於近人和當代學者的解釋，也擇善而從，間有駁正。」〔註8〕如此浩大的工程，成就了《義證》「體大而慮周」的特點，使其具備了會注集解的性質，富有集大成的意義。

〔註8〕　詹鍈：《文心雕龍義證・序例》，上海古籍出版社 1989 年版，第 3 頁。

讀者手此一編，就能夠瞭解歷代《文心雕龍》研究的重要成果，特別是現當代「龍學」成果，對於這一點，一般的《文心》注本都很少涉及，這也是《義證》之前任何一部《文心雕龍》研究著作都無法比擬的。承前人之長處，示來者以軌範，其功甚偉。

（一）搜集相關的經傳子史以至漢晉以來的文論，詳考語源

「范注」向以典故徵引的詳細和材料收錄的翔贍著稱，其實這兩方面《義證》亦毫不遜色，而且有效地克服了「范注」材料引錄龐雜繁冗、且多爲習見的不足。先生的治學態度極爲嚴謹，他曾經說過：「我目前從事的是中國古典文學方面的『考據之學』。我對於『詞章之學』的理解，也往往是通過考據來進行，總是『無徵不信』。」〔註9〕《義證》的編寫原則正是「無徵不信」。先生對經傳子史以至漢晉以來的文論，凡是有關的，大都詳加搜考。這些材料是劉勰撰寫《文心雕龍》時所借鑒和依靠的原始材料，是其見解的淵源。據卷末的「主要引用書目」統計，搜考的相關的經傳子史以至漢晉以來的文論約七十種，其中具體的篇目則更多。《義證》在《文心雕龍》詞語出處上每每引經據典，進行溯源。試舉數例：

《原道》：「文之爲德也大矣，與天地並生者，何哉？」《義證》先引《論語・雍也》：「中庸之爲德也，其至矣乎」，《中庸》：「鬼神之爲德，其盛矣乎」及《易・乾・文言》正義引莊氏曰：「文謂文飾，以乾坤德大，故特文飾以爲《文言》」，得出「德」即宋儒「體用」之謂，「文之爲德」即文之體與用，即今日的文之功能、意義。重在「文」而不重在「德」。由於「文」之體與用大可以配天地，所以連接下文「與天地並生」。再引《莊子・齊物論》：「天地與我並生，而萬物與我爲一」爲「與天地並生」之所本，認爲是推其說以論文。繼而又引陸機《文賦》：「彼瓊敷與玉藻，若中原之有菽。同橐籥之罔窮，與天地乎並育」參證之。引經據典，釋義充分。

《明詩》：「王、徐、應、劉，望路而爭驅。」黃注僅引典證明前一句；「范注」也祇是先引用《魏志・王粲傳》爲前句所本，再引曹丕《典論・論文》：「斯七子者，於學無所遺，於辭無所假，咸以自騁驥騄於千里，仰齊足而並驅」以指明「望路而爭驅」語本此。《義證》釋義則更爲全面，除徵引《典論・論文》和《魏志・王粲傳》外，還引用了曹植《與楊德祖書》：「昔仲宣獨步

〔註9〕　詹鍈：《自傳》，轉引自《中國當代社會科學家》第三輯，書目文獻出版社1983年版，第303頁。

於漢南，孔璋鷹揚於河朔，偉長擅名於青土，公幹振藻於海隅，德璉發迹於北魏，足下高視於上京。當此之時，人人自謂握靈蛇之珠，家家自謂抱荊山之玉」，更詳細地證明了此語之所本。

《義證》大量搜考相關的經傳子史以至漢晉以來的文論，對《文心雕龍》原文作了全面、詳細的用典考證，提供了豐富、翔實的語源材料，爲讀者正確理解原文提供了堅實的基礎。

（二）參照本書，輾轉互證

參照本書，輾轉互證，這是字句疏證中最爲可靠的內證。《文心雕龍》前後各篇常有互相發明之處，抓住這些互相發明之處進行釋義，既可以節約筆墨，又是最可靠的本證，而且還有助於讀者從整體上把握文義。參照本書，輾轉互證，是許多「龍學」家都善於採用的注釋方法，先生當然也不例外。

《章表》：「肅恭節文。」《義證》參照《樂府》篇「辭繁難節」，《誄碑》篇「讀誄定諡，其節文大矣」，《書記》篇「若夫尊貴差序，則肅以節文」，《鎔裁》篇「然後舒華步實，獻替節文」，《附會》篇「夫能縣識湊理，然後節文自會」，輾轉互證。注《鎔裁》篇：「然後舒華步實，獻替節文」句中的「節文」時，參考《定勢》篇「雖復契會相參，節文互雜」以證之。注《定勢》篇：「雖復契會相參，節文互雜」時，又參考《附會》篇「夫能縣識湊理，然後節文自會」以證之。注《誄碑》篇：「其節文大矣」，又參照《書記》篇、《章表》篇語；注《書記》篇：「肅以節文」，又參照《章表》、《誄碑》篇語。「節文」一詞釋義，輾轉互證，可見一斑。

依照本書，輾轉互證，詹鍈先生主要還是把這種方法作爲「集注」的有機組成部分，作爲吸取各家注釋以證原義的有益補充。因此先生在依照本書，輾轉互證的同時，還擇善引用別家的解釋。如《風骨》篇：「昔潘勗《錫魏》，思摹經典，群才韜筆，乃其骨髓峻也。」《義證》除參照《詔策》篇「潘勗《九錫》典雅逸群」和《才略》「潘勗憑經以騁才，故絕群於錫命」來輾轉互證外，還大量引用了梅注、范注、《考異》、《太平御覽》、王金凌注語及何義門、方伯海評語來加以注解，所參照的《詔策》、《才略》篇兩語祇是「集注」的一部分。

（三）引用劉勰同時代人的見解，較其同異

劉勰生活在動蕩的南北朝時期，但這一時期產生了大量的文學理論著作或文章，如鍾嶸《詩品》、沈約《宋書·謝靈運傳論》、《答陸厥書》、蕭統《文

選》、蕭繹《金樓子‧立言》及顏之推的《顏氏家訓》等，當然還有《文心雕龍》。同時也產生了一些書畫理論，出現了宗炳《畫山水序》、王微《敘畫》這樣的書畫理論著作。在這其中，各家的理論觀點是同中有異，異中有同。《義證》在注解《文心雕龍》時充分抓住這一點，大量引用彥和同時代人的見解，力圖在比較同異中顯出劉勰的本意。

《明詩》篇不僅說明了詩體源流和詩歌發生發展的規律，而且說明了各個時期代表作家作品的成就和各個時代的詩風。為更好地理解劉勰關於詩歌的觀點，《義證》引用了同時代人的見解來比較異同。如關於「兼善則子建仲宣」，《義證》引用了同時代的諸家觀點：顏延之《庭誥‧論詩》：「至於五言流靡，則劉楨、張華；四言側密，則張衡、王粲；若夫陳思王可謂兼之矣。」《宋書‧謝靈運傳論》：「子建、仲宣以氣質為體，並標能擅美，獨映當時。」《詩品上》評曹植詩：「骨氣奇高，詞采華茂，情兼雅怨，體被文質，粲溢今古，卓爾不群。」《南齊書‧文學傳論》：「若陳思《代馬》群章，王粲《飛鸞》諸製，四言之美，前超後絕。」《詩品序》云：「陳思為建安之傑，公幹、仲宣為輔。」《詩品上》云：「王粲……文秀而質羸，在曹劉間別構一體。方陳思不足，比魏文有餘。」從先生的引錄中，不難發現劉勰和鍾嶸對待曹植和王粲的評價是不同的，鍾嶸心目中地位最高的詩人是曹植，其次是劉楨，而後才是王粲；而劉勰及當時大多數人的觀點是將王粲與曹植並稱，視王粲為建安七子之首。從這比較中，不僅有助於我們更清楚地理解劉勰的本意，而且有助於見出各家觀點的異同。

又，《風骨》篇「題解」中關於「風骨」之義的理解，《義證》亦大量徵引劉勰同時代人的見解。《世說‧賞譽》篇：「殷中軍道右軍清覽貴要。」注引《晉安帝紀》：「（王）羲之風骨清舉也。」《世說‧容止》篇：「時人目王右軍飄如遊雲，矯若驚龍。」《晉書‧赫連勃勃載記‧論》：「其器識高爽，風骨魁奇，姚興睹之而醉心，宋祖聞之而動色。」《宋書‧武帝紀》：「身長七尺六寸，風骨奇特。家貧大志，不治廉隅。」桓玄語：「昨見劉裕，風骨不恒，蓋人傑也。」謝赫《古畫品錄》：「六法者何？一、氣韻生動是也，二、骨法用筆是也，三、……」在第一品五人中，有曹不興，評語云：「不興之迹，殆莫復傳，唯密閣之內一龍而已。觀其風骨，名豈虛哉！」（齊）王僧虔《能書錄》：「王獻之，晉中書令，善隸藁，骨勢不及父，而媚趣過之。」《法書要錄》卷一南齊王僧虔論書：「郗超草書，亞於二王，緊媚過其父，骨力不及也。」梁

武帝《書評》：「蔡邕書骨氣洞達，奕奕如有神力。」「蔡邕書骨力洞達，爽爽有神。」（梁）袁昂《書評》：「王右軍書如謝家子弟，縱復不端正者，爽爽有一種風氣。……陶隱居如吳興小兒，形容雖未成長，而骨體甚駿快。」可見，在當時，「風骨」一詞被運用於人物品評、書畫理論以及文論之中，通過先生詳細的徵引，可以發現三者之中「風骨」概念之間的關係，從而有利於正確理解劉勰「風骨」論的含義。

（四）比附唐宋以後文評詩話，以為參證

唐宋以後文評詩話繁榮，所以《義證》又多比對唐宋以後文評詩話，作爲參評之用。

如在談到作品風格與作家情性的關係時，劉勰稱「觸類以推，表裏必符」，先生就引吸取唐宋以後的文評詩話來證明之。

> 李贄《讀律膚說》：「蓋聲色之來，發於情性，由於自然，是可以牽合矯強而致乎？……故性格清徹者，音調自然宣暢；性格舒徐者，音調自然疏緩；曠達者，自然浩蕩；雄邁者，自然壯烈；沈鬱者，自然悲酸；古怪者，自然奇絕。有是格，便有是調，皆情性自然之謂也。莫不有情，莫不有性，而可以一律求之哉！然則所謂自然者，非有意爲自然而遂以爲自然也。若有意爲自然，則與矯強何異？故自然之道，未易言也。」（《焚書》卷三）

> 明屠隆《白榆集》卷三《王茂大修竹亭稿序》：「士之寥闊者語遠，端亮者語莊，寬舒者語和，褊急者語峭，浮華者語綺，清枯者語幽，疏朗者語暢，沈著者語深，譎蕩者語荒，陰鷙者語險。讀其詩，千載而下如見其人。」

> 清薛雪《一瓢詩話》第一八一條：「爽快人詩必瀟灑，敦厚人詩必莊重，倜儻人詩必飄逸，疏爽人詩必流麗，寒澀人詩必枯瘠，豐腴人詩必華贍，拂鬱人詩必悽怨，磊落人詩必悲壯，豪邁人詩必不羈，清修人詩必峻潔，謹飭人詩必嚴整，猥鄙人詩必萎靡：此天之所賦，氣之所稟，非學之所至也。」

> 王通《文中子·中說》《事君》篇：「子謂文士之行可見：謝靈運小人哉；其文傲，君子則謹；沈休文小人哉！其文冶，君子則典。鮑照、江淹，古之狷者也，其文急以怨；吳筠、孔珪，古之狂者也，

其文怪以怒；謝莊、王融，古之纖人也，其文碎；徐陵、庾信，古之誇人也，其文誕。或問孝綽兄弟，子曰：鄙人也，其文淫。或問湘東王兄弟，子曰：貪人也，其文繁；謝朓，淺人也，其文捷；江總，詭人也，其文虛。皆古之不利人也。子謂顏延之、王儉、任昉有君子之心焉，其文約以則。」

宋吳處厚《青箱雜記》卷七：「白居易賦性曠遠，其詩曰：『無事日月長，不羈天地闊。』此曠達者之詞。孟郊賦性褊隘，其詩曰：『出門即有礙，誰謂天地寬？』此褊隘者之詞也。然則天地又何嘗礙郊？孟郊自礙耳！王文康公賦性質實重厚，作詩曰：『棗花至小能成實，桑葉惟柔解吐絲，堪笑牡丹如斗大，不成一事祇空枝。』此亦質實重厚之詞也。」

馮時可《雨航雜錄》「文如其人」條：「永叔侃然，而文溫穆；子固介然，而文典則。蘇長公達，而文道暢；次公恬，而文澄蓄。介甫矯厲，而文簡勁（以上又見鄭瑗《井觀瑣言》）。文如其人哉，人如其文哉！」（《圖書集成・文學典》卷一〇引）

方孝孺《張彥輝文集序》：「司馬相如有俠客美丈夫之容，故其文綺曼婧都，如清歌繞梁，中節可聽；賈誼少年意氣慷慨，思建事功而不得遂，故其文深篤有謀，悲壯矯訏；揚雄齗齗自信，木訥少風節，故其文拘束慇願，類比窺竊，寒澀不暢，用心雖勞，而去道實遠。」

屠隆《抱桐集序》：「襄陽蕭遠，故其聲清和；長吉好異，故其聲詭激；青蓮神情高曠，故多閎達之詞；少陵志識沈雄，故多實際之語。」

（明刻本《白榆集》卷二）

先生引用了唐宋以後的八家文評詩話來說明作品風格與作家個性「表裏必符」的關係，論證相當有力，為理解劉勰的觀點提供了佐證。

《文心雕龍》的文體論非常發達，依據「原始以表末，釋名以彰義，選文以定篇，敷理以舉統」的論述方法，論述了 35 大類，78 小類的文體。關於文體論，後代許多文評詩話也多有所涉及，如《藝概》、《文體明辨序說》、《文章辨體序說》等都有不同程度的論述，先生對之大多一一加以比附，所以《義證》幾乎囊括了古代文體論的所有材料，對某一文體做專門研究，這裡就有幾乎是全部的、最基本的材料。這樣對讀者瞭解歷代對某一文體的看法是大

有裨益的。如此看來，即使是作爲資料書，《義證》也是極爲有用的。

（五）摭拾諸種《文心雕龍》注釋並擇善引用近、現代學者的觀點，
　　　且間有駁正

目前所知，宋代就有辛處信的《文心雕龍注》，明清以來，《文心》校注本層出不窮，迄二十世紀八十年代，《文心》的注釋和研究更是蔚爲大觀。在此基礎上，作爲晚出的研究著作，《義證》廣泛地吸收諸種《文心雕龍》注釋，並擇善引用現當代學者的研究成果，從而帶有會注、集解的性質。

雖然辛處信注已經失傳，但是王應麟《玉海》、《困學紀聞》所引《文心雕龍》原文卻附有注解，即便非常簡略，但先生仍予以引錄，以徵見宋人舊注的面貌。如《正緯》：「是以桓譚疾其虛僞，尹敏戲其深瑕，張衡發其僻謬，荀悅明其詭誕」四句，《義證》於每一句注下都引用了《玉海》卷六十三中的相關注釋，從中我們可以見出宋人對其的理解。再如《宗經》：「《書》標七觀」，《義證》則引錄了《困學紀聞》中的注解，《困學紀聞》卷二《書》：「《文心雕龍》云：『《書》標七觀。』孔子曰：『六誓可以觀義，五誥可以觀仁，《甫刑》可以觀誠，《洪範》可以觀度，《禹貢》可以觀事，《皋陶謨》可以觀治，《堯典》可以觀美。』見《大傳》。」在此基礎上，先生又加以駁正，「按《困學紀聞》所引『孔子曰』見《尚書大傳略說》，未必爲孔子語。」

清黃叔琳《文心雕龍輯注》是集前人校注精華的一個善本，其中大量徵引了明代梅慶生的《音注》和王惟儉的《訓故》。由於明人注本比較難得，其中王惟儉《訓故》尤爲罕見。先生爲保存舊注，凡是對梅本和《訓故》本徵引無誤的注解，大都照錄明人舊注，只有黃本新加的注釋才稱爲「黃注」。無論梅本、《訓故》還是黃注，原來大都不注篇目，《義證》則一一標明篇名或卷數，以便檢索。如《諸子》：「至鬻熊知道」中的「鬻熊」，《義證》徵引了三家注語：《訓故》：「鬻熊，高氏《子略》：魏相奏記，霍光曰：文王見鬻子，年九十餘。」梅注：「鬻熊，芊姓，楚之先也。」黃注：「《子略》：鬻子年九十見文王，王曰：老矣。鬻子曰：使臣捕獸逐麋，已老矣；使臣坐策國事，尚少也。文王師焉，著書二十二篇，名曰《鬻子》。」這不僅還原了明人舊注的面貌，而且顯示了黃注在注釋上的擴展、完善之處。再如《事類》：「管庫隸臣，呵強秦使鼓缶。」《義證》亦引錄了三家的注釋，梅注引《史記・藺相如列傳》注之，黃注云：「《左傳》：『輿臣隸，隸臣僚。』注：『隸，謂隸屬於吏也。』」注明「隸臣」的由來，《訓故》：「按相如本宦者繆賢舍人，故云管

庫隸臣」說明爲何稱藺相如爲管庫隸臣。其中，有時「黃注」沒有加注或是照錄梅注和《訓故》的，《義證》則僅引梅注和《訓故》，對「黃注」則略而不引。如《宗經》：「『五石』『六鶂』，以詳略成文。」《義證》僅徵引了梅本、《訓故》，《訓故》：「《春秋左傳》僖公十六年正月：隕石於宋五，隕星也。是月，六鶂退飛過宋都，風也。」梅注：「《春秋公羊傳》：曷爲先言隕而後言石？殞石記聞，聞其磌然，視之則石，察之則五。曷爲先言六而後言鶂？六鶂退飛，記見也。視之則六，察之則鶂，徐而察之則退飛。」有時則明代失注，黃注增補之。

　　近代《文心雕龍》研究在對傳統研究繼續延伸的基礎上，開始進行比較全面深入的理論研究。先生對於近代各種資料，無論聽課筆記，殘篇斷簡，已刊未刊，都本著片善不遺的精神，多有採擷。比如劉師培講授《文心雕龍》的講義，現僅見羅常培根據當時聽課筆記整理的《頌贊篇》和《誄碑篇》，曾以《左盦文論》爲總題發表於《國文月刊》上，先生均加以采錄。據統計，《頌贊》篇注釋共引錄了三十處，《誄碑》篇引錄了十八處。尤其值得注意的是，對於章太炎早年在日本「國會講演會」上講演《文心雕龍》的記錄稿，先生亦沒有遺漏，而且是最早提到的，《義證》「引用書名稱」最後一條就是「朱遏先等筆記，朱遏先、沈兼士等聽講《文心雕龍》筆記原稿，只有前 18 篇。朱、沈皆章太炎弟子，疑爲章太炎所講。」先生並在正文中引錄了八條，如《諸子》篇「諸子者，入道見志之書」條，引朱遏先等筆記：「是子書者，凡發表個人意見者，皆得稱之，若《論語》、《孝經》者，必子書類也。後人尊孔過甚，乃妄入經類。」「至於鬻熊知道，而文王諮詢，餘文遺事，錄爲《鬻子》」條，引朱遏先等筆記：「彥和所見《鬻子》，已係僞書，惟賈生所引當尚眞。」等等。後來周興陸先生通過紙張等方面的考辨，證實朱遏先等筆記的確是章太炎講演《文心雕龍》的記錄稿，從而也證明先生的猜測是非常有道理的。這個記錄稿對於研究章太炎先生「以有文字箸於竹帛，故謂之文；論其法式，謂之文學」的大文學觀也是非常有意義的，應該引起研究者的重視。而這其中，先生的首次提出，功不可沒。

　　自 1915 年黃侃將《文心雕龍》搬上北大講臺標誌現代意義「龍學」的誕生，《文心雕龍》研究已成爲一門顯學，從作者生平思想的考訂到作品的校、注、釋、譯再到理論內涵的探討，都取得了豐碩的成果。詹鍈《義證》正是以一種綜合和集大成的意識，對現、當代學者的觀點進行了廣泛摭拾，依據

「主要引用書目」,可知先生共引用現、當代中外研究《文心雕龍》的專著九十餘部,其他相關著作二十多部,取材弘富,片善不遺。其中,更是本著不以人廢言的精神,對當代「龍學」研究專家的注釋、譯文和專著、論文進行廣泛收集,力求吸取新解,展現當代「龍學」研究的新創獲,共擇善引用了當代《文心》研究著作 70 多種,博士論文 1 篇,碩士論文 4 篇。這是一般的《文心》注本很少涉及的,可以說是《義證》在「龍學」史上的獨特之處。

如為解釋《比興》篇「風通而賦同」,先生廣徵博引:

《劄記》:「風通,『通』字是也。《詩》疏曰:『賦者,鋪陳今之善惡,其言通正變,兼美刺也。』」

范注:「《詩大序》正義曰:『風之所吹,無物不扇,化之所被,無往不霑,故取名焉。』《五行大義》引翼奉說:『風通六情』。」

《校注》:「按『通』,謂通於美刺;『同』,謂同為鋪陳。天啓梅本改『通』為『異』,非是。」

《斠詮》:「隋蕭吉撰《五行大義》引漢翼奉《齊詩說》:『風通六情。』此即彥和『風通』之所本。《詩大序》孔疏:『風之所吹,無物不扇,化之所被,無往不霑,故取名焉。』亦可為『風通』一詞之注腳。孔疏又曰『賦者,鋪陳今之政教善惡,其言通正變,兼美刺也。』蓋即所謂『賦同』之意義所在。」

郭紹虞《六義說考辨·最後的總結》其十四:「自來注家,對於比顯興隱之說論說頗多,但對風通賦同之說則都沒有提。案『風通賦同』很難理解,各家均云『通一作異』假使說『風異賦同』,那麼風指各國之風,當然可說是『異』,賦則介於體用之間,當然可說是『同』。假使照『通』字來講,只能說『風』通於賦、比、興三體,但對『賦同』之說又多少有些牽強了。但是我們對於劉勰把風賦比興連起來講,卻認為是一個值得注意的問題。」其十九說:「如果專從文學的觀點來看,那麼風可以說是一切詩歌的總名,而賦與頌,則是詩體的散文化,比興二者可以看作是詩體,也可以看作是詩法。……在劉勰的論點裏,約略可以看出以上這個意思。或者再從另一個角度來看,那麼風是抒寫主觀情緒的詩,賦是描繪客觀現實的詩,所以風賦可以連稱。這在劉勰論點中,也可說是比較明顯的。」

郭紹虞《文論箚記三則》第一則《六義說與六詩說》云：「劉勰《文心雕龍》於賦頌則分篇立論，對比興則合篇剖析，而在《比興》篇中又特標『風通賦同，比顯興隱』之語，完全合於六詩次序，這是他的通達卓識之處。」（以上均見《照隅室古典文學論集》下編）

郭注：「『風通』，風為詩之體裁，其創作方法包括賦比興三者，故毛公作傳，無需標出。」

牟世金《范注補正》：「《毛詩序》正義：『六義次第如此者，以《詩》之『四始』以風為先，故曰風。風之所用，以賦、比、興為之辭，故於風之下即次賦、比、興，然後次以雅、頌。雅、頌亦以賦、比、興為之，既見賦、比、興於風之下，明雅、頌亦同之。』據此可知，『風通』指風（包括雅、頌）通用賦、比、興之法；而賦又『通正變，兼美刺』，具有一般詩的共同性。」

又如對《物色》篇：「並以少總多，情貌無遺矣」的解釋，先生亦徵引廣泛：

吳林伯：「情貌，即下文『窺情風景之上，鑽貌草木之中』的『情貌』，謂自然景象的情況和形貌。」

楊明照《文心雕龍研究中值得商榷的幾個問題》：「『一言窮理』，原是緊承上句『皎日嘒星』說的；『兩字窮形』，也是緊承上句『參差沃若』說的。……『以少總多，情貌無遺』二句是對上一節所下的總評。意在說明《詩三百篇》的作者善於使用『灼灼』、『依依』、『杲杲』、『漉漉』、『喈喈』、『喓喓』、『皎』、『嘒』、『參差』、『沃若』等形容詞來描繪自然景物。儘管每處只有一兩個字，卻能使形象鮮明，維妙維肖。劉勰明明是說的『情貌無遺』。」

王達津《劉勰論如何描寫自然景物》：「這些引用《詩三百篇》的例證，大都是情兼比興，物盡形神之似的。『以少總多』是說用詞的簡潔，而情貌無遺，正是後人所說不但要形似，還要神似，而這描寫的所以能夠『神似』，卻是由於自然景物與作者的思想感情息息相通，並且是由作者的思想感情給添加了生氣的。」

徐季子《「乘一總萬」與「以少總多」》：「劉勰十分推崇《詩》中『兩字窮形』、『一言窮理』，洗鍊的藝術手法。一言就把道理講清，兩字能將形貌描透，多少有點誇張，但他從中總結出一條『以少總多，

情貌無遺』和《總術》篇的『乘一總萬，舉要治繁』，這四句話聯繫起來看，說劉勰早在一千多年前就提出了典型化的藝術方法，也不算過分吧。客觀事物是無窮的，景色變化是無常的，要把無窮的事物，無常的景物在一首詩中全部反映出來是不可能，也沒有必要。因此要『以少總多』『舉要治繁』，把自然界紛然雜陳，繁複眾多的景象，用麗而約的藝術語言描繪出來，而且要描繪得『情貌無遺』。……少而能總多，就是要求具體和概括的統一。『乘一總萬』可以從一聯想到萬，『以少總多』可以從少中見到多，詩人所描繪的藝術形象既是『情貌無遺』形象鮮明，又能『總多』『總萬』，具有一定的廣度和深度。」（《社會科學輯刊》1980 年第二期）

郭紹虞、王文生：《文心雕龍再議》：「關於文學與現實，劉勰的貢獻在於用變化發展的觀點進一步闡述了二者的關係。他認爲季節的更疊，自然的變化，通過作用於人的思想感情而影響文學創作。……他根據這種認識，作出了『歲有其物，物有其容；情以物遷，詞以情發……』的結論。」

「他認爲事物的形貌，不可能盡加描繪，『物貌難盡』，僅僅憑著一系列辭藻去模山範水是畫也畫不完，寫也寫不盡的。即便是對細節作詳盡的刻劃，也可能損害整體的神情，『畫者謹發而易貌，射者儀毫而失牆。』（《附會》）因此，他反對『近代以來，文貴形似』那種追求表面眞實的作法，而提倡『以少總多，情貌無遺』，也就是要用概括的方法來反映現實。」

尤其可貴的是，《義證》還引錄了臺灣上世紀 60 年代至 80 年代初《文心》的眾多研究成果以及香港、日本的一些研究成果。上世紀六、七十年代臺灣「龍學」研究取得了顯著的成果，出現了李曰剛、張嚴、王金凌、王更生、沈謙等一批專家，而此時大陸正值「文革」時期，《文心雕龍》研究基本處於停頓狀態，因此從研究史的角度來看，臺灣的《文心雕龍》研究正好彌補了這一時期大陸研究的不足。先生在 1983 年去美講學期間看到了大量的臺灣研究《文心雕龍》的專著和論文，而這些資料當時大陸很難見到，於是先生就在《義證》中大量的徵引過來，顯得非常的珍貴。先生對李曰剛、王金凌、黃春貴等人的著作都有所徵引，如對於《養氣》篇：「於是精氣內銷，有似尾閭之波；神志外傷，同乎牛山之木。恒惕之盛疾，亦可推矣」的解釋，就引了王金凌、黃春貴的觀點，

王金凌語：「劉勰批評『智用無涯』者之焦思苦慮，說他們『精氣內銷，有似尾閭之波；神志外傷，同乎牛山之木。』這種說法明顯地繼承了宋、尹以至王充『愛精自保』的觀點。劉勰不僅在《養氣》篇中，一再地反對『銷鑠精膽，蹙迫和氣』；而且在《神思》篇中，也提出了『秉心養術，無務苦慮』的要求。」黃春貴《文心雕龍之創作論》云：「大抵言之，童年少壯氣力有餘，而照理不深，雖用苦思，文章未即工妙。長老耆艾識見精確，然年齒已大，操觚之際，又患氣力衰頹。故知鑒淺志盛，識堅氣衰，過猶不及，謂之兩失，惟長艾者守靜致虛以養氣，童少者刻苦自厲以嚮學乃可。」《程器》篇：「《周書》論士，方之梓材」的「梓材」，《義證》引用《斠詮》注之，《斠詮》：「梓材，《尚書・周書》篇名，原意謂木工之治作器材也。《書序》：『成王既伐管叔蔡叔，以殷餘民封康叔，作《康誥》、《酒誥》、《梓材》。』傳：『告康叔以爲政之道，亦如梓人治材。』孫星衍注：『史遷說：周公旦懼康叔齒少，爲《梓材》，示康叔可法則。』疏：『梓者，梓人。《史記》正義曰：若梓人爲材，君子觀爲法則也。梓，匠人也。』案梓人即《孟子・滕文公》篇之『梓匠』。趙注：『梓匠，木工也。』」以一種開放的眼光來對待臺灣的研究成果，這不僅可以取長補短，完善原文的注釋；而且可以瞭解臺灣學者的研究狀況，有利於加強海峽兩岸的學術交流，促進《文心雕龍》研究的進一步發展。

香港的《文心雕龍》研究著作爲數不多，但有的卻甚見功力，先生亦有所摘錄。如引用饒宗頤的觀點釋《情采》篇的「神理」，云：「案神理實具二義：一爲自然宇宙義，……《文心・原道》之『研神理而設教』，《正緯》之『神教』，即此類；一爲精神義，《文心》下半部首論《神思》，《易》言精義入神，《法言・問神》，以至《世說》之稱『神筆』皆此類。有時融會二義，神理之數是也。自魏以來，以神理入文辭者，多兼二義立訓。陳思誄父曰：『人事既關，聰鏡神理。』非通大人而何？康樂《述祖德》云：『拯溺由道情，龕暴資神理。』非局於人事可知。至於『事爲名教用，道以神理超』，亦人、天對比。故言神理必溯及宇宙義，不能以人滅天。……彥和論文，往往如是。自然之文，『誰其尸之，亦神理而已』。文生於自然，內情性而外形聲，五色、五音、五性，其數均五，以『事數』論，得稱爲神理之數。」

又，日本的《文心雕龍》研究也取得了驕人的成就，先生對其中用漢文寫成或有漢語譯文的著作亦有所引用，如斯波六郎的著作，全書很多地方都作了徵引。可以說，先生在加強國內《文心雕龍》研究與國外的聯繫上做出

了重要的貢獻。

詹鍈先生在擇善而從的同時，並沒有囿於一般的解釋，盲目迷信前人的說法，而是對一些觀點予以駁正。對於黃侃這樣的「龍學」大家，先生並沒有一味的迷信，對他的某些觀點也提出了自己的質疑。《隱秀》篇「秀也者，篇中之獨拔也」一句，先生指出：「黃侃《補隱秀篇》對『秀』的意義作了許多解釋，其實他說來說去，都是從《文賦》『立片言而居要，乃一篇之警策』二句敷演出來的，和黃叔琳評沒有出入。」接著給出了自己的按斷，認爲「用『獨拔』來解釋『秀』字，是從秀穗的意思引申出來的。《爾雅・釋草》：『木謂之華，草謂之榮，不榮而實者謂之秀，榮而不實者謂之英。』秀字的原義就是秀穗，所以《隱秀》篇在形容『秀』這種風格時，說它『譬卉木之耀英華』。從秀字的本義，《隱秀》篇又引申出兩層意思。一層是秀出，就是『獨拔』，也就是『卓絕』，是說它超出於其他部分之上；另一層意思是秀麗，所以才『譬卉木之耀英華』，或者說是『英華曜樹』。《雜文》篇說：『觀枚氏首唱，信獨拔而偉麗矣』。把『獨拔』與『偉麗』連文，都是和『秀』的意思接近的。」絕不盲從。又《隱秀》篇「朱綠染繒，深而繁鮮；英華曜樹，淺而煒燁」一句，先生注曰：「黃侃既沒有看清『潤色』和『雕削取巧』的區別，又沒有看出『潤色』和『隱』的關係，他所作的《補隱秀篇》說：『故知妙合自然，則隱秀之美易致；假於潤色，則隱秀之實已乖。故今古篇章，充盈篋笥，求其隱秀，希若鳳麟。』（《文心雕龍箚記》）又說『隱秀之篇，可以自然求，難以人力致。』（同上）這樣把『隱篇』和『秀句』混爲一談，而完全否定了潤色的作用。」

三、比對諸家校注的規律和特點

取材弘富、兼具彙校集注性質，可謂是《義證》最鮮明的特色，尤其是它對於現、當代學者研究成果的吸收與借鑒，在「龍學」校注史上獨樹一幟，無可替代。在這其中，看似祇是對諸家研究成果的大量徵引，但仔細推敲，從眾多的徵引中，我們還是可以發現某些規律和特點的。

（一）互相發明

在進行校注時，先生擇善引用的諸家校語或釋義，並不是毫無關係、截然分開的，而是彼此聯繫、相互發明的，這既有助於人們更深入地認識問題，也可以避免重複。茲舉例以明之。

如《祝盟》：「既總碩儒之義」的「義」，《義證》所引諸家校語就是互相發明的：范注：「按當作『議』為是。既總碩儒之議，亦參方士之術，謂如武帝命諸儒及方士議封禪，公玉帶上黃帝時《明堂圖》之類。」《校注》：「按范說是。《史記·司馬相如傳》（《封禪文》）：『乃遷思回慮，總公卿之議，詢封禪之事。』（《文選》呂向注：總，納。）可證。」《校注》在肯定范說的基礎上進一步補充證據《史記·司馬相如傳》證明之，使得這一校勘非常有力。

《時序》篇：「何范張沈之徒，亦不可勝也。」《校證》：「范云：『勝字下疑脫數字。』王惟儉本『勝』下有『□』。案《文心》他篇，如《程器》、《序志》，雖俱有『不可勝數』之文；然此文作『勝』亦通，言何、范、張、沈之徒，亦不可度越也。《風骨》篇亦云：『筆墨之性，殆不可勝。』」《注訂》：「自篇首，皆列舉漢晉以來帝王之尚文倡雅，兼及衰微之世，至此舉『縉紳之林』，言南朝文士之盛也，故曰『不可勝也』。范注謂勝字下疑脫『數』字，未明何所指。」《校證》與《注訂》相互發明，對范注的校語予以了駁正，有理有據，論證充分。

《奏啓》：「自晉來盛啓，用兼表奏。陳政言事，既奏之異條；讓爵謝恩，亦表之別幹。」《義證》徵引諸家，亦相互發明。范注：「《御覽》六百三十四載范甯《斷眾公受假故事啓》又一百四十九引《東京舊事》會稽王道子《皇太子納妃啓》、《晉書·孝武文李太后傳》道子《請崇正文李太妃名號啓》。」清王兆芳《文體通釋》「啓」：「啓者，本字作『啟』，開也，詣也。開啟以事，明事之所至詣，上天子與王侯大臣，奏表之變也。……劉勰曰：『晉來盛啓，……亦表之別幹。』」牟注：「晉代用『啟』之盛行，除范文瀾注所舉范甯一篇，司馬道子二篇外，寫得較多的如陸雲，有《國起西園第表啟宜遵節儉之制》等六篇，卞嗣之有《沙門應致敬啟》四篇。用兼表奏：如上舉陸雲《表啟宜遵節儉之制》，即表啟兼用。當時其他諸啟，也和表奏無大區別。」不僅有對「啓」的釋義，而且舉例以證，全面詳細。這樣的例子在《義證》中比比皆是，不勝枚舉。

（二）相互駁正

當然，有時各家校語或注釋之間意見不同，甚或互相駁正。對此，先生也多加引用，以助人們從不同的角度來看待問題。

關於《時序》：「中宗以上哲興運」中的「中宗」，《義證》引《注訂》校語對范注加以駁斥。范注云：「中宗不知何帝。按明帝號高宗，豈『中』為『高』之誤歟？《齊書·鬱林王紀》：『皇太后令曰：太祖以神武創業，草昧區夏；

武皇以英明提極，經緯天人；文帝以上哲之資，體元良之重。』此彥和所本。」
而《注訂》云：「范注引《齊書》稱此爲彥和所本，彼時《齊書》未出，彥和
何從本之，疏甚」，又「彥和生於齊世，其所稱高宗、中宗不無所本，與史書
二者之間必有一略。惟明帝以下，廢和二帝，祚皆不永，無可稱號」，駁斥了
范注的說法。

　　再如關於《總術》篇：「實體未該」中的「體」的理解，先生所引注文也
相互駁正。引《箚記》：「此一節言陸氏《文賦》所舉文體未盡，而自言圓鑒
區域大判條例之超絕於陸氏。案《文賦》以辭賦之故，舉體未能詳備，彥和
拓之，所載文體，幾於網羅無遺。然經傳子史，筆箚雜文，難於羅縷，視其
經略，誠恢廓於平原，至其詆陸氏非知言之選，則亦尚待商兌也。」再引郭
注：「今案黃氏以『體』爲『文體』恐非。一、此篇論總術，而涉及文體，似
不關切要；二、此言『實體』，非言『文體』，亦非單獨言『體』，黃氏捨去『實』
字，專釋『體』字，謂『體』爲『文體』，猶或可通，謂『實體』爲『文體』，
則難爲說也。今以爲『實體』猶今言要點、實質也，指總術而言。」其對《箚
記》的觀點進行了質疑。

　　眾所週知，《文心雕龍》還缺乏一部眞正意義上的包括彙校、彙注、彙評
的「集注」本，〔註10〕《義證》祇是兼有彙校、集注的性質，與眞正的「集
注」本還是有所不同的。

　　董洪利在《古籍的闡釋》一書中說：「集注，顧名思義就是集眾家之說而
爲之注。因此，它應該包括兩個方面的工作：一是集中古今有關的注釋加以
比較分析。二是在集前人注釋的基礎上做出自己的解釋。」〔註11〕而詹鍈先
生寫作《義證》的目的是以論證原著的本義爲主，祇是在校字釋義時有選擇
的引用了其他學者的校注，使其帶有了彙校集注的性質。其中，先生解說《文
心雕龍》的態度是：「有同乎舊談者，非雷同也，勢自不可異也。有異乎前論
者，非苟異也，理自不可同也。同之與異，不屑古今，擘肌分理，唯務折衷。」
（《文心雕龍·序志》）但《義證》並不是眞正的「集注」本。

　　另外，《義證》還包含精闢的理論觀點，具有濃厚的理論色彩。注釋之書
最忌「釋事而忘義」，徵引雖博，但原文的意思卻被淹沒了。一般的「集注」

〔註10〕目前出現的黃霖先生的《文心雕龍彙評》也只是對明清（包括近代）諸家評
　　　點的彙集，不是眞正的「集注」本。
〔註11〕洪董利：《古籍的闡釋》，遼寧教育出版社 1993 年版，第 232 頁。

本亦主要是集而不注，衹是羅列眾說，具有資料彙編的性質。而《義證》卻不是如此，它的理論色彩濃厚，不僅表現在對《文心雕龍》理論體系的闡述上，而且表現在對《文心雕龍》所涉及的古代文論問題大多作了詳細的論證。如關於聲律問題，這是屬於古代文論創作論的範疇，在對《聲律》篇的義證中，先生認為：「沈約的四聲八病說，主要講的是人為的音律，而《聲律》篇中所闡發的則偏重於自然的音律。」這樣，就打破了歷來所認為的沈約與劉勰同出一轍的成說。《文心雕龍・論說》篇曾這樣稱說「注釋」：「注釋為詞，解散論體，雜文雖異，總會是同」，《義證》一書正是如此。

《義證》顯示出了一種綜合和集大成的研究意識，在字句校注上具有了彙校集注的性質，這在《文心雕龍》研究史上是一個重要的貢獻。但是不可否認它仍存在一定的不足。《義證》在每一條目之下，都羅列先賢的種種看法，之後，先生往往給出自己的按斷，但先生的按斷衹是表明他的一種取捨和傾向，常常並沒有給出充分的證據，對其中許多命題也沒有展開深入而全面的研究和論證，有些按斷還不免有些草率。另外，先生在求全的同時，難免暴露出一些選擇不夠精當的毛病。但是，總的說來，仍是瑕不掩瑜。

第三節 《文心雕龍》風格學的建立

詹鍈先生的「龍學」成就，不僅體現在《義證》取材之弘富、具有彙校集注的性質；還體現在對《文心雕龍》風格理論的研究上，他的《文心雕龍的風格學》圍繞一個核心，構建了一個完整的風格學理論體系，開創了《文心雕龍》風格學研究的先河。

研究《文心雕龍》風格理論的學者很多，如王元化、吳調公、牟世金等，但是大多侷限於《體性》篇的有關論述上，一般衹是單篇論述或泛泛之論，沒有建立一個相對完整的風格學理論體系。與或主張以《體性》篇為主，同時參照散見於其他篇章的相關論述（馬茂元、吳調公、王元化等）；或主張《體性》是《文心雕龍》風格論專章（涂光社、石家宜等）不同，先生主張風格論貫穿《文心雕龍》的全書，他說：「從《文心雕龍》全書的內容來看，不僅有好幾篇專論風格，而且對於作家作品風格的評論和分析，也貫穿在全書之中。我們簡直可以說風格學是劉勰文學理論中的精華。」〔註12〕先生依據自

身對「風格」內涵的理解，即「藝術風格作爲一種表現形態，有如人的風度一樣，它是從藝術作品的整體上所呈現出來的代表性特點，是由獨特的內容與形式相統一、藝術家的主觀方面的特點和題材的客觀特徵相統一所造成的一種難於說明卻不難感覺的獨特面貌」，〔註 13〕從風格的個性──作家的個性、才思與風格的關係，風格的傾向性，兩種主要的風格傾向──陽剛與陰柔以及風格的共性──時代風格和文體風格四個方面，構建了一個完整的《文心雕龍》風格學理論體系，開創了《文心》風格研究的新領域。

一、關於作家的個性、才思與風格的關係

風格的形成與作家的個性、才思存在著密切的關係，諸家對《文心》風格論的闡述大多集中在這一問題上，著重分析「才」、「氣」、「學」、「習」與風格形成的關係。先生當然也不例外，並把它作爲建立風格學理論體系的首要問題，在《文心雕龍論風格與個性的關係》、《文心雕龍論才思與風格的關係》兩篇文章中做了詳細的論述，這種論述還具有一定的獨特之處。

一方面，先生運用心理學知識來分析作家個性即「才」、「氣」、「學」、「習」對風格形成的重要影響。從心理學角度出發，他稱劉勰提出的「才」、「氣」、「學」、「習」爲形成風格的「作家本身的四種心理因素」，「其中的『才』、『氣』是從魏晉以來的『才性論』來的，所以說是『情性所鑠』；而『學』、『習』兩個因素的提出，並把它歸之後天的『陶染所凝』，則是劉勰本人的創見。」〔註 14〕關於「才」和「學」的關係，即《事類》篇中所說的「文章由學，能在天資。才自內發，學以外成，有學飽而才餒，有才富而學貧。學貧者迍邅於事義，才餒者劬勞於辭情：此內外之殊分也」，先生認爲與現代個性心理學的理論是基本符合的，「心理學上認爲能力是人所具有的順利完成某種或某些活動的個別心理特性，這種能力屬於人的內部條件，但是它要通過具體活動才可以表現出來。創作才能就是有關創作的一些能力如觀察力、形象思維能力、形象記憶力的有機結合。創作才能一定要通過創作實踐才可以表現出來。但是沒有一定的文化知識，是不能從事文學創作的，因而也就不能顯示出創作才能來；而文化知識卻是逐漸積累的結果。」〔註 15〕關於「氣」

〔註 13〕詹鍈：《〈文心雕龍〉的風格學》，人民文學出版社 1982 年版，第 161～162 頁。
〔註 14〕詹鍈：《〈文心雕龍〉的風格學》，人民文學出版社 1982 年版，第 5 頁。
〔註 15〕詹鍈：《〈文心雕龍〉的風格學》，人民文學出版社 1982 年版，第 6 頁。

與風格的關係，先生亦從心理學的角度加以分析，他認為劉勰在《體性》篇所說「氣有剛柔」、「風趣剛柔，寧或改其氣」比《典論‧論文》清楚多了，主張「『氣有剛柔』之『氣』，相當於現在所說的氣質。『風趣』之『趣』和『趨』相通，指的是趨勢，也就是《定勢》篇所說的『勢有剛柔』的『勢』。《體性》篇說作品風格趨勢的剛柔和作者氣質的剛柔是一致的。」進而指出：「氣質的剛柔，根據巴甫洛夫及其弟子們的研究，是由於高級神經活動類型的強弱。但是在西方，遠在希臘時代，氣質學說就產生了，那時的醫生也是把氣質的劃分歸於血液和膽汁的。發現風格趨勢（即風格傾向）的剛柔和作者氣質的剛柔一致，這不能不說是劉勰的創見。」〔註16〕

　　詹鍈先生以其深厚的心理學知識闡述了風格形成與作家個性、才思的關係，為這一問題提供了心理學上的科學依據，使文學理論的闡發具有了科學的精神，也拓展了《文心雕龍》風格理論研究的思路。這是先生的一種創見，也是很多《文心雕龍》研究者所難以達到的。

　　另一方面，先生運用現代美學的觀點來研究風格形成與作家個性的關係，而且注意同西方美學理論的比較。先生首先引用了法國自然科學家布封在《論風格》裏的名言：「風格就是人本身」以及黑格爾《美學》中的一段話：「風格一般指的是個別藝術家在表現方式和筆調曲折等方面完全見出他的個性的一些特點」來揭示《體性》篇的美學理想。又數次引用英國十九世紀文學批評家約翰‧羅斯金（John Ruskin 1819～1900）《論作品即作者》一文中的觀點來與《體性》篇中的理論相比較，例如他引用約翰‧羅斯金的一段話：「自然，藝術的稟賦和性情的善良是兩樣不同的東西；一個好人不一定是一個畫家。同樣，善辨色彩的眼睛不能說明這人是誠實的。可是偉大的藝術是兩者的結合。它是一個純潔的靈魂有了藝術的稟賦之後的表現。其中若無稟賦，我們就毫無藝術之可言，其中若無靈魂，——若無正當的靈魂，這藝術品不管如何地伶俐也是壞的」，〔註17〕來強調作家的道德品質與作家的風格應該大體一致。運用中西美學理論進行相互比較，在《文心雕龍》風格理論的研究中是極少見到的，而且先生並不是在用西方理論去照搬照套，正如先生所言只有「利用現代美學和修辭學的理論，去探索《文心雕龍》，才能發現這部著作的精華，也才能在黃侃和范文瀾同志著作的基礎上，把《文心雕龍》的研

〔註16〕詹鍈：《〈文心雕龍〉的風格學》，人民文學出版社1982年版，第7頁。
〔註17〕詹鍈：《〈文心雕龍〉的風格學》，人民文學出版社1982年版，第20頁。

究推進一步。」〔註 18〕先生可謂用心良苦！

二、關於風格的傾向性

作家風格一經形成，必然具有一定的傾向性，也就是主導風格的問題。先生主張《定勢》篇論述的就是作品的風格傾向問題，「定勢」論也就成為《文心》風格學體系的一個有機組成部分。

關於《定勢》篇，眾說紛紜。產生分歧的主要原因，在於人們對「勢」的認識存在歧見，主要存在以下幾種說法：a 修辭方法（陳延傑、鈴木虎雄）；b 標準（黃侃、范文瀾、郭紹虞）；c「姿態」（劉永濟、郭晉稀）；d「規格形式」（陸侃如、牟世金）；e 作品的氣勢、局勢（陸侃如、牟世金）；f 表現方式（涂光社）；g 趨勢、趨向（周振甫、寇效信）；h 表現力量（許可）。可以看出，研究者大都從具體的寫作方法上來對「勢」做出解釋，沒有發現「定勢」與風格理論的關係。而詹鍈先生卻獨闢蹊徑，以劉勰「勢」論主要來源於《孫子兵法》為出發點來解釋《文心雕龍》「定勢」論，主張「勢」指作品的風格傾向，把「定勢」論納入《文心》風格論體系之中。

先生著重論述了劉勰「勢」論與《孫子兵法》在用語和觀點上的繼承性。「勢者，乘利而為制也」，作為「定勢」的第一個原則，淵源在於《孫子・計篇》：「計利以聽，乃為之勢，以佐其外；勢者，因利而制權也」，強調趁著有利的條件而進行機動，「勢」即靈活機動而自然的趨勢。而且《孫子・形篇》末句「勝者之戰民也，若決水於千仞之溪者，形也」之後緊接《勢篇》，與《定勢》篇讚語「形生勢成，始末相承」也是一致的。另外《定勢》篇用很多比喻來講「勢」，也都來源於《孫子兵法》。如強調任勢要順著固有的自然趨勢，云「如機發矢直，澗曲湍回，自然之趣也」；又「譬激水不漪，槁木無陰，自然之勢也」，來源於《孫子・勢篇》「激水之疾，至於漂石者，勢也。鷙鳥之疾，至於毀折者，節也。是故善戰者，其勢險，其節短。勢如擴弩，節如發機」和《虛實》篇「兵無常勢，水無常形，能因敵變化而取勝者，謂之神。」

不僅在用語上，在觀點上也具有繼承性。先生提出《定勢》篇試圖運用《孫子兵法》的樸素辯證觀點來說明文學作品風格傾向多樣化的統一，即「勢」雖無定而有定。《定勢》篇開頭即說：「夫情致異區，文變殊術，莫不因情立

〔註 18〕詹鍈：《〈文心雕龍〉的風格學》，人民文學出版社 1982 年版，第 166 頁。

體，即體成勢也。」體、勢連用，那麼「體」為何義，就成為理解「定勢」的關鍵。先生以《文心雕龍》各篇關於「體」的解說展轉互證，認為：「『因情立體』或『設情以位體』，就是根據情理來安排文章的體統。所謂『立體』，就是確立某一體裁作品的規格要求和風格要求。」〔註19〕進而指出「『即體成勢』，就是『變通以趨時』，就是隨機應變。在《定勢》篇裏，『勢』和『體』聯繫起來，指的是作品的風格傾向，這種趨勢本來是變化無定的。《通變》篇說：『變文之數無方』，而『勢』就屬於《通變》篇所謂『文辭氣力』這一類的。這種趨勢是順乎自然的，但又有一定的規律性，勢雖無定而有定，所以叫作『定勢』。」〔註20〕可見，先生力主《定勢》篇講的是風格傾向問題，更具體地說就是要選定主導的風格傾向，「一位作家在不同的場合進行創作，由於『情致異區』，就會『文變殊術』，就會表現為不同的風格傾向。假如只有一種單調的風格，或者只愛一種單調的風格，那必然有很大的片面性，而不能成為一個偉大的作家。但是一位作家可以有多樣化的風格傾向，具體到一篇作品裏，卻不能兩種對立的風格同時存在。《定勢》篇說：『若雅鄭而共篇，則統一之勢離。』所以無定之中還是有定的。『多樣化的統一』這一美學原理的提出，不僅在中國，甚至在全世界的古典文藝理論中來說，都是空前的。這不能不說是劉勰的極大創獲。」〔註21〕

　　先生提出劉勰「勢」論與《孫子兵法》的淵源關係，從而確定《定勢》篇是論述風格傾向的，「定勢」就是選定主導的風格傾向，這的確是一種創見。這裡想從《文心雕龍》研究史的角度，對它的意義與價值作點說明。可以說，詹鍈先生提出劉勰「勢」論與《孫子兵法》的淵源關係具有發軔之功。詹說以後，人們對這一問題展開了更為深入的探討，其中對先生的觀點都非常重視，或贊同，對其進行補充、發揮；或反對，對其提出異議，進行商榷。詹說拓展了人們的研究思路，使人們不再僅僅侷限於從寫作方法上對《定勢》篇作枝枝節節的解說，而是從它的源流上找出路，而且注意到它與風格理論之間的關係。經過多年的研究，人們關於「定勢」的意見，仍然沒有統一。儘管如此，多數研究者還是認為，詹先生的觀點雖然絕對了一些，但劉勰《定勢》篇與《孫子兵法》的聯繫還是不可抹殺的。正如涂光社所言：「詹鍈先生

〔註19〕詹鍈：《〈文心雕龍〉的風格學》，人民文學出版社1982年版，第67頁。
〔註20〕詹鍈：《〈文心雕龍〉的風格學》，人民文學出版社1982年版，第68頁。
〔註21〕詹鍈：《〈文心雕龍〉的風格學》，人民文學出版社1982年版，第70～71頁。

最近撰文，充分估價了《孫子》對《文心雕龍》定勢論的影響，可謂持之有故。」〔註22〕寇效信在《〈文心雕龍〉之『勢』的辨析與探源》中亦肯定了「把《定勢》篇與《孫子》加以對比研究，對人們是有啓發的。」

很多人對先生的「定勢」論也提出了異議，它確實有值得商榷之處。先生僅僅注意到與《孫子》的關係是不夠全面的，二者雖有相同或相似之處，但又有不大相同的地方。文學作爲一門藝術，其「勢」必然要受到其他藝術領域的相關理論的影響，如書法、繪畫中的「勢」論。早在漢代書論中，「勢」就逐漸成爲一個相對穩定、具有獨特內涵的理論術語，有崔瑗《草書勢》、蔡邕《篆勢》等用於書法分類的「勢」，還有「絕筆收勢」、「勢以凌雲」等形容字體形態的「勢」，後者蘊含著能夠觸發欣賞者的審美想像的流轉的氣韻，與劉勰所說的「文已盡而勢有餘」是相通的。畫論中也常用到「勢」，顧愷之《論畫》評《壯士》「有奔騰大勢」，宗炳《畫山水序》論「自然之勢」，《定勢》篇亦以繪畫之「形」來說明文章之「勢」：「是以繪事圖色，文辭盡情，色糅而犬馬殊形，情交而雅俗異勢。」這些都是兵法之「勢」不可比擬的，因此書畫理論中的「勢」論對劉勰的影響也是不可忽視的。

而且，「因情立體，即體成勢」，對「體」的不同理解，影響到對「勢」的理解的差異。在《文心雕龍的「定勢」論》中，先生把「立體」看作是「確立某一體裁作品的規格要求和風格要求」無疑是對的，但是在輾轉互證之中，卻把《文心雕龍》常用的「大體」一詞當作專有名詞並和「體勢」之「體」等同起來，難免有主觀附會之嫌。比如他說：「《封禪》篇說：『構位之始，宜明大體』，這就是《熔裁》篇所說的『履端於始，則設情以位體』，也就是《通變》篇所說的『規略文統，宜宏大體』。這個『大體』，就是《附會》篇所說『銳精細巧，必疏體統』的『體統』。」〔註23〕其實，研究原文就可以發現：《封禪》：「構位之始，宜明大體」的「大體」，指形成「封禪」這種文體的大的原則；而《通變》篇的「規略文統，宜宏大體」，指研討文章發展的體統，應該抓住大的方面，與成「體」的原則殊趣；《附會》篇所言「銳精細巧，必疏體統」，指安排文章條理要抓住大的綱目；至於《熔裁》篇「設情以位體」的「體」指的是文章本體。先生未細究「大體」、「體統」、「本體」等詞在不同語境中的不同含義，而是籠統地等同起來，是難以成立的。

〔註22〕涂光社：《〈文心雕龍〉「定勢論」淺說》，載《文學評論叢刊》第 13 輯。
〔註23〕詹鍈：《〈文心雕龍〉的風格學》，人民文學出版社 1982 年版，第 66 頁。

三、關於陽剛與陰柔兩種主要風格傾向

為建立完整的《文心雕龍》風格學理論體系，詹鍈先生提出劉勰關於「風骨」和「隱秀」的論述，實際上說的是以陽剛和陰柔為特點的兩種具有代表性的風格傾向。

「風骨」作為一個完整的文學理論範疇，是劉勰首先提出並進行論述的，自此以後「風骨」成為中國文論的一個重要範疇。由於「風骨」一詞本身的多義性，且劉勰在《文心雕龍》多處不同意義上使用該詞，以及研究者在研究方法和角度上的不統一，對於《文心雕龍》「風骨」的內涵出現了諸多不同的解釋。據有關資料統計，歷來對「風骨」的解釋不下十餘種，〔註24〕，簡要羅列十種說法，〔註25〕如下：

第一種，「風意骨辭」說，「風」是文意的特點，「骨」是文辭的特點，以黃侃、范文瀾為代表。

第二種，「情志事義」說，「風」是情志，「骨」是事義，以劉永濟為代表。

第三種，「風格」說，「風骨」是一種特殊的「風格」，以劉師培、羅根澤、詹鍈、馬茂元、吳調公為代表。

第四種，「剛柔之氣」說，「風骨」就是「氣」，以紀昀、徐復觀為代表。

第五種，「情感思想」說，「風」是情的因素，「骨」是理的因素，「風骨」是情感思想的表現，以宗白華為代表。

第六種，「感染力」說，「風」是作品的「感染力」，主要是就「風骨」的藝術功能而言的。

第七種，「精神風貌美」說，張少康持此見。

第八種，「內容形式」說，「風」是內容，「骨」是形式。

第九種，「形式內容」說，「風」是形式，「骨」是內容。

第十種，從「劉勰的理論體系的相互關係」中看「風骨」在其中的地位，弄清全書一系列概念的內涵和關係，從整體來把握局部，以牟世金、寇效信為代表。

從上面的羅列中，可以發現詹鍈先生是持「風骨」是「風格」說的。雖

〔註24〕《文心雕龍學綜覽》第 160 頁載汪湧豪統計為 12 種；香港《民報月刊》1987 年 10 月號載陳耀南《文心風骨群說辯疑》一文概括為 10 類，童慶炳歸納為 10 種。

〔註25〕此處主要參考童慶炳《〈文心雕龍〉「風清骨峻」說》（載《文藝研究》1999 年第 6 期）中的歸納。

然主張此說的人很多，但對其進行系統論述，又把「風骨」確定爲大致相當於「陽剛之美」的藝術風格的，詹鍈先生卻是第一人。先生的觀點是：

首先，《文心雕龍》的「風骨」論與齊梁美學中的「風骨」論是一致的。「無論是評人物的風骨論，評書畫的風骨論，評詩文的風骨論，都屬於美學範疇，都表現了各個方面的風格特點，而這些風格特點表現在人物品評、書畫品評、詩文品評中都有很大的類似性，『風骨』並不是劉勰在《文心雕龍》裏特創的名詞。」〔註 26〕人物品評、書畫品評和詩文品評中的風骨論具有傳承關係，《文心雕龍》風骨論當然也不例外。

其次，反對黃侃等人「風即文意，骨即文辭」的說法，認爲劉勰的風骨論是風格論。先生認爲「從黃侃以來，對於風骨的解說所以那樣分歧，主要地糾纏在『文意』『文辭』以及『事義』等問題上。根據《文心雕龍・風骨》篇裏的話很難說清『風』和『骨』究竟屬於內容或者形式，因此用劉師培、黃侃以前論文章義法的老眼光，來解釋《文心雕龍》的風骨論，總是削足適履，格格不入。」在批判黃侃等人的主張和方法的同時，另闢蹊徑，認爲「劉勰雖然沒有西方美學的風格的概念，但是他分析的問題，卻像西方美學中所講的風格，而且他對於齊梁以前代表作家作品的評論，也總是從風格方面來下筆的。」〔註 27〕「我們說《風骨》篇論述的是風格問題，是因爲其中的內容和西方美學中的風格學屬於同一範疇。」「我們如拘泥於文意，文辭之辨，對《文心雕龍》的理解也只能達到劉師培、黃侃的高度，而不能發現其中的精華。文藝風格是內容與形式的統一，分析風格是既離不開思想感情，也離不開藝術技巧的。說風骨是文意，是文辭，是事義，只能解釋《文心雕龍》風骨論的局部問題，是不可能理解它的精神實質的。」〔註 28〕先生的主張，別開生面，可以說具有方法上的革新意義。

再次，拿「風骨」論與西方美學相關理論相比較，「風骨」大致與羅馬時代郎加納斯（Longinus）的《論崇高》中的「崇高」具有類似性，因爲郎加納斯所謂「崇高」也含有奇特、雄偉、壯麗的意思。先生比較分析了劉勰的「風骨」論與郎加納斯《論崇高》在論述形成風格的因素，風格的特點，及向古代經典學習等方面的類似性，從而證明「風骨」指陽剛的風格。

〔註 26〕 詹鍈：《〈文心雕龍〉的風格學》，人民文學出版社 1982 年版，第 52～53 頁。
〔註 27〕 詹鍈：《〈文心雕龍〉的風格學》，人民文學出版社 1982 年版，第 53 頁。
〔註 28〕 詹鍈：《〈文心雕龍〉的風格學》，人民文學出版社 1982 年版，第 57 頁。

　　最後，先生主張「風骨就是鮮明、生動、凝煉、雄健有力的風格。」他同意劉禹昌風骨「具有清新、剛健、明朗、壯麗的特點，大致相當於後世批評家所說的『陽剛之美』的藝術風格」的說法，但不同意他認為這種風格即劉勰所說的「雅麗」風格的看法。先生說：「風骨就是力的表現」，而且「從這個角度來闡述《風骨》篇的理論，無不迎刃而解。比枝枝節節抓住片言隻字，說『風』是什麼，『骨』是什麼，要全面得多了。」〔註29〕

　　詹鍈先生找到了「風骨」的藝術風格，而劉勰論風格類型往往是主張對稱的，因此先生又找到了與「風骨」這一「陽剛之美」的藝術風格相對應的──「陰柔之美」的藝術風格即「隱秀」。

　　先生推崇劉師培《論文章有生死之別》中「剛者以風格勁氣為上，柔者以隱秀為勝。凡偏於剛而無勁氣風格，偏於柔而不能隱秀者皆死也」的觀點，認為「劉師培在這裡所說的『勁氣風格』，就是『風骨』。『風骨』和『隱秀』是對立的兩種風格，一偏於剛，一偏於柔」，且「『隱秀』並不是一種單一的風格類型。它具有『隱』和『秀』兩種相反而實相成的特點。……『隱秀』這種風格是由『隱篇』和『秀句』所組成的。」〔註30〕提出「《文心雕龍》在《體性》篇論述作家風格後，特列《風骨》一篇，把『風骨』作為剛性或陽性風格的典型形象，另外又設《隱秀》篇論述詩歌裏的柔情和柔性風格，而他在這方面的論述和南朝詩歌中風行一時的男女柔情和靡靡之音又有本質的不同。這正是《文心雕龍》風格學的可貴處。」〔註31〕

　　先生從廣義的「風格」含義出發，獨樹一幟，主張「風骨」和「隱秀」是以陽剛和陰柔為特點的兩種主要風格傾向，來構建《文心》的風格學體系，這是一種新解，有相當的道理，也很有意義。它不是僅僅糾纏於對「風骨」和「隱秀」兩個理論範疇的本意的理解，而是運用現代美學理論加以詮釋，把「風骨」與「隱秀」放於廣義的「風格」範疇之下，看到了「風骨」和「隱秀」與風格的聯繫，把它們界定為兩種主要的風格傾向，成一家之言，也為後來關於「風骨」和「隱秀」的研究拓展了思路，與一般的「風骨」論和「隱秀」論研究還是有所不同的。

　　但是細細辯之，先生的某些觀點還是令筆者不敢苟同。他認為「風骨」是

〔註29〕詹鍈：《〈文心雕龍〉的風格學》，人民文學出版社1982年版，第61頁。
〔註30〕詹鍈：《〈文心雕龍〉的風格學》，人民文學出版社1982年版，第96頁。
〔註31〕詹鍈：《〈文心雕龍〉的風格學》，人民文學出版社1982年版，第104～105頁。

屬於風格範疇的，但是值得注意的是劉勰爲什麼多把「風」和「骨」分開論述，風格則是一個不可分割的單獨概念，而且《風骨》篇舉出的實例說明存在著有「風」無「骨」，或有「骨」無「風」的現象，即風、骨不能兼善，那麼這時將如何對其進行風格歸類呢？牟世金就曾說：「『風骨』並不等於『風格』，如以『風骨』爲風格的一種，則無異於改『數窮八體』爲『數窮九體』，顯然不能成立；如以『風骨』爲一種綜合性的總的風格，這個『風格』就失去了風格的意義，不成其爲風格了。……『風骨』並不是『風格』，也不是對風格的總要求。而是一切文學創作的總要求。」〔註 32〕牟先生的說法有相當道理。而且令人費解的是先生在《齊梁美學的「風骨」論》中也曾說過：「其實，在《文心雕龍》裏，『風骨』和風格還是有區別的」，「說『風骨』就是風格的人，有的對『風』『骨』二者不加區別，把它當成一個概念」，〔註 33〕前後觀點有些自相矛盾。

先生把「風骨」論與郎加納斯《論崇高》相比附，認爲「二者之間有很大的類似性」，從而斷言「風骨」就是「風格」。其實，這也沒有必然的聯繫，並不具有很強的說服力。因爲郎加納斯的「崇高」風格由五要素構成，缺一不可；而劉勰的「風骨」論中「風」與「骨」各有其獨自的構成因素，「風」與「骨」都可以單獨存在於某一作品中，其構成因素之間沒有絕對的依存關係，先生依此得出結論顯得有些牽強。

在這裡，我們主要還應以《風骨》篇爲中心來探討「風骨」的問題。關於「風」，劉勰語：「詩總六義，風冠其首，斯乃化感之本源，志氣之符契也」，「怊悵述情，必始乎風」，「情之含風，猶形之包氣」，「意氣駿爽，則文風清焉」，「深乎風者，述情必顯」，「思不環周，索莫乏氣，則無風之驗也」，「相如賦仙……風力遒也。」可見，「風」主要與情、氣、志、意有關，以情來動人，作品內容具有強烈的藝術感染力。關於「骨」，劉勰語：「沈吟鋪辭，莫先於骨」，「辭之待骨，如體之樹骸」，「結言端直，則文骨成焉」，「練於骨者，析辭必精」，「若瘠義肥辭，繁雜失統，則無骨之征」，「潘勖錫魏……骨髓峻也。」《風骨》篇十四處提及「骨」字，且處處都與「辭」聯繫起來論述。在古代，「辭」，《說文解字》云：「辭，說也。」段玉裁說：「詞與辭部之辭，其意迥別。辭者，說也，……然則辭謂篇章也。詞者，意內而言外也，從司言。此謂摹繪物狀，及發聲助詞之文字也。積文字而爲篇章，積詞而爲辭。」可見「辭」即篇章，即成型的作

〔註 32〕 牟世金：《劉勰論「圖風勢」》，《文學遺產》1981 年第 2 期。
〔註 33〕 詹鍈：《文心雕龍的「風格學」》，人民文學出版社，第 29～30 頁。

品，由「詞」組成的。「骨」是對文辭方面的要求，並用「骸」、「端直」、「精」、「峻」等來加以形容，所以評價一部作品是否有「骨」，就是看它的語言是否經過精心選擇，是否具備端莊正直、精當貼切的特點。合而言之，劉勰所說的「風骨」，就是指作品通過端莊正直、精當貼切的語言形成的思想內容給讀者帶來的強烈藝術感染力。劉勰這一概念的提出，正是爲了反對當時盛行於文壇的形式主義文風。「風骨」應是所有優秀作品都該具有的共性。

關於先生力主「隱秀」指柔性的風格，更待商榷。《隱秀》篇云：「隱也者，文外之重旨也；秀也者，篇中之獨拔也。隱以復意爲工，秀以卓絕爲巧，斯乃舊章之懿績，才情之嘉會也。」將「隱」、「秀」分開論述，足見將「隱秀」視爲一種風格是值得考慮的。且更不能說「隱秀」是陰柔之美的風格，如爲說明「秀句」所舉的例子「朔風動秋草，邊馬有歸心」，這兩句詩來自晉人王讚的《雜詩》，寫羈旅思鄉之情，悲壯蒼涼，似見不出陰柔之美，相反卻透著一種陽剛之美。從「隱」爲「文外之重旨」、「以復意爲工」，「秀」爲「篇中之獨拔」、「以卓絕爲巧」來看，「隱秀」是指文學作品要寫的含蓄而有言外之意，是對文學作品提出的更高的美學追求。劉勰「隱秀」這一範疇的提出，是中國古代詩歌意境理論形成過程中的一個重要環節，爲後來唐代詩歌意境論的成熟奠定了堅實的基礎。僅把「隱秀」當作是某種風格特徵的概括，而不視之爲藝術原則和美學要求，是不夠確切的。另外，以有爭議的補文爲基礎，把「隱秀」與「柔性」直接聯繫起來，在立論依據和結論上都存在缺陷。

四、關於風格的共性

從廣義上講，風格學理論不僅要探討風格的個性，即作家的個人風格；而且也要探討風格的共性，包括時代風格、文體風格、民族風格等。詹鍈先生對此有充分的認識，他在《文體與風格》一文中說：「風格學作爲一門科學就是在研究風格的共性，就是對創作個性或者作家個人風格的研究，目的也是在研究作家風格的共性，這樣才能起借鑒作用。從繁榮創作來說，我們提倡風格的多樣化，提倡百花齊放。從研究風格學來說，我們還是在探討百花之間的共同特性。……不探討共性，就不能形成規律，對於後來的創作活動就沒有指導意義。」〔註34〕

〔註34〕詹鍈：《文體與風格》，《河北大學學報》1985 年第 3 期。

關於時代風格，先生認為「一個時代的作家作品，在風格上有許多相同或相近的地方，這就是時代風格」，「《文心雕龍》裏並沒有論時代風格的專篇，在全書裏也沒有一個名詞相當於現在所謂的『時代風格』。但是在《文心雕龍》的《時序》、《通變》、《明詩》等篇裏，以及其他篇章的某些地方，確有某些論述涉及時代風格問題」，並指出這「在中國古典文藝理論中要算是首創的」。先生肯定了劉勰從政治興衰、社會風氣、學術思想、君主提倡等方面來說明時代風格的形成，但也駁斥了某些人認為的《時序》篇提出文學反映時代的反映論觀點，主張這種反映論觀點「只有在馬克思列寧主義的文藝理論建立之後，才會有的」，「《文心雕龍》的風格學和馬克思列寧主義風格學的界限還是要劃清的」。〔註35〕同時先生也沒有忽視劉勰的侷限性，認為劉勰「在時代風格形成的問題上，特別強調自上而下的『風化』作用，在文學風格的學習繼承方面，他強調『徵聖』『宗經』，墜入了文學風格退化論，歪曲了文學歷史的發展規律。」〔註36〕可以說，先生的論述是相當全面，且很有見地的。

關於文體風格，先生主要根據文體論「敷理以舉統」的部分來進行分析闡述。他指出「所謂『舉統』就是舉出文章的『體統』，也就是該體的標準風格」。除此之外，還把《定勢》篇中的一段話：「是以括囊雜體，功在銓別。宮商朱紫，隨勢各配。章表奏議，則準的乎典雅；賦頌歌詩，則羽儀乎清麗；符檄書移，則楷式於明斷；史論序注，則師範於核要；箴銘碑誄，則體制於弘深；連珠七辭，則從事於巧豔。此循體而成勢，隨變而立功者也」作為《文心雕龍》文體風格論的綱領，以此為綱，把文體風格論分為六大類進行詳細的論述。

先生從廣義上論述了劉勰的時代風格論和文體風格論，構建了《文心雕龍》完整的風格學理論體系。這個體系的建立，是詹鍈先生的一大貢獻，它在《文心雕龍》風格學的研究上，大大地推進了一步，在《文心雕龍》風格學的研究領域，這是自抒機軸的理論體系，而且是獨樹一幟的。但是，另一方面這也恰恰成為讓人非議之處，因為先生似有將風格擴大化的傾向。劉文忠就曾說過：「詹先生將某些在某一意義上說含有風格因素的東西混同為風格論」，「《風格學》中的八篇文章，幾乎有半數以上不屬於風格論」，牟世金也大致持此種看法。這的確是值得思考的問題，全面的論述稍有不慎，就會顯得龐雜。但學術研究具有強烈的個性，言之成理即可，沒有必要也無法去強求。學術需要爭鳴！

〔註35〕 詹鍈：《〈文心雕龍〉的風格學》，人民文學出版社 1982 年版，第 126 頁。
〔註36〕 詹鍈：《〈文心雕龍〉的風格學》，人民文學出版社 1982 年版，第 130 頁。

第四節　《文心雕龍・隱秀》篇補文之眞僞問題

一、關於《隱秀》篇補文眞僞的爭議

現存《文心雕龍》的最早刻本元至正（十五年）本，其《隱秀》篇自「瀾表方圓」至「朔風動秋草」的「朔」字共四百字原闕，元至正本每半葉十行，行二十字，缺四百字，正合一板。《古今圖書集成考證》考《隱秀》篇說：「案此篇『瀾表方圓』以下缺一頁，《永樂大典》所收舊本亦無之，今坊本乃何焯校補。」

關於這段補文，學界主要存在著針鋒相對的兩種看法：一認爲係僞託，一認爲是宋前原文。

清人紀昀批《文心雕龍》時，斷定補文係明人僞作，他在批詞中說：「此一頁詞殊不類，究屬可疑。『嘔心吐膽』，似摭玉溪《李賀小傳》『嘔出心肝』語；『鍛歲煉年』，似摭《六一詩話》周樸『月煆季煉』語。稱淵明爲彭澤，乃唐人語；六朝但有徵士之稱，不稱其官也。稱班姬爲匹婦，亦摭鍾嶸《詩品》語。此書成於齊代，不應述梁代之說也。且『隱秀』三段，皆論詩而不論文，亦非此書之體，似乎明人僞託，不如從元本缺之。」「癸巳三月，以《永樂大典》所收舊本校勘，凡阮本所補，悉無之，然後知其眞出僞撰。」此後，這一判斷長期爲人們普遍接受，近人黃侃，今人范文瀾、劉永濟、楊明照、王達津等，均同意此說，並提出了一些新的證據，力證補文乃明人僞造，黃侃甚至索性自己另作了一篇很長的《新隱秀篇》。

但是，詹鍈、周汝昌兩位先生卻主張補文是眞的，詹鍈幾度撰文，廣參博考，力證其眞；周汝昌先生也接著著文，多方考辯，認定這四百字的補文大體上係彥和原文，其言材料鑿鑿，論證有力。

當然，還有一些德高望重・造詣極深的「龍學」專家在這一問題上表現出一種意味深長的沈默。

二、詹鍈先生關於補文眞僞的考證

詹鍈先生獨樹一幟，力主補文之眞，並對其進行了詳細的考證。

首先，從版本上對「僞作說」進行辨正，力證其眞。根據馮舒校謝恒抄本的錢功甫跋語「按此書至正乙未刻於嘉禾，弘治甲子刻於吳門，嘉靖庚子刻於新安，癸卯又刻於建安，萬曆己酉刻於南昌（按即梅慶生原刻），至《隱

秀》一篇，均之闕如也。余從阮華山得宋本抄補，始爲完書」，可知錢功甫從阮華山處得宋本抄補了《隱秀》篇。而從馮舒朱筆跋語中，可以看出錢功甫本後歸錢謙益所收藏，錢功甫、錢謙益均精於版本鑒定，且錢謙益家藏有很多宋本書，先生認爲該抄本既然得到錢謙益認可，就應該是可信的，當非阮華山僞造。根據曹批梅六次校定本中本篇末尾所附的朱謀㙔（鬱儀）跋語，也可以判定本篇補文是據宋本翻刻的，跋云：「朱鬱儀曰：《隱秀》中脫數百字，旁求不得，梅子庾既已注而梓之。萬曆乙卯（1615 年）夏，海虞許子恰於錢功甫萬卷樓撿得宋刻，適存此篇，喜而錄之，來過南州，出以示余，遂成完璧，因寫寄子庾補梓焉。子恰名重熙，博奧士也，原本尚缺十三字，世必再有別本可續補者。」錢謙益《列朝詩集小傳》閏集《宗室十人》：「寧藩中尉貞靜先生謀㙔，……明興以來，……諸王子孫，好學修行，比西京之劉向者，……未有如鬱儀者也。著書百有十二種，皆手自繕寫，稿至數易，未嘗假手小胥。」而且朱謀㙔從弱冠以來，「手抄《雕龍》，諷味不捨晝夜」。因此先生認爲「補的這四百多字，如果是假的，豈能瞞得過朱謀㙔的眼力」！〔註 37〕對於楊明照先生根據何焯說胡夏客的父親胡震亨沒有看見宋本《文心雕龍》，就斷定胡夏客家藏的宋本《文心雕龍》也是假的，先生也做出了辯駁，他認爲：「胡震亨沒見過的本子，胡夏客完全可能入藏。朱謀㙔到了晚年才看到宋本《文心雕龍》，也說得很明確。」先生還注意到增補的《隱秀》下半篇兩板，字的刻法和原版有區別，其中「凡」字刻作「凣」，「盈」字刻作「盈」、「綠」字刻作「綠」、「煒」字刻作「㷺」，最特別的是「恒」字缺筆作「恒」，是避宋眞宗的諱，「可見當抄補《隱秀》篇時，就照著宋本的原樣模寫，而梅子庾補刻這兩板時，也照著宋本的原樣補刻。」先生感歎到：「明朝中晚年還沒有根據缺筆鑒定板本的風氣，假如阮華山作僞，怎麼會僞造得那麼周到呢？」〔註 38〕

另外，先生在《義證》中還引用了周汝昌在版本上的一些看法，以作爲參證。如周汝昌先生認爲不能孤立簡單地對待這一問題，稱「今世所存『宋本』，作作統計，是否每部書都是前有來龍，後有去脈，著錄分明，略未湮埋迷藏過的？有無忽得一宋本，未詳何自，而自非贋鼎可比的？因爲錢功甫第一次發現，是『得阮華山宋本』，宋本者，應指刊本，而非影寫和抄寫本，……

〔註 37〕 詹鍈：《文心雕龍義證》，上海古籍出版社 1989 年版，第 1520 頁。
〔註 38〕 詹鍈：《文心雕龍義證》，上海古籍出版社 1989 年版，第 1520 頁。

抄本當可竄入明人僞託之文詞。若是刊本，是否有明仿宋板之書？或某書眞有過全部基本宋板而個別篇頁抽換或楔入僞品之例？此在專家，考論若能加詳，說服自然較力，否則只執著於該書之『宋本』未詳來去之迹即認爲『可疑』——進而斷其爲僞，恐怕從論證方法上說是稍嫌粗略孟浪的。」〔註 39〕爲詹鍈先生力證補文是眞，提供了強有力的佐證。

其次，從論點上進行辨證，力證補文之眞。針對紀、楊、王提出的「嘔心吐膽」、「鍛歲煉年」問題，先生予以駁斥。「按《文心雕龍·神思》篇說：『揚雄輟翰而驚夢』，這是根據桓譚《新論》來的。《新論·祛弊》篇說：『余少時，……嘗激一事而作小賦，用精思太劇，而立感動發病。彌日瘳。（揚）子雲亦言成帝時，趙昭儀方大幸。每上甘泉，詔令作賦，爲之卒暴，思慮精苦，賦成遂困倦小臥，夢見其五臟出在地，以手收而內之，及覺，病喘悸，大少氣，病一歲。由此言之，盡思慮傷精神也。』《才略》篇也說：『子雲屬意，辭人最深。……而竭才以鑽思』。這些都和《隱秀》篇補文中所說的『嘔心吐膽，不足語窮』的狀態是一致的，不見得劉勰『嘔心吐膽』這句話就出於李商隱《李賀小傳》中所說的『嘔出心肝』。」〔註 40〕而「鍛歲煉年」可與《後漢書·張衡傳》「精思傅會，十年乃成」相印證，且據歐陽修《六一詩話》論周樸詩，可知當時人稱周樸寫詩「月鍛季煉」，那比劉勰所說的分量要輕得多，不見得「鍛歲煉年」就是從歐陽修來的。針對周振甫提出的「嘔心吐膽」、「鍛歲煉年」與劉勰多次提到的「自然」論相矛盾的問題，先生認爲這並不矛盾，「按《養氣》篇是從構思的角度來談寫作修養的，可以作爲《神思》篇的補充。而《隱秀》篇緊接在《練字》篇的後面，其中所談的有字句鍛煉和修改的問題。劉勰在創作論上是自然美和人工美並重的，而人工美就需要『嘔心吐膽』地『鍛煉』，才能達到妙造自然的境地。詩的修改需要鍛煉，就是周振甫本人也承認『創作的所謂自然，並不是可以隨便寫成，還需要苦心經營』。」〔註 41〕至於紀批說：「稱淵明爲彭澤，乃唐人語」，劉永濟稱「其他篇章未提及陶淵明，耳忽然於此補文中提及，正可見是僞作」，先生認爲這尤爲荒唐，因爲「鮑照《鮑氏集》卷四有《效陶彭澤體》詩一首」，而且全書對某些作家只提到一次的很多，不足爲怪。

〔註 39〕周汝昌：《〈文心雕龍·隱秀篇〉舊疑新議》，《河北大學學報》1983 年第 2 期。
〔註 40〕詹鍈：《文心雕龍義證》，上海古籍出版社 1989 年版，第 1515 頁。
〔註 41〕詹鍈：《〈文心雕龍〉的風格學》，人民文學出版社 1982 年版，第 92 頁。

關於黃侃質問補文中為何缺張戒《歲寒堂詩話》引劉勰語「情在詞外曰隱，狀溢目前曰秀」，先生認為「質問是毫無力量的」，補文中缺字很多，這兩句話可能正在其中，不過究竟應該補在何處，則無法確定。同時詹鍈又引了周汝昌先生的觀點加以補充，周先生提出：「張戒在其《詩話》中，一共是有兩次引及了彥和的《文心》，在卷上，有一處說：『劉勰云：因情造文，不為文造情。』……劉彥和在什麼時候說過了『因情造文，不為文造情』這樣的九個字的原文呢？——那麼，……又是什麼理由使黃氏等人一眼認定並一口咬定那『隱秀逸文』十二個大字就是『宋本《文心雕龍》原文』，並且如此鐵案，不可動搖的呢？」「張戒所謂『情在詞外曰隱，狀溢目前曰秀』十二個字，不是原文，也可以從《隱秀》始終未逸之文來審辨。」〔註42〕周先生在《中國文論〔藝論〕三昧篇》中談到「隱秀」時又說：「張戒所引《雕龍》之文例，皆非今世嚴格 quotation 的性質，只係以意『撮述』。此點綜互核驗，真相即顯。……而《隱秀》今傳文本，並非『明人偽託』，乃得重新考論。」〔註43〕

再次，先生還從詞句上反駁楊、王等人的觀點，證明其非偽託。如關於所補的七十八句的句式問題，關於王文提出的「始末」一詞不是六朝人習用語的問題，等等，先生都一一提出了異議，認為他們所提供的證據都衹是捕風捉影的。

最後，先生還更進一步從《隱秀》篇的文學理論上證明補文和劉勰整體思想是一致的，從而說明《隱秀》篇的補文並非明人偽造。

詹鍈先生在《隱秀》篇補文的真偽問題上力主補文之真，在「龍學」界猶如一聲驚雷，打破了學界的平靜，使這一學術公案又重新引起了眾家的興趣。先生在學術上的創新和勇氣是值得稱道和令人敬佩的。先生的考證，不可謂無見。其實，觀點對峙的雙方，都缺乏堅強有力的證據來證明自己和駁倒對方。真理愈辨愈明，對這一問題仍必將長久的爭論下去，期待水落石出的那一天！無論如何，詹鍈先生在這一問題上的獨樹一幟始終是功不可沒的。

結束語

研究的目的之一是為了借鑒。通過對詹鍈先生《文心雕龍》研究的探討，

〔註42〕周汝昌：《〈文心雕龍·隱秀篇〉舊疑新議》，《河北大學學報》1983 年第 2 期。
〔註43〕周汝昌：《中國文論〔藝論〕三昧篇》，載《北京大學學報》1998 年第 1 期。

從中可以看出先生的治學精神，也許這正是最值得我們借鑒的地方。

　　首先，詹鍈先生治學具有嚴謹、科學之精神。先生向以嚴謹著稱，他不但受到過陳寅恪等先生嚴謹學風的薰陶，而且受過自然科學的嚴格訓練，因為心理學在美國屬於自然科學，需要運用嚴格的實驗和統計等科學手段來學習與研究。因此在古典文學研究中，先生特別強調古典文學研究的科學性，主張運用現代化的科學方法來處理其中的問題。他對辭章之學的理解，也往往是通過考據來進行，以「無徵不信」為治學原則，這在《義證》中表現得最為突出。《義證》作為《文心雕龍》校注方面的集大成之作，對歷代《文心雕龍》的各種版本和研究著作包括今人研究成果中的真知灼見，幾乎網羅殆盡，給大家提供了一個資料豐富的讀本。其中的辛苦，也只有個中人才能體會得到。先生曾在《自傳》中不無自謙地說：「如果說我寫出來的東西，有一點半點可取之處，可能是運用現代化的科學方法來處理社會科學問題所造成的吧。」〔註44〕

　　其次，詹鍈先生治學還具有創新、開放之精神。先生在《文心雕龍》研究中多有創見，敢於打破常規。如第一個建立完整的《文心雕龍》風格論體系，第一個打破《隱秀》篇補文是偽作的定論，等等。先生的發軔之功，在「龍學」史上將會被永遠銘記！先生之所以能夠不斷創新，其中也來源於其學貫中西、文史交融的開放眼光和治學方法，由於先生學過多種學科，受過多方面的訓練，從而形成了開闊的視野和多學科的知識結構。他曾經說過：「我的知識是個大雜燴，不取一家之言，也不是從一個角度出發，我希望能夠做到實事求是，能採取各家之長。唯其學得比較雜，不限於一個專業，我在發現一個問題時，能夠從各個角度探討，從不同的專業來研究。」〔註45〕《〈文心雕龍〉的風格學》一書，就是採用現代美學、修辭學、心理學和西方文論來對中國古典文論進行研究的代表，得到了學界的一致讚譽。

〔註44〕　詹鍈：《自傳》，轉引自《中國當代社會科學家》第三輯，書目文獻出版社 1983
　　　　　年版，第 304 頁。
〔註45〕　轉引自萬景春：《拳拳報國心　漫漫求索路——淺談詹鍈先生的治學道路和方
　　　　　法》，見河北大學中文系、古籍所編：《詹鍈先生八十華誕紀念文集》，河北大
　　　　　學出版社 1998 年版，第 242 頁。

第七章　論牟世金的《文心雕龍》研究

　　牟世金（1928～1989），祖籍四川忠縣，1956 年 8 月，考入山東大學中文系，1960 年畢業後留任著名學者陸侃如先生的助手。在陸先生的指導下走上了研治中國古代文學和文論的學術道路。而《文心雕龍》的研究在其整個學術生涯中佔據了最主要的方面。他將畢生的大部分心血傾注在《文心》上，治《文心》長達 30 餘年，碩果累累。他和陸侃如先生合作先後撰寫出版了《文心雕龍選譯》（山東人民出版社 1962 年 9 月上冊、1963 年 7 月下冊）、《劉勰論創作》（安徽人民出版社 1963 年 5 月）、《劉勰和文心雕龍》（上海古籍出版社 1978 年 5 月）等著作。這些著作不僅推動了龍學研究的發展，而且也使他本人開始為學界所矚目。

　　牟先生的《文心》研究在 80 年代躍上新的高峰，在注、譯、考、論等方面均作出了重要貢獻。1981、1982 年，《文心雕龍譯注》上、下冊相繼出版。這是第一部《文心》全書的現代漢語譯注本，其長篇引言對《文心》全書體系作出了全面深入的理論剖析。1988 年出版的《劉勰年譜彙考》（巴蜀書社）一書是目前研究劉勰生平的「集大成」之作。此外，牟先生還開闢了「龍學」研究的一些新領域。他較早地關注「龍學」史，四萬餘言的《「龍學」七十年概觀》一文，分析總結了《文心》七十年的研究成果，具有「龍學」簡史的性質。而《臺灣文心雕龍研究鳥瞰》（山東大學出版社 1985 年 12 月）一書第一次評述了臺灣的「龍學」研究概況，為海峽兩岸《文心》的學術交流作出了貢獻。以上種種論著的完成為其《文心雕龍研究》的撰寫作了充分的準備。1988 年牟先生抱病完成了一部 40 萬字的《文心雕龍研究》（人民文學出版社 1995 年），這是他長期研究《文心》的一部總結性著作，「書中那些看來平淡無奇的文字，都蘊

涵著作者的反覆思考、慎重衡量，其立論之嚴謹、斷案之精審，我想細心的讀者是可以體察到作者用心的」。〔註1〕該書對劉勰的生平思想和《文心》理論體系與具體內容作了全面系統的探討，堪稱《文心》綜合研究中的扛鼎之作，同時也標誌著牟先生「龍學」研究的全面成熟。正如有人所說：「在八十年代，牟世金是研究《文心雕龍》的中年學者中成就最高，貢獻最大，學風嚴謹的一位非常出色的學者。」〔註2〕鑒於此，我們評述牟先生的著作，總結其「龍學」成果，探討其理論方法，將有利於新世紀《文心》研究的進一步深入。

第一節　《文心雕龍》字句的校注譯釋

研究《文心》，最基本的一條是要讀懂原文，搞清本義。牟先生為了正確解讀《文心》，首先對字句進行校注譯釋。這種疏通清理、訓詞釋義的工作為進一步探求文意、闡明義旨提供了條件，也體現了牟先生紮實深厚的國學根柢。

一、字句校勘

校勘是《文心》研究的基礎工程，字不正則義難明，整個《文心》的閱讀、注釋、研究也就失去了可靠的依據。所以牟先生非常重視《文心》字句的校勘，他在《文心雕龍譯注》（以下簡稱《譯注》）中，比對諸本，掃葉拂塵，頻頻釐正前人謬誤，補正諸家闕漏，基本掃除了文字上的障礙，使得全書通暢可讀。〔註3〕由於《譯注》著眼於《文心》的普及，故其校勘簡明扼要，即使如此仍具有自己的特點。

（一）利用唐寫本與《太平御覽》精校熟讎

「唐寫本」是《文心》現存最早最具有權威性的一個本子，其校勘學價值為學界公認。牟先生在《譯注》中充分利用「唐寫本」訂正今本字句之訛誤。

〔註1〕 王元化：《文心雕龍研究序》，載牟世金《文心雕龍研究》，人民文學出版社 1995 年版。

〔註2〕 張少康等《文心雕龍研究史》，北京大學出版社 2001 年版，第 336 頁。

〔註3〕 牟先生與陸侃如先生在 60 年代曾合作出版《文心雕龍選譯》一書。1978 年陸先生逝世後，牟先生對原書選譯的二十五篇進行了全面修訂，並將未選的二十五篇重新譯注，並撰寫了長達四五萬言的《引論》，更名為《文心雕龍譯注》於 1981、1982 年分上下兩冊由齊魯書社出版。因此，《文心雕龍譯注》一書可視為主要是牟先生的成果。

首先，《譯注》以唐寫本校正誤字。以《辨騷》爲例：「嗤笑徇務之志，崇盛亡機之談」句，牟注：「亡，唐寫本作『忘』，譯文據『忘』字」。「故牟子得其雅，叔夜含其潤，茂先凝其清」句，牟注：「凝，唐寫本作『擬』，譯文據『擬』字。」另「至於三六雜言，則出自篇什，離合之發，則明於圖讖」句，注曰：「明，唐寫本作『萌』，起源的意思，譯文據『萌』字。」以上是利用唐寫本直接校正誤字。

牟先生在依據唐寫本校字時，於一些重要的地方還常常利用旁證或依據上下文以增強唐寫本的可信度。《祝盟》「既總碩儒之儀，亦參方士之術」句，牟注：「儀，唐寫本作『義』，義通議，譯文據『義』字。《史記·封禪書》說漢武帝曾與『諸生議封禪』。」另「太史所作之贊，因周之祝文也」句，注曰：「唐寫本作『太祝所讀，固祝之文者也』。譯文據此。《後漢書·禮儀志下》講帝王喪禮中曾說：『太祝令跪讀諡策。』」以上是引用旁證判定唐寫本是。《正緯》：「原夫圖籙之見，乃昊天休命，事以瑞聖，義非配經。」注曰：「圖籙，唐寫本作『綠圖』。從上下文看應爲，『綠圖』。這裡指河圖，洛書。」這裡聯繫上下文判定唐寫本正確。

其次，《譯注》，以唐寫本來補正闕漏，糾正倒簡。如《正緯》：「通儒討核，謂起哀平」，先生注曰：「唐寫本『謂』字後有『僞』字」。《樂府》「暨後郊廟，惟雜雅章」，注曰：「『後』字下面唐寫本有『漢』字，譯文據「後漢」。牟先生還依據唐寫本糾正文字倒簡，如《辨騷》「然詩有恒裁，思無定位，隨性適分。鮮能通圓」，注曰：「『通圓』唐寫本作『圓通』。」

牟先生對唐寫本亦非迷信盲從，而是詳加考辨，提出己見。如《銘箴》「故銘者，名也。觀器必也正名。審用乎盛德。」先生注曰：「觀器二句，唐寫本作『親器名焉，正名審用，貴乎愼德』，『親器』誤，仍應爲『觀器』。」牟先生還常指出近人從唐寫本之誤的原因所在。如《頌贊》「夫化偃一國謂之風，風正四方謂之雅，容告神明謂之頌。」「容告神明」唐寫本作「雅容告神」近人多從其說。先生指出這是將上句「風正四方」的「風」字誤解爲「風、雅、頌」的「風」所致。按：《毛詩序》所謂「是以一國之事，繫一人之本，謂之風；言天下之事，形四方之風，謂之雅……頌者，美盛德之形容，以其成功告於神明者也。」正是這三句所本。「風正四方」猶「形四方之風」也。

《譯注》除根據唐寫本訂正錯訛，裨補缺漏以外，還利用宋本《太平御覽》進行他校。《太平御覽》徵引《文心》較多，利用其徵引進行校勘，既可與唐寫

本互爲印證，又能彌補唐寫本的不足，從而使校勘更加全面、準確、可信。

《譯注》常以《太平御覽》校正誤字，以《論說》爲例，列表如下：

今　本	《太平御覽》	《譯注》	附　記
仰其經目	抑其經目	抑其經目	郭晉稀《文心雕龍注譯》依《太平御覽》作「抑其經目」
仲宣之《去代》	仲宣之《去伐》	仲宣之《去伐》	周振甫《文心雕龍注釋》從《太平御覽》作「仲宣之《去伐》」
迹堅求通	鑽堅求通	鑽堅求通	楊明照《文心雕龍校注拾遺補正》按，「鑽」字義長
覽文雖巧，而檢迹如妄	覽文雖巧，而檢迹知妄	覽文雖巧，而檢迹知妄	楊明照《文心雕龍校注拾遺補正》謂「知」字是

　　爲增加《太平御覽》的可信度，车先生還引用史料加以補充說明。《奏啓》「張衡指摘於史職」，「指摘史職」《太平御覽》卷五九四作「指摘史讖」，车先生引《全後漢文》卷五十四的史料予以補正。《全後漢文》載張衡指摘史書的疏奏如《表求合正三史》，《條上司馬遷、班固所敘不合事》，指摘讖書的如《請禁絕圖讖疏》等，由此可知，此處當爲「指摘史讖」。另《事類》「夫薑桂同地，辛在本性，文章由學，能在天資」。「同地」，《太平御覽》卷五八五作「因地」，车先生引《韓詩外傳》卷七「宋玉因其友見楚襄王，襄王待之無以異，乃讓其友，其友曰：『夫薑桂因地而生，不因地而辛』」的史料證《太平御覽》是。

（二）繼承、完善前人校勘成果

　　车先生之前或同時代的「龍學」專家在校勘方面多用力甚勤，取得了顯著成績。车先生充分繼承前賢和同時代學者校勘成果，他的《譯注》參考吸收了黃侃《文心雕龍箚記》，楊明照《文心雕龍校注拾遺》，周振甫《文心雕龍注釋》等諸家研究成果，並且在此基礎上，博采眾長，擇善從優，旁徵博引，補證前說，精研覃思，自出機杼。

　　车先生在校勘時，往往比對諸家，擇善而從。《奏啓》「讜者，偏也。」范注疑有脫誤，以爲當作「讜者，正偏也」。楊明照校注疑當作「無偏」。车先生的《譯注》據「無偏」。按：如作「正偏」則與下句「王道有偏，乖乎蕩蕩」不相應。而作「無偏」則上下文語義通暢。故车注從楊校極是。

　　《聲律》「故言語者，文章神明樞機，吐納律呂，唇吻而已」。「文章神明」三句，各家有不同的理解。黃侃《文心雕龍箚記》以爲「文章」下當脫二字。

范文瀾在黃侃的基礎上認爲此處疑脫「關鍵」二字。而楊明照校本斷此三句爲「文章神明，樞機吐納，律呂唇吻而已。」牟先生此處譯文從范說。按：范注謂「言語，謂聲音，此聲音爲文章之關鍵，又爲神明之樞機；聲音通暢，則文采鮮而精神爽矣。至於律呂之吐納，須驗之唇吻，以求諧適，下贊所云『吹律胸臆，調鍾唇吻』即其義也。《神思》篇用『關鍵』、『樞機』字。」採用理校法和本校法加以說明，令人信服。查周振甫《文心雕龍注釋》、祖保泉《文心雕龍解說》此處均同范注。

《附會》「夫才量學文，宜正體制」。「才量」，范文瀾疑爲「才優」，王利器校作「才童」，牟先生譯文從王利器先生所校。按：「才量」應當「才童」，指有才華的青年。而「優」字與「量」字形音均相去甚遠，恐難致誤。另《太平御覽》亦引作「童」。可見牟先生據王校所改爲當。

牟先生對他人的校勘成果往往反覆斟酌，考而後信，並進一步提供證據，以補正前說。如《比興》「紛紜雜遝，信舊章矣」。「信」，范注：「當作倍，倍即背也。」牟先生統觀全書，發現無一用「背」字，又由《正緯》「經正緯奇，倍摘千里」，證得「倍」即用「背」意。《練字》「字靡異流，文阻難運」。「異」字，黃侃《箚記》校爲「易」。牟注提供了此處若爲「異流」則與上句「異分」同字相犯的反證，證明了黃校的正確性。另《隱秀》「嗣宗之《口口》」，「《口口》」處二字王利器先生校補爲《詠懷》，牟先生經查發現阮籍只有八十二首《詠懷詩》，因此譯文據王所補。

牟先生上下參稽，旁徵博考，反覆研求，以正他人之謬，並常發前人所未發，《史傳》「析理居正，唯素臣乎」。「素臣」有人校爲「素心」，牟注參考《春秋左氏傳序》中：「仲尼素王，丘明素臣」之說，並聯繫下句「尼父之聖旨」，推斷此處正是以「素臣」與「素王」並舉，從而駁正他人校字之非。

《奏啓》「皂飭司直，肅清風禁」。「皂飭」二字，各家校字均疑有誤：黃丕烈校爲「皂飾」，孫詒讓疑爲「皂袀」，楊明照疑爲「白簡」；李詳、范文瀾取孫說，劉永濟、王利器取黃說，尚無定論。牟先生認爲「皂飭」，與下句「肅清」對舉，爲同類用意，即整頓之意。此說言之成理，發前人所未發。

《書記》有言「觀此四條」，「四條」各家對此說法不一。黃叔琳疑爲「數條」，范文瀾疑爲「六條」，楊明照、王利器校爲「眾條」，牟先生則認爲此處不誤。因爲《練字》有「凡此四條」，《指瑕》有「略舉『四條』」之說。另綜觀上下文，上文「筆箚雜名，古今多品」，指以上六類屬「多品」，每類各四

名，即「四條」；下文「或事本相通，而文意各異」，正是指每類之內的四條而言，如「律」、「令」、「契」、「券」等，就是相通而各異，各類之間就不存在這種情形。因此，此處「四條」當爲「各類四條」之省。

《事類》「及揚雄《百官箴》」，《百官箴》范文瀾疑「百」爲「州」之誤，牟先生據《銘箴》「至揚雄稽古，始范《虞箴》，作卿尹、州牧二十五篇，及崔、胡補綴，總稱《百官》」推斷劉勰認爲《百官箴》乃崔、胡等人補充揚雄之作而成，並參稽史實加以證明。《後漢書·胡廣傳》說：「初，揚雄依《虞箴》作《十二州》、《二十五官箴》，其九箴亡闕，後涿郡崔駰及子瑗，又臨邑侯，劉騊駼增補十六篇，廣夏繼作四篇，文甚典美，乃悉撰次首目，爲之解釋，名曰《百官箴》，凡四十八篇。」據此，所謂「百官」並非實數，總數四十八篇又以揚雄的最多，而《古文苑》卷十五，也以揚雄的《光祿勳箴》等，總名爲《百官箴》，可見此處未必有誤。

牟先生校勘《文心》長於理校，一般不就字論字，而是從整體著眼，常從全書通例、義理等出發，把握義例，發疑決疑，從而使文義犁然貫通。例如《諧隱》「若效而不已，則髡：祖而入室，旃、孟之石交乎！」牟先生認定「祖」字有誤，以爲此處應爲本篇論及的諧隱作者之一。針對有人疑「祖」爲「朔」的看法，他判定此疑與文意不符，認爲這裡上下兩句講到的淳于髡等四人，可能就是第二段開始提出的淳于髡、宋玉、優旃、優孟四人。這正是他聯繫劉勰對東方朔的整體評價進行考察而得到的結論。

《才略》「辭人最深」，范注：「人當作義，俗寫致訛」。王利器《校證》從范注改作「辭義最深」。牟先生認爲此處無誤。他從全書來看，「辭人」共用十三次，是劉勰的常用語，《知音》「揚雄自稱『心好沈博絕麗之文』，其（不）事浮淺，亦可知矣」。《雜文》「揚雄覃（深）思文閣（閣），業深綜述」等說法亦表明「辭人最深」既合揚雄其人的實際，也正是劉勰對他的看法。故此處無由致誤。

由此可見，牟先生在《譯注》中常常能把瑣細的字句校勘與全篇乃至全書的宏觀整體結合起來，而不像有些學者在校注《文心》時，只專注於字句的考證，「只見樹木，不見森林」，忽視了全書整體。

《譯注》也偶有遺珠之憾，如《銘箴》「勒銘岷、漢」，注云：「（勒銘）唐寫本作『詔銘』，譯文據『詔銘』。」經查，唐寫本作「詔勒」，而非「詔銘」，《太平御覽》亦作「銘勒」。

二、詞語釋義

　　《文心雕龍》是用駢文寫成的，與今天的語言文字存在一定的距離，如出注不精、釋義不明就很難爲今人所理解，也會影響到對其深刻意蘊的探尋與把握。牟世金先生十分重視《文心》的注釋工作，他的《譯注》既注重對一般詞語的釋義，以便爲讀者閱讀掃清文字上的障礙，又加強了對重點難點部分的注釋，並且細心鈎稽，對其他注家未曾用過的資料酌予引證，從而使其《譯注》成爲一部熔普及性與學術性於一爐的全注本。另牟先生還撰有《從「范注補正」看〈文心〉的注釋問題》一文，商兌斯波六郎先生《文心雕龍范注補正》一文的得失，糾正錯訛，裨補缺漏，進一步表明了對《文心》注釋問題的看法。

（一）注重對一般字句的釋義

　　「牟注」以前，如范文瀾、楊明照等先生的注本，大多重典實而略詞意，但出典已明並不代表注釋工作已經完成。如《時序》篇的「貳離含章」，黃叔琳、范文瀾已徵引史料，標明出典，但各家注本對此仍歧見迭出，或注「心思明敏」；或注「有明德而繼承帝位」；或解爲「光明而有文章」……各擅己見，莫衷一是。同時，對一般字句的注釋往往也關係到宏觀整體。如對《神思》「物沿耳目」中「物」的理解，范文瀾注爲「事理」，王元化對此提出異議，認爲「劉勰的心物交融說的物字，即王國維所舉出的引申義，『萬有不齊之庶物』。因而，論者把它解釋爲外境，或解釋爲自然，或解釋爲萬物，都是可以說得通的」。〔註4〕這裡，「物」的含義是解釋爲「事理」還是解釋爲「外物」將會直接影響到對《文心》理論體系的理解。所以，牟先生強調：「在注釋上，更大量的工作還是對一般字句的注解。」在《譯注》中，牟先生對一般字句精審詳覈，認眞作注。如《才略》：「李尤賦銘，志慕鴻裁」，「鴻裁」二字，諸家或不屑爲注或望文生義地注爲「長篇大作」、「鴻大體制」或「巨大的體裁」等。牟先生查得李尤的銘，多是短篇，最長的也不足百字。因此如譯爲「長篇大作」則與事實相悖。再者，《銘箴》曰：「李尤積篇，義儉辭碎；蓍龜神物，而居博弈之中；衡斛嘉量，而在臼杵之末；曾名品之未暇，何事理之能閑哉！」可知李尤不閑事理，兩篇聯繫起來看，可推斷「志慕鴻裁」當指其欲寫意義重大之作。由此可見，牟先生即使對一般字句也不是等

〔註4〕 王元化：《文心雕龍講疏》，上海古籍出版社 1992 年版，第 98 頁。

閒視之，隨意出注，而是細考詳釋，故注解較少偏離《文心》原意。

（二）出典求精　以助釋義

許多龍學專家在注釋《文心》時，十分注重典故徵引的全面翔實。往往溯源討流、旁搜遠紹、兼收並蓄。而牟先生對於用事用典出處本源的徵引不求詳盡而以有助於理解原文爲主，正如他所言：「標注古書詞語的出典有自己的特殊目的，它不一定要找到最原始的出處，而以有助理解所注文義爲準則。」〔註 5〕如《事類》「號依詩人」的出處，諸本多未注明。但這影響到對原句的理解。王逸《楚辭章句序》「屈原履忠被譖，憂悲愁思，獨依詩人之義而作《離騷》」乃是劉勰所本。牟先生注明此出典，使原句意思更加明確。

《麗辭》「氣無奇類」句，諸家理解各異：李曰剛解爲「辭氣既無瑰奇義類，相與配偶」；周振甫譯爲「內容沒有創見」；郭晉稀譯爲「作品的情態很平常」。對此不同理解，牟先生酌引有關材料另出新解。《周易・乾・文言》：「同聲相應，同氣相求，水流濕，火就燥；雲從龍，風從虎；聖人作而萬物睹，本乎天者親上，本乎地者親下，則各從其類也。」孔疏：「各從其類者，言天地之間共相感應，各從其氣類。」又，《全三國文》卷二十五鍾會《與蔣斌書》「巴蜀賢智文武之士多矣，至於足下，諸葛思遠，譬諸草木，吾氣類也。」「牟注」根據這兩則材料推斷「氣無奇類」，即「無奇特之氣類」，所謂「碌碌麗辭」是也。查周振甫注本、郭晉稀注本均無此出典。

（三）貫通全書　把握義例

牟先生注釋《文心》往往著眼於全書來探求真義。如《麗辭》「至於詩人偶章，大夫聯辭」句，斯波六郎《文心雕龍范注補正》曰：「按上句『詩人偶章』，指詩三百篇而言，此句應指楚辭。大夫即三閭大夫，謂屈原也，或亦宜解爲含宋玉在內。」牟先生根據《明詩》「自商暨周，雅頌圓備；四始彪炳，六義環深。……自王澤殄竭，風人輟采。春秋觀志，諷誦舊章；酬酢以爲賓榮，吐納而成身文。逮楚國諷怨，則《離騷》爲刺」以及《才略》「商周之世，……及乎春秋大夫，則修辭聘會，磊落如琅玕之圃，焜耀似縟錦之肆。……戰代任武，而文士不絕。諸子以道術取資，屈宋以《楚辭》發采」，明確分商周篇什，春秋觀志，屈宋發采三階段，從而推斷《麗辭》中的「大夫聯辭」，即「春秋大夫，則修辭聘會」之謂也。

〔註 5〕　牟世金：《文心雕龍研究》，人民文學出版社 1995 年版，第 532 頁。

（四）原文互釋　彼此發明

牟先生還常抓住前後文之間相互對應，彼此發明的詞語進行釋義，既揭示前後文之間的聯繫，又有助於從整體上理解文義。如對《神思》「物以貌求，心以理應」，牟注：「物以貌求二句，講構思活動中作者的心和物的關係，和本書《物色》篇中所說『物色之動，心亦搖焉』，『寫氣圖貌，既隨物以宛轉；屬采附聲，亦與心而徘徊』等句意思相通。」

《章句》「情數運周，隨時代用矣」。牟先生指出：「情數」，指作品內容的多種多樣，和《神思》篇中「情數詭雜」的「情數」二字意同。「運周」即運轉不停，和《通變》篇中「文律運周」的「運周」二字意同。

《程器》「然將相以位隆特達」，牟注以為《史傳》「勳榮之家，雖庸夫而盡飾，迍敗之士，雖令德而常嗤」句與此處前後相互發明，表達了同一思想。從中可見劉勰溢於言表的怨憤之情。

（五）細心鈎稽　糾謬補正

牟氏《譯注》搜羅經史子集，詳稽諸子百家，取材宏富，並能在浩如煙海的典籍中，剔抉爬梳，抉精發微，釐正前人繆失。「范注」引典詳細，材料豐贍，為學界所推崇，但是在引證中也出現了不少失誤，牟先生細心鈎稽，嚴格考證，糾正了其中一些不確或不妥之處。如《史傳》「宣後亂秦」，范注引《史記·匈奴列傳》「秦昭王時，義渠戎王與宣太后亂，有二子」的史實釋「亂」為「淫亂」，但是這種解釋既與原作上下文強調的「牝雞無晨」、「婦無與國」、「政事難假」不相與屬，與下句「呂氏危漢」不相對應。可見，以「淫亂」釋此是違背劉勰原意的。牟先生仔細推究原文，認為「宣後亂秦」與「呂氏危漢」性質相同，劉勰當指「昭王少，宣太后自治」之事，表明劉勰從封建正統觀念出發反對婦女參與國政，並證以《史記·穰侯列傳》和《范雎列傳》的史實。「牟注」糾正了范注之誤，準確傳達出《文心》本義，又以唯物史觀評判了歷史事件及劉勰的偏見，現已成為「龍學」界的不易之論。

《議對》：「舜疇五人」，「范注」據《尚書·舜典》認為五人指禹、棄、契、皋陶、垂。李曰剛、周振甫、趙仲邑等人的注譯均從范說，牟先生博考事實，提出了與范注不同的看法。牟注按《論語·泰伯》「舜有臣五人，而天下治……《正義》：『《舜典》言舜命禹宅百揆，棄為稷，契為司徒，皋陶作士，益作虞，此五人才最盛也』」，由此推斷，五人當是禹、棄、契、皋陶、益。查楊明照《文心雕龍校注拾遺》此處注釋與牟注相同。

周振甫先生的《文心雕龍注釋》材料豐富，輯錄歷代「龍學」家的評語，又汲取了今人的諸多成果，是一部帶有彙注性質的重要「龍學」著作，但是也存在少數可酌之處。如《程器》的「子夏」，周注以爲指孔子的弟子（卜商字子夏）。而牟先生則認爲「子夏」指孔光，並指出所本《漢書·孔光傳》（孔光，字子夏，孔子十四孫也……名儒），又附《奏啓》篇「孔光之奏董賢，則實其奸回；路粹之奏孔融，則誣其釁惡：名儒之與險士，固殊心焉」作爲旁證。比照原文「孔光負衡據鼎，……王戎開國上秩……然子夏無虧於名儒，濬沖不塵乎竹林」，則知此爲前後名、字復指，濬沖指王戎，子夏自然是指孔光。可見牟先生所注與《文心》原意相符。

三、語句翻譯

牟先生是較早從事《文心》現代漢語翻譯工作且成績突出的一位學者。早在 60 年代就與陸侃如先生合作出版了《選譯》一書。而同時期的此類著作頗爲少見，其餘的僅有郭晉稀先生的《文心雕龍譯注十八篇》（1963 年 8 月，甘肅人民出版社）一部。後來，牟先生在對《選譯》進行增補、修訂的基礎上，撰成《譯注》一書出版。這是第一部《文心》全書的現代漢語譯注本。該書譯文忠實於原著，嚴謹確切，深刻精練，通順流暢，能傳達出《文心》之神韻。

（一）準　確

準確是翻譯的生命，準確的譯文是讀者正確理解原義的基礎。由於《文心》爲駢體寫成，用事用典較多，因此要想譯準原文也並非易事。牟先生反覆斟酌，力戒離開原著而主觀地任意發揮，以求準確地傳達《文心》意旨。如《練字》「是以前漢小學，率多瑋字，非獨制異，乃共曉難也」一句，表面上無甚難解之處，但各家對此理解卻很不一致。牟先生將包括自己在內的各家譯文列示如下：

周振甫：因此前漢講文字的書，往往多奇異的字，不僅當時的制度和後來不同，也是所用文字大家難懂。

李曰剛：因此前漢小學著述，大率收集甚多瑋奇字彙，不獨製作特異，而且訓義古奧，非淺學之士所易共曉也。

趙仲邑：因此前漢的文字之學，一般說來，怪字很多，不但字形的製作特別，而且大家都很難認識。

郭晉稀：所以前漢作家都懂得小學，作品中很多怪字，不單是字形奇異，
　　　　而且意義也難明白。

向長清：所以前漢的小學書籍，多有奇異的，不僅文字體制與後世不同，
　　　　而且即在當時，大家認識它也很困難。

牟世金：因此，西漢時期擅長文字學的作家，大都好用奇文異字，這並
　　　　非他們特意要標新立異，而是當時的作家都通曉難字。

　　諸家譯文不一，主要分歧集中在對「小學」這個關鍵性詞語的理解上。
牟先生詳考典籍，認為把「小學率多瑋字」，理解為「小學」著述著作，大率
收集甚多瑋奇字彙，於理未安。因為「小學」之義漢代發展為指對文字學的
研究，也指基本性的識字課本。「小學」應理解為「精通小學的作家」，這樣
一來，既緊承上文「鴻筆之徒」，其作品「率多瑋字」又可以順理成章地聯繫
下文，且切合當時的事理。此與下文「共曉難也」自然銜接，正是「擅長文
字學的作家，好用奇文異字，非獨制異，乃共曉難字也」之義。由此可見牟
先生的翻譯以準確為宗旨，而不惑於表面字句。

（二）深　刻

　　牟先生在翻譯的時候，還注意聯繫全篇、全書，力求傳達出《文心》深
刻的意蘊。如《鎔裁》曰：「是以草創鴻筆，先標三準：履端於始，則設情以
位體；舉正於中，則酌事以取類；歸餘於終，則撮辭以舉要。」對於這段話，
多數研究者因著眼於句中的「始」、「中」、「終」以及從「草創」到「終」，故
認為「三準」是講文學創作的全部過程。牟先生聯繫全篇，認為《鎔裁》主
要是講熔意與裁辭兩個方面，而且接下來便說：「然後舒華布實，獻替節文」，
並不是創作的結束，而是三條準則的最後一條。據此，牟先生主張「三準」
是講熔意的三條準則，而非創作的全過程。

　　《情采》「故立文之道，其理有三」中的「立文」二字，多數譯者認為是
「構成文采」之意。而牟先生譯為「文學創作」。這種解釋不僅因為篇中的「經
正而後緯成，理定而後辭暢：此立文之本源也」中的「立文」，並無構成文采
之意，而且全書《事類》「屬意立文，心與筆謀」以及《指瑕》「立文之道，
惟字與義」兩處「立文」均與構成文采無關，更為重要的是，聯繫下文可以
發現，劉勰此處正闡明了「物必有文」乃是「天地本性」即「文」是「神理」
決定的的思想。故釋「立文」為「文學創作」符合劉勰的意旨。

（三）流　暢

　　牟先生的翻譯還做到了直而不死，不拘泥於字面而究其實。在不失原意的前提下，力求譯得通順流暢，這爲今天的古文今譯提供了可資借鑒的經驗。如《檄移》：「相如之《難蜀老》，文曉而喻博，有移檄之骨焉」一句，牟先生譯爲「司馬相如的《難蜀父老》，文辭明白而比喻廣博，已具有移和檄的（基本）特徵」，譯「骨」爲「特徵」。表面上看相去萬里，實際上卻把握了句中「骨」字的原意。《難蜀父老》具有移文，檄文之骨，自然具有其基本特徵，以「特徵」釋「骨」，避免諸如「神髓」、「事義」、「風骨」、「骨力」等諸多概念的糾纏，確切地把握了原意，又不死守章句，譯文明白曉暢，深入淺出。

第二節　《文心雕龍》作者的身世考訂

　　臺灣著名龍學專家王更生先生云：「知人必先論世，而論世又莫善於紀傳和編年。」〔註6〕這道出了劉勰生平研究在「龍學」中的重要性。但是由於有關劉勰身世史料語焉不詳，其他資料又極其簡缺，所以劉勰的身世考訂成爲「龍學」中的一大難點。牟先生對此曾深有感觸地說：「而龍學至今，已成中外矚目之顯學。劉勰之生平猶未詳，頗以爲廁身龍學之愧；欲求龍學之全面深入發展，亦當不避其難，甘犯其誤而略盡微力。」〔註7〕誠如斯言，牟先生爲推進「龍學」的深入，不畏艱難，詳細考辨，精心結撰，終成《劉勰年譜彙考》（以下簡稱《彙考》）一書。這是一部全面考察劉勰身世的著作，也是迄今國內外出版的關於劉勰生平的唯一一部專著。堪稱目前研究劉勰生平的「集大成」之作。

　　《彙考》一書資料豐贍，考訂精審，斷案愼重，爲「龍學」同行所稱道。《文心雕龍研究》一書第二章第一、二節就是在此書的基礎上精心修訂而成的。綜觀相關論述，可以發現，牟先生關於劉勰生平的研究主要有以下特點：

一、搜羅齊備　考辨詳確

　　牟先生之於劉勰年譜、年表，搜羅歷年，多有所獲。共覓得海內外劉勰年譜、年表 16 種。牟先生搜得的譜表，既有影響巨大的楊明照作於 40 年代

〔註6〕　王更生：《文心雕龍范注駁正》，臺灣華正書局 1979 年版，第 8 頁。
〔註7〕　牟世金：《劉勰年譜彙考·序例》，載《劉勰年譜彙考》，巴蜀書社 1988 年版，第 2 頁。

和 70 年代的《梁書劉勰傳箋注》，又有鮮爲人知的陸侃如《劉勰年表》稿本。既有作於解放前、鮮有提及的霍衣仙《劉彥和簡明年譜》，又有後來詹鍈、張恩普、李慶甲、穆克宏等人所撰的年表、年譜或生平繫年考略。牟先生還歷經艱辛，想方設法搜集臺灣和海外的有關劉勰生平研究的著作，覓得臺灣張嚴、王更生、王金凌、李日剛、龔菱、華仲麐等人所作的年表、年譜，以及日本興膳宏的《文心雕龍大事年表》等。

對於以上諸家成果，牟先生採取彙考方式，「但其獨到之見，或有重要參考價值之考證，或有異說，亦酌予輯錄」。這樣一來，便於讀者全面把握有關劉勰生平研究的主要成果，也有利於人們對照、比較。牟先生還在比較折中後，進而申以己意。其立論顯得平實公允，亦多有創獲，啓人心智。

牟先生在彙集海內外劉勰年譜、年表的基礎上，參考大量文獻資料，在細密考訂後編撰了劉勰年譜。有關劉勰的生平事略，范文瀾、楊明照均鉤沈史料，詳加考索，提出了自己的看法，在龍學界影響較大。現據范文瀾《文心雕龍注》的《序志》注 6、楊明照《文心雕龍校注拾遺》所附《梁書劉勰傳箋注》及牟世金《彙考》，將三家有關劉勰的生平繫年列表對照如下：

年　代	范　表	楊　表	牟　表
宋明帝泰始六年（465）前後	劉勰出生。族人並寄居京口（今江蘇鎮江）		
泰始二年（466）		劉勰出生，世居京口	
泰始三年（467）			劉勰出生。
元徽元年（473）	父，劉尚，早喪。奉母家居讀書。		七歲，夢攀彩雲
元徽二年（474）			八歲，父尚卒
齊武帝永明元年（483）			
齊武帝永明二、三年（484～485）	二十歲左右，母喪。家貧，居喪，不婚娶		
齊武帝永明四年（486）			二十歲，母歿
齊武帝永明五年（487）	二十三四歲，三年喪畢。此正僧祐宏法之時，依之居定林寺佐祐搜羅典籍，校定經藏	居定林寺近十載，研典校經，撰寫《三藏記》等書，諸功告成	
齊武帝永明六年（488）			
齊武帝永明八年（490）			二十四歲，入定林寺

齊明帝建武三年（496）	三十三四歲，開始撰寫《文心》，歷三四年，方殺青寫定。時正和帝之世。沈約貴盛時也。		
齊明帝建武四年（497）			三十一歲，撰《滅惑論》
齊明帝建武五年（498）			三十二歲，夢隨孔子南行，始撰《文心》。
永泰元年（498）		開始撰寫《文心》	
齊和帝中興元年（501）			
齊和帝中興二年（502）		《文心》殺青	三十六歲，三月前完成《文心》
梁武帝天監元年（502）	三十八九歲，起家奉朝請，開始仕途生涯。	起家奉朝請	負書干求沈約
梁武帝天監二年（503）			三十七歲，起家奉朝請
梁武帝天監三年（504）		於蕭宏府中任記室	三十八歲，任中軍將軍臨川王蕭宏記室
梁武帝天監四年（505）			三十九歲，任車騎將軍，湘州刺史夏侯詳倉曹參軍
梁武帝天監六年（507）			四十一歲，任太末令
梁武帝天監七年（508）			
梁武帝天監八年（509）		四月後遷車騎倉曹參軍	
梁武帝天監九年（510）			
梁武帝天監十年（511）		任太末令	四十六歲，任仁威將軍南康王蕭績記室，兼昭明太子蕭統東宮通事舍人。
梁武帝天監十一年（512）		任蕭績記室	
梁武帝天監十二年（513）	剡山石城寺大石佛像始造並完成。彥和為之作碑銘		

梁武帝天監十五年（516）			五十歲，撰《梁建安王造剡山石城寺石像碑
梁武帝天監十六年（517）	冬十月，上表建議二郊農社改用蔬果		
梁武帝天監十七年（518）八月	僧祐卒於建初寺，弟子正度立碑頌德，彥和為之制文。奉敕與慧震在定林寺整理佛經。		五十二歲，表二郊宜與七廟同用蔬果。遷步兵校尉，兼舍人如故
梁武帝天監十七年（518）八月後		遷步兵校尉	
梁武帝天監十八年（519）			五十三歲，奉敕與慧震於定村寺撰經
普通元年（520）	理經畢功，在定林寺出家，未期而卒。終年五十六七歲		
普通二年（521）			五十五歲，燔髮出家於定林寺
普通三年（522）			五十六歲，卒
中大通三年（531）四月		昭明太子薨	
中大通三年（531）四月後		受敕於上定林寺與慧震共事撰經	
大同四年或五年（538～539）		出家並去世	

　　從上表可以見出，牟先生關於劉勰生平繫年的考證相對范、楊二家而言一是更加詳細，如他對勰父尚的卒年、勰夢隨孔子南行的時間等作出了考辨，而范、楊二家則無；二是更加精確，如他對勰母歿、勰入定林寺、《文心》的完成等均給出了十分確定的時間。

二、詳稽史實　細究事理

　　《彙考》一書在對豐富翔實的第一手資料進行通盤考覈的基礎上，衡之以史籍，察之以事理，就有關劉勰身世的重大問題，提出了自己的看法。

　　關於劉勰的生年，史無明文，范文瀾、楊明照依據史料，作出了推斷。范文瀾認為「彥和自宋泰始初生」；楊明照也持相近的觀點，即「當生於宋明帝泰始二三年間」。他們的依據都是《文心》成書於齊末。牟先生究以情

理，予以大膽質疑，一部三萬七千字的《文心》，可以短則數月，長則數年而成，具體時間是不易確定的。牟先生認為，「劉勰生平事迹年代雖史無明文，無據不足立證，必以有關史實相佐；按常理推算，不以一時一事為據，而綜其一生以求諸事相宜，能兩相結合，庶可不違實」。〔註 8〕他詳稽勰父卒年，推得劉勰七齡之夢的繫年，核以《文心》成書，獻書之年，考定劉勰生於宋明帝泰始三年（467）。

《梁書·劉勰傳》記載「勰早孤，篤志好學」，牟先生通過對《孟子·梁惠王下》、《禮記·曲禮上》、《儀禮·喪服》、《論語·泰伯》等書的考察，認為其「孤」與「學」相應，義近《曲禮》，則其父之歿，當在劉勰八到十歲之間。當然這一點僅為一佐證，尚難成定讞。他又根據《文心雕龍·序志》加以推理，《序志》云：「予生七齡，乃夢彩雲若錦，則攀而採之。」牟先生由此作出了合情合理的推論：「按彩雲乃吉祥之兆，所謂五彩祥雲是也，劉勰又能攀而採之，則吉祥之中，又示劉勰少有奇志，當時正壯心滿懷也。由是可知，其父必卒於本年之後。」由此可知勰父必卒於勰七歲之後，與上說形成互證。

牟先生又鈎沈史料，對勰父的卒年進行考證，由《資治通鑒·宋紀十五》的記載可知，宋元徽二年（474）五月發生了一場平定桂陽王劉休範的激戰，而建康皇帝兵力全部投入了戰鬥，當時身為越騎校尉的劉尚也一定戰死其中，因其職卑無功，而未見於書。

474 年劉尚是否在越騎校尉任上，牟先生又據《宋書·百官志下》、《南齊書·百官志》、《隋書·百官志上》以及《宋書·沈攸之傳》等史料進行詳細的考證，作出了肯定的回答。勰父卒年已明，他又聯繫《文心》成書，獻書之年通盤考覈，推斷出勰父卒時，劉勰八歲，從而確定劉勰的生年為宋明帝泰始三年（467）。牟先生的推斷綜劉勰一生，詳稽史實，細究事理，全面考覈，綜合檢索，故論證圓融，令人信服。

三、考訂精審　指示違誤

《彙考》一書，精心考訂，指示關節，其細節論證充分，邏輯聯繫緊密，同時立論不偏激，不屈文就已，從而為結論的可靠性提供了保證。

關於劉勰的卒年，各家持說不一，歧見尤多。《彙考》對現有諸說詳加考

〔註 8〕　牟世金：《劉勰年譜彙考》，巴蜀書社 1988 年版，第 7 頁。

察，得出劉勰何年奉敕與慧震於定林寺撰經是出現歧義的關鍵所在。劉勰奉敕與慧震撰經必在劉勰遷步兵校尉之後為諸家譜表所公認。牟先生一方面設想劉勰若於蕭統卒後始奉敕撰經，則步兵校尉之職延至 531 年既不可能，而在此長達十餘年內若授新職卻於史不能不書。另一方面綜合史料，比較對照，多方考證。據《梁書》諸傳，詳列自天監元年（502）至中大通三年（531）三十五年間曾任步兵校尉者二十四人，並核以《隋書·百官志》所載梁世官制，考定劉勰遷步兵校尉之職於天監十七年而止於天監十八年，亦由此推斷出劉勰卒於其後第三年，即普通三年（522）。

牟先生詳考《梁書》諸傳，如《劉杳傳》、《何思澄傳》、《殷鈞傳》、《陸襄傳》、《王筠傳》、《孔休源傳》等，發現蕭統卒前的通事舍人有何思澄，劉杳二人。而其他東宮屬官在昭明太子卒後，其何去何從，史書也有交代。牟先生由此推及劉勰，推斷若劉勰其時為蕭統屬官，則本傳必聞，「若劉勰果為昭明之卒而誓不為官，或蕭統生前便不見劉勰出家，則他傳或可不書『昭明太子薨』後云云，勰傳則不僅必書，且應大書特書」。〔註9〕但是在《劉勰傳》有關撰經、變服、蕭統之卒的事件卻無絲毫記載，牟先生由此得出結論：劉勰之奉敕撰經、燔髮出家，均與蕭統之卒沒有關係。這一論斷有力地推翻了長期以來許多論者把劉勰奉敕撰經，劉勰之卒與蕭統之卒聯繫在一起的觀點，也說明了劉勰並非卒於中大通年間。

李慶甲先生一直致力於對劉勰卒年問題的探討。他繼《劉勰卒年考》之後，又撰《再談劉勰的卒年問題》一文，詳考《梁書·文學傳》各傳之次第，進一步提供證據，補充舊說。牟先生對李先生的證據在嚴加考析的基礎上，提出質疑並指示違誤。牟先生提出對《劉勰傳》之編次可否為其卒年之依據應慎重對待。因為有關《梁書·文學傳》的次第中，既有只能存疑的，也有尚難考證的，更有出現錯誤的。因此，李先生以此為據，讓人疑竇叢生、難以信服。牟先生還進一步舉勰前之《謝幾卿傳》中有關謝幾卿的卒年為例來說明。關於謝幾卿卒年，楊明照先生已作了充分有力的考辨。由楊考可知《謝幾卿傳》在《文學傳》中的次第亦誤。這更有力地證明《文學傳》之次第，並非嚴格按照卒年之先後為序，《謝幾卿傳》應移於《謝徵傳》之後，則《劉勰傳》前為《劉峻傳》。劉峻卒於普通二年，則劉勰當卒於普通三年。

〔註 9〕 牟世金：《劉勰年譜匯考》，巴蜀書社 1988 年，第 116 頁。

四、補正舊說　完善前人

關於劉勰家世，「龍學」界歷來存在士庶之爭。主張劉勰出身士族的一派，主要依據是《梁書‧劉勰傳》、《宋書‧劉秀之傳》等。楊明照先生博征諸史，嚴辨詳索，進一步完善了該說。此說在「龍學」界產生了很大的影響，爲眾多學者所接受。

范文瀾先生，王元化先生均對此說提出質疑。尤其是王元化先生，他在1977 年發表的《劉勰身世與士庶區別問題》一文中，依據《宋書‧劉穆之傳》所載「漢齊悼（惠）王肥後」一句爲《南史》所刪等力證，對楊箋所列世表表示異議，認定「劉勰並不是出身於代表大地主階級的士族，而是出身於家道中落的貧寒庶族」。牟先生同意王元化等人的觀點，並進一步予以補充。他抓住《南史》何以刪去《劉勰傳》中「祖靈真，宋司空秀之弟也」這一關節，詳加考辨，補充前說。牟先生以《王曇首傳》等證明《南史》以家傳體例爲主，把同族同宗者合爲一傳。由此，原史中「司空秀之弟」之類就不應刪掉。如不刪則必列入合傳，正因不能列入合傳，所以必刪，「其未以從子從孫的附傳形式列劉尚、劉勰於《劉穆之傳》中去，蓋非同宗甚明」。

牟先生又查明《梁書‧文學傳》二十五人，《南史》將其中十四人都已併入家傳中，從而排除了因《南史》須把《劉勰傳》歸入《文學傳》而未入家傳的可能性，也更加有力的說明家傳是《南史》列傳的主要原則。由此可見，劉勰與劉穆之既非同宗，這就爲劉勰出身寒門而非世家大族提供了力證。

第三節　《文心雕龍》義理的探求研討

浦起龍云：「注者其事辭，解者其神吻；神吻由事辭而出，事辭以神吻爲準」（《讀杜心解》）。此語言明文外之神，尤重於文內之訓。同樣，有關《文心》字句的校注譯釋固不可少，且是整個「龍學」的重要基礎，但《文心》本身畢竟是一部文學理論著作，所以研究的重點，理應在義理探究方面。正因爲如此，牟先生對《文心》字句的校勘，對劉勰身世的考訂，並不是爲考據而考據，而是有力地爲理論研究服務。他將微觀的實證性考辨中得出的結論上陞爲宏觀的理論闡發，故其理論研究顯得言必有據，不流於空泛。同時理論研究也有助於對字句的理解，二者相得益彰。

牟先生關於《文心》的理論研究極富特色。他不是架空立說，而是知人

論世，對當時歷史背景及劉勰其人其文作綜合考察，也不是簡單把古人現代化，輕率地用現代文學理論體系去套劉勰的觀點，而是實事求是，從《文心》的自身實際出發，以對《文心》全書的各個部分的具體研究為基礎，力求探討其理論體系的原貌，並且從《文心》的理論體系這一整體出發探求其各個部分的含義。正因為這樣不斷醞釀，反覆探求，故牟先生的理論研究立論嚴謹，斷案精審，不乏真知灼見。

一、知人論世，聯繫文本，綜合考察《文心》的思想傾向

關於《文心》的思想傾向這一重要理論問題，「龍學」界曾進行了激烈的爭鳴，主要有以下幾家看法：一是以馬宏山為代表的以佛家思想為主說；二是蔡仲翔等人主張的道家思想為主說；三是影響深遠的以儒家思想為主說，由范文瀾先生率先提出，為大多數《文心》研究者所接受。牟先生對待此問題，不盲從前人，不迷信權威，聯繫劉勰生平行事、時代思潮和《文心》本身等三個方面進行具體分析，然後提出中肯的看法。

牟先生對劉勰身世所作的精確考訂為研究其思想奠定了重要的基礎，他綜觀劉勰一生，發現「奉時以騁績」是其思想的主導方面。從「劉勰幼有壯志，入定林寺多年而不落髮，託身佛門而夜夢孔子，作《文心》以敘其志等等」，〔註10〕可以看出劉勰思想正是一種積極入世的儒家思想。

但是劉勰的儒家思想不同於前代，具有鮮明的時代特徵。牟先生從當時的時代思潮著眼，進行考察，進一步認識到劉勰的思想是六朝時期的儒家思想。時代孕育了《文心》這一偉大的著作，也深深影響了劉勰本人的思想，牟先生詳稽經史，深入分析，認為劉勰所處的時期「老莊思想顯然已形成一種新的、與佛儒結合的玄學；佛學則與玄儒相雜而成為一種東方的佛學；儒學也自然不再是秦漢時期的原始儒學了，也可說純儒已不復存在，但六朝時期仍有國學、有五經博士，有儒學，只不過是相容了佛道特別是玄學思想的儒學，或當稱為『六朝時期的儒學』」。〔註11〕六朝時期這種儒、道、玄、佛鬥爭融合的思想背景深刻影響了劉勰本人及其書的思想。

牟先生還聯繫《文心》全書的相關論述以窺見劉勰的思想。如《才略》「貴乎時」，《序志》「騰聲飛實」以及《程器》「將相以位隆特達，文士以職卑多

〔註10〕 牟世金：《文心雕龍研究》，人民文學出版社 1995 年版，第 70 頁。
〔註11〕 牟世金：《文心雕龍研究》，人民文學出版社 1995 年版，第 40 頁。

誚」等論述，均表現了劉勰積極進取的儒學思想。

通過綜合考察劉勰生平遭際、時代思潮、《文心》本身，牟先生認爲劉勰的思想不是純粹的、完全的、嚴格的儒學思想，而是六朝時期的儒家思想，即儒家思想爲主，但同時也融合了道家、玄學、甚至佛教的思想。由於這一結論是通過周全、縝密的分析所得到的，所以頗具說服力，避免了范文瀾先生有關這一問題看法的絕對化，也與大多數學者達成共識。如王元化先生也強調要從發展了的儒家思想看問題。他說：「劉勰雖然在《文心雕龍》中恪守儒學風範，但是他對於作爲當時時代思潮的釋、道、玄諸家，也有融合吸收的一面……儒學本身也在發展，甚至變化，當時的儒學跟早期原始儒學以至其後兩漢的儒學已經不同了。」〔註12〕同時這也進一步說明《文心》之所以成爲古代文論的典型，正是由於劉勰善於吸收各家思想資源而又加以融彙貫通的結果。

二、從《文心》自身實際出發，探討其理論體系

《文心雕龍》結構謹嚴，體系完備，爲歷代學者所稱道。元代錢惟善說此書「立論井井有條」，明代葉聯芳謂該書「若錦綺錯揉，而毫縷有條；若星斗雜麗，而象緯自定」，清代章學誠則認爲此書「體大而慮周」……今人范文瀾在認識到「《文心雕龍》之作，科條分明，往古所無」的同時，於《原道》和《神思》兩篇的注中，爲上下二十五篇各立一表，開始對《文心》的嚴密組織結構和完整理論體系予以初步揭示。

牟先生認識到對理論體系的探討將有助於《文心》研究的深入，故他長期致力於此，從未懈怠過。早在 20 世紀 60 年代，他就針對當時研究中出現的流於簡單化的生搬硬套的情況，呼籲要探討《文心》自身的理論體系。隨著《文心》研究的發展，他認識到加強理論體系研究將有助於對概念的理解，避免把古人現代化，也有助於對《文心》的深入研究。他於 1981 年發表了《〈文心〉的總論及其理論體系》一文（《中國社會科學》1981 年第 2 期），第一次全面系統地論證了《文心》的理論體系，觀點爲多數同行學者首肯和採用。後來又發表了《〈文心雕龍〉理論體系初探》（見《雕龍集》）、《從劉勰的理論體系看風骨論》（《古代文學理論研究》第 4 輯）、《〈文心雕龍〉創作論新探》（《社會科學戰線》1982 年 1～2 期）等文，對《文心》的理論體系進行了全

〔註12〕 王元化：《〈文心雕龍〉箚記三則》，載《中華文史論叢》1984 年第 2 輯。

面深入的探討，其中創獲頗多，乃至有人謂：「最執著於探索《文心》體系的學者當推牟世金」。〔註13〕

　　牟先生認爲，《文心》的理論體系研究要取得新的進展，必須注意三點：「其一，劉勰的理論體系，應該是自己的原貌，而不是硬套今人的理論體系，更不是論者的任何主觀意圖；其二，理論體系應該是理論的體系，它與篇章結構的安排有關，卻不等同於結構體系；其三，我們要探究的是其文學理論的體系，它和作者的思想有關，卻也不等同於思想體系。」〔註14〕以此爲基本出發點，他在對《文心》的性質與篇次問題、樞紐是否即總論問題以及《辨騷》篇的歸屬問題等進行深入細緻的研究後，進而探討其「體大思精」的理論體系。

（一）《文心》的性質和篇次問題

　　關於《文心》性質，主要存在「《文心》是一部文章學著作，還是一部文學理論批評著作」這兩種觀點的爭議。牟先生認爲《文心》是一部文學理論著作，因此他所探討的也應是文學理論的體系。

　　他首先從《文心》是否是子書談起，認爲劉永濟先生謂彥和此書「專論文章」即爲子書的說法欠妥。《論說》篇「論也者，彌綸群言，而研精一理者也」之句，說明彥和所論雖涉及複雜的社會現象，但無一不從論文出發，無一不以闡明文理爲目的，從而可證《文心》爲論文之書。接著他又對《文心》的性質是否爲文章論進行辨析。在考察了歷史上「文學」、「文章」含義的變遷以及《文心》全書的 24 處實際用例後，得出結論：《文心》所論是當時的「文章」，而非「文學」，而六朝人所講的「文章」是和近世的「文學」意義相近的。因此，今天如仍以《文心》爲「文章論」就違背了劉勰的原意了。同時，「文心者，言爲文之用心也」的主旨，也決定了《文心》是一部文學理論著作。因爲「爲文之用心」的內容，即《神思》以下部分，正是總結了文學創作的基本經驗與規律。

　　《文心》這一文學理論著作的理論體系是通過篇章結構體現出來的。因此，探討其理論體系，還必須明確現在通行本《文心》的篇次是否爲劉勰自定的原貌，范文瀾、楊明照、劉永濟等學者以傳寫謬誤、淺人妄改等緣由，對《文心》的個別篇次進行質疑，而郭晉稀、李曰剛等人更是按自己意見對今本次序進行調整。牟先生認爲，後人對篇次的調整完全是從主觀出發，其結果是「調整篇

〔註13〕參見牟世金：《文心雕龍研究》，人民文學出版社 1995 年版，第 124 頁。
〔註14〕牟世金：《文心雕龍研究》，人民文學出版社 1995 年版，第 21～22 頁。

次者雖主觀上是圖復其原貌，但在客觀上很可能遠離原貌」。〔註15〕

對《文心》篇次作出調整的專家多是出於主觀臆斷而缺乏確鑿證據：既無早於通行本的版本依據，也無古人引用與今本篇次不一的史料佐證。相反，證明篇次無誤的證據卻很多，「從元刻至正本以下，明清大量刻本的篇次全與通行本篇次一致；今存最早的唐寫本雖是殘卷，但從《原道》至《諧隱》的十五篇，也與現行本的篇次完全相同」。〔註16〕牟先生據此提出：「通行本《文心雕龍》篇次，當以不改爲妥。」〔註17〕

篇次問題與《文心》的理論體系密切相關。篇次的隨意改動將會影響到對原書體系的理解。牟先生爲了探尋《文心》自身的理論體系，主張不要武斷地、輕易地更改篇次、變動文字，以尊重原著爲主。這也體現出他對待古籍的慎重態度。國內的「龍學」專家祖保泉先生，日本的「龍學」專家安東諒先生均與牟先生持相同的看法。

（二）「樞紐」是否即總論問題

關於《文心》的總論，多數研究者認爲劉勰說的「文之樞紐」的五篇（《原道》、《徵聖》、《宗經》、《正緯》、《辨騷》）即是《文心》全書的總論。而牟先生認爲：「所謂總論，對一部理論著作來說，應該是貫穿全書的基本觀點，或者是建立其理論體系的指導思想。」〔註18〕基於對總論的這種理解，他認爲在「文之樞紐」的五篇中，只有前三篇提出的原道論、徵聖論和宗經論爲《文心》全書的總論，而《正緯》、《辨騷》則不符合有關總論的要求。

關於《總論》之首《原道》篇「道」的含義，牟先生的老師陸侃如先生曾首創「規律說」。陸先生指出：劉勰「所謂『道』，就是『自然之道』……自然是客觀事物，道是原則或規律，自然之道就是客觀事物的原則或規律。」〔註19〕牟先生深受其師觀點的影響，認爲「道」就是「自然之道」。後來隨著研究的深入，他本著「吾愛吾師，吾更愛真理」的精神，對陸先生的某些觀點作了修正。如「自然」的含義，他說：「中國古代所說的『自然』，乃天然、自然而然之意，與後世的『自然界』是不同的概念，把『自然之道』的『自

〔註15〕 牟世金：《文心雕龍研究》，人民文學出版社 1995 年版，第 93 頁。
〔註16〕 牟世金：《文心雕龍研究》，人民文學出版社 1995 年版，第 94 頁。
〔註17〕 牟世金：《文心雕龍研究》，人民文學出版社 1995 年版，第 96 頁。
〔註18〕 牟世金：《文心雕龍研究》，人民文學出版社 1995 年版，第 99 頁。
〔註19〕 陸侃如：《文心雕龍論「道」》，見《陸侃如古典文學論文集》，上海古籍出版社 1987 年版，第 835 頁。

然』解作『客觀事物』是錯誤的。」〔註20〕

　　他認爲「自然之道」就是物必有文的規律，「『文』是和天地同時產生的，因爲有日月便有日月之美，有山川便有山川之麗，這就是『道之文』」。〔註21〕牟先生關於這種不屬於任何一家，天地萬物都自然有文的普遍規律——「自然之道」的闡釋，爲理解劉勰之所以能夠超越儒家思想而放手評論諸子百家之文以及發現《文心》全書的論文準則提供了幫助。韓湖初認爲關於《文心》中「語言必有文采，乃是天地自有本性」的思想，是牟先生對《文心》研究的重大貢獻。〔註22〕

　　牟先生認爲「自然之道」借助五經來發明，即「道沿聖以垂文，聖因文而明道」，而《徵聖》和《宗經》兩篇，正是從道——聖——文的關係來論「聖」和「文」兩個環節，《原道》、《徵聖》、《宗經》三篇所論，雖各有不同的側重點和具體要求，但三篇構成了《文心》的總論，確立了劉勰論文的最基本的原則——「銜華而佩實」。

（三）《辨騷》篇的歸屬問題

　　關於《辨騷》篇的歸屬，共有三種看法：屬上說（即屬於「文之樞紐」部分）、屬下說（即屬於文體論部分）、兼有說（即兼有「樞紐」論和文體論的性質）。牟先生傾向於「兼有說」。他認爲《辨騷》並非總論，卻兼有「樞紐」論和文體論的性質。這是他從《文心》實際出發，聯繫全書的體例，詳辨「樞紐」一詞的含意，細考劉勰的有關論述而得出的結論。聯繫全書體例可以發現：《雜文》、《諧隱》二篇界於「文」、「筆」兩類之間，《時序》、《物色》二篇處於論創作與批評兩類之間，「這樣，《辨騷》篇具有『樞紐』論和『文體論』的雙重性質，也就不足爲奇了」。〔註23〕牟先生解釋「樞紐」在「文之樞紐」這個特定的語言環境下的含義爲「關鍵」而非「核心」，而《辨騷》篇的觀點既非貫穿於全書，亦非全書的指導思想，所以《辨騷》屬於樞紐論而非總論。同時，他又認爲《辨騷》是歷史上第一篇全面詳論楚辭的「楚辭論」，而楚辭論的實際意義，正是分體的作家作品之一。因此，《辨騷》當屬文體論。

〔註20〕牟世金：《劉勰「原道」論管見》，《文史哲》1984年第6期。
〔註21〕牟世金：《文心雕龍研究》，人民文學出版社1995年版，第101頁。
〔註22〕韓湖初：《再論文心雕龍的生命美學思想》，見《論劉勰及其文心雕龍》，學苑出版社2000年版，第64頁。
〔註23〕牟世金：《文心雕龍研究》，人民文學出版社1995年版，第119頁。

　　牟先生通過對《辨騷》本身的考察與研究而提出的「兼有」說，走出了長期以來《辨騷》性質及歸屬問題研究中各執其一，只求一隅的研究模式與思路，給人以有益的啟示，也推動了該問題研究的進一步深入。如繆俊傑、王達津、黃廣華等人也都持「兼有」說。

（四）《文心》的理論體系

　　《文心》的性質、篇次、樞紐、總論等問題已明，牟先生便開始進一步探討其理論體系。

　　《文心》的理論體系往往通過組織結構表現出來，牟先生首先研究了《文心》各部分的組織結構，進而探討其內在的體系。他首先繪製了《文心》的組織結構圖：〔註24〕

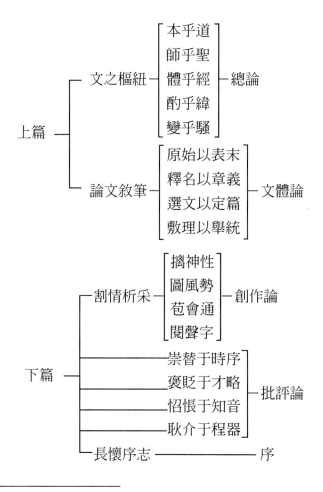

〔註24〕牟世金：《文心雕龍研究》，人民文學出版社 1995 年版，第 133 頁。

　　由圖可見，劉勰在「文之樞紐」提出全書的基本觀點，緊接著「論文敘筆」部分，總結了各種文體的概況和前人豐富的創作經驗，然後在「割情析采」中進行了文學創作和批評的理論概括與提煉。

　　但是，根據牟先生的觀點，他繪製的這個組織結構圖似乎有兩個問題：一是既然認為「樞紐」不等於「總論」，那麼結構圖似應對此作出區別才顯得合理，從這個圖來看，「文之樞紐」五篇仍然等於「總論」。二是既然說「以前人的實際經驗為基礎來『割情析采』」，提煉出文學創作和批評的一些理論問題，〔註25〕那麼「割情析采」的統轄範圍似應包括「批評論」才妥當，而不應把「割情析采」僅僅與「創作論」對應起來。實際上，按劉勰所言，「割情析采」本來就包括《文心》下篇除《序志》外的 24 篇。

　　《文心》的組織結構雖已十分明確，但欲認識其理論體系還要進一步探討各部分之間的內在邏輯關係。牟先生通過對全書的各個部分的具體研究，努力挖掘劉勰的原意，力圖再現其理論體系的原貌。經過研究，他發現《文心》的各個部分是圍繞一個中心而互有內在聯繫的整體，這個中心就是「銜華佩實」。劉勰在總論部分提出了這一基本觀點，「論文敘筆」部分則是以其衡量歷代作家作品，而「割情析采」部分則在「論文敘筆」的歷史經驗的基礎上，討論如何使作品達到「銜華佩實」。這表明全書以「銜華佩實」為中心，構成了一個互有內在聯繫的整體。對此，他作出了這樣的概括：

　　　《文心雕龍》由「文之樞紐」、「論文敘筆」、「割情析采」和批評鑒
　　賞論（包括作家論）四個互有聯繫的組成部分，構成一個嚴密而完
　　整的文學理論體系：這個體系以儒家思想為主導，以「銜華佩實」
　　為軸心，以論述物與情、情與言、言與物三種關係為綱領，把全書
　　五十篇結成一個有機的整體。這樣的文學理論體系，不僅在中國古
　　代文論中是稀有的，在世界古代文論中也是罕見的。《文心雕龍》之
　　可貴，這是一個重要方面。〔註26〕

在這個互有聯繫的有機整體中，關鍵是三個問題：一是情和物的結合問題，二是以言寫物問題，三是以言達情問題。而這三個問題的完滿解決實際上就是如何做到完美的言辭與充實的內容和諧統一。故以「銜華佩實」為全書核心，是抓住了問題的實質。這四個字集中概括了劉勰對文學創作的理想，是

〔註25〕牟世金：《文心雕龍研究》，人民文學出版社 1995 年版，第 134 頁。
〔註26〕牟世金：《文心雕龍研究》，人民文學出版社 1995 年版，第 148 頁。

劉勰論文的基本觀點。

　　牟先生關於《文心》理論體系的研究，在「龍學」界產生了較大的反響，引起了人們對《文心》理論體系問題的重視。自他發表第一篇專論《〈文心〉的總論及其理論體系》以來，至今已有了幾十篇這方面的文章，另有杜黎均的《文心雕龍文學理論研究和譯釋》（1981）、張少康的《文心雕龍探索》（1987）、石家宜的《文心雕龍整體研究》（1993）等專著，對此問題進行深入探索。1985 年，滕福海曾發表《〈文心雕龍〉理論體系研究述評》一文，對這方面的研究成果進行綜述評價。研究者對於牟說或反對、或贊成、或補充。如滕福海在《中國社會科學》1982 年第三期發表的《應該重視「通變」觀的研究》一文，正是對牟文的補充，文中提出：「《文心》的理論體系就是標原道宗經旗幟，沿法古變今（即通變）通衢，達衛華佩實目的的文學理論體系」。

三、從理論體系出發，探討《文心》的具體問題

　　王元化先生說：「在研究一種學說或一位思想家的時候，應當從體系上，從總體上加以把握，而不能各取所需，用摘句法。」〔註 27〕牟先生正是如此，他以所把握的整體爲基礎，再回到各個部分，從《文心》本身的理論體系出發，考察長期爭論不休的概念、問題，從而獲得了許多全新的認識。下面擇要加以評說。

（一）創作論體系問題

　　牟先生在研究中往往把微觀研究與巨集觀研究、局部研究與整體研究很好地結合起來，如對創作論體系的探討即是如此。創作論部分是《文心》的精華所在，《文心》的理論成就主要集中於此。牟先生首先從宏觀上對文學創作的基本要素進行概括：「客觀的『物』，主觀的『情』，和抒情狀物的『辭』，是文學創作的三個基本要素。文學創作論所要研究的，主要就是如何處理這三者之間的相互關係：物怎樣制約情，情怎樣來自物，情與物怎樣結合而構成藝術形象，如何用語言文辭來抒情狀物，以及如何處理文與質的關係等。」〔註 28〕

〔註 27〕 王元化：《〈文心雕龍〉新解三題》，見饒芃子主編《文心雕龍研究薈萃》，上
　　　　　海書店出版社 1992 年版，第 15 頁。
〔註 28〕 牟世金：《文心雕龍研究》，人民文學出版社 1995 年版，第 278 頁。

接著，他又對創作論內部邏輯關係進行細緻分析，並總結了劉勰創作的理論體系及其基本特點：「劉勰的創作論，主要是由對物與情、物與言、情與言三種關係的論述構成的，這三種關係又以情和言的關係為主體。」〔註29〕這正體現了《文心》全書的理論體系，他又聯繫創作論乃至《文心》的整個理論體系，對《神思》篇作了集中探究，認為《神思》是《文心雕龍》創作論的總綱。這一觀點首先由王元化先生提出，牟先生受到了啟示，並從物、情、言三者關係的角度作了發揮。認為《神思》的總綱主要體現在：

> 故思理為妙，神與物遊，神居胸臆，而志氣統其關鍵；物沿耳目，而辭令管其樞機。樞機方通，則物無隱貌，關鍵將塞，則神有遁心……是以意授於思，言授於意，密則無際，疏則千里。（《文心雕龍·神思》）

這段話論述了文學創作中情物結合，以言寫物，以言達情這三個基本問題。此總綱在創作論其他部分也得到了具體體現，如《神思》篇以下從《體性》到《物色》等篇，都涉及了物、情、言三者關係。由此可見，《神思》揭示了創作論所要研究的全部內容。

（二）「風骨」與「通變」問題

「風骨」問題是《文心》研究中爭議頗多、分歧較大的問題，在20世紀60年代曾經引起激烈的爭論。人們就黃侃提出的「風即文意，骨即文辭」的觀點各抒己見，或贊成、或反對、或發展、或修正。有人認為風是文意，骨是文辭或風是文辭，骨是文意；也有人認為風骨兩者既關乎內容又關乎形式；還有人認為風骨即風格或格調……各種觀點競相呈放，但是多流於概念之爭。針對這種情況，《光明日報·文學遺產》290期（1959年12月6日）發表編輯部的《關於「風骨」的解釋——來稿綜述》一文，指出討論應「從大處著眼，用馬克思列寧主義的尺度實事求是地（最好多舉作品實例證明）評述我國文學理論遺產，不要只膠著在個別詞彙的解釋上。」牟先生也認識到了這種從概念到概念式研究的侷限性，主張考察「『風骨』論在他（指劉勰——引者注）的整個文學理論體系中占什麼位置，和他的創作論有何聯繫，『風骨』論是怎樣有機地貫通在他的文學觀點和理論體系中的……這樣結合整個理論體系來研究所得到的認識，比起孤立地鑽研概念所得到的結論，是更有

〔註29〕牟世金：《文心雕龍研究》，人民文學出版社1995年版，第142頁。

可能接近劉勰的原意的」。〔註30〕就是說要把「風骨」置於理論體系的框架中進行考察，從宏觀角度即全書的理論體系來考察「風骨」。他在《從劉勰的理論體系看風骨論》一文中指出：「儒家對待『志』、『言』、『文』三種關係的原則，也貫穿於《文心》全書，《風骨》篇的『風』、『骨』、『采』三者的關係，不過是儒家『志』、『言』、『文』三種關係的翻版。」〔註31〕石家宜先生在《「風骨」及其美學意蘊》一文中說：「如果我們能從整體著眼，把它（指風骨——引者注）放在與其他部分的有機聯繫中，找到它在《文心》體系中的位置，對『風骨』這個命題的來龍去脈作一番歷史的考察，那麼，我們的探討就可能取得比較切實的進步。」〔註32〕牟先生的研究正如石先生所言，突破了《風骨》單篇的限制，超越了對「風骨」的概念排比羅列的研究方式，而從巨集觀角度即從全書整體來考察，提供了嶄新的思路，更新了研究的方法，讓人耳目一新，推動了「風骨」問題綜合研究的深入。

　　牟先生以所把握的整體為基礎，重新回到對一字一句的再認識，如此反覆，有的觀點更加鞏固，也有的見解前後相比發生了根本性的改變。例如對「通變」的認識，他在《文心雕龍譯注》中論及「通變」的含義時說：「所謂『通變』，也就是本篇『參伍因革』，《明詩》篇『體有因革』的『因革』之意，和今天所說的繼承與革新大體相近，但有很大的侷限性。」〔註33〕後來，牟先生從《通變》全篇及全書總體繼續對「通變」進行深入研究，提出了新的看法，認為「通變」的含義是「貫通變化」。這種轉變，也表明「龍學」界對「通變」論認識的日趨全面與深入，許多學者認為不能簡單地釋「通變」為繼承與創新，也不能僅僅理解「通變」論是以復古為主要傾向，而要著眼於文學的發展即「新變」予以探究，由此「通變」論被上陸為全書的基本觀點之一。如寇效信先生通過精微辨析，對「通變」論進行全面深入的探討，他考辨「通變」一詞的來源，考察其在《文心》中的沿用情況，認為「通變」就是「變而通之」，也可叫做「變通」，「變」與「通」不是對立的，不是矛盾

〔註30〕牟世金：《近年來〈文心〉研究中存在的幾個問題》，見《雕龍集》，中國社會科學出版社 1983 年版，第 153 頁。

〔註31〕牟世金：《從劉勰的理論體系看風骨論》，《古代文學理論研究》第 4 輯，上海古籍出版社 1981 年版，第 178～197 頁。

〔註32〕石家宜：《「風骨」及其美學意蘊》，《古代文學理論研究》第 4 輯，上海古籍出版社 1981 年版，第 208～226 頁。

〔註33〕陸侃如、牟世金：《文心雕龍譯注》（上冊），齊魯書社 1981 年版，第 81 頁。

的兩面，而是連接的、相通的。「就語言的詞義來說，『通變』爲革新、變化，而不能解作繼承與革新。」〔註34〕祖保泉先生在《〈文心・通變〉通解》、《〈文心・徵聖〉指要》等文中，認爲劉勰是從創作角度闡述「通變」問題的，而「通變」論是貫穿《文心》全書的一個重要思想。他在《文心雕龍解說》一書中對這一觀點作了進一步的總結，認爲劉勰「通變」論的核心是：「作家根據自己的情思和創作個性，融會貫通地在體裁和文辭上適當地汲取前人作品所提供的藝術養料，從而創造出適應時勢需要的嶄新作品。」〔註35〕這一論述證明了「通變」論在劉勰的文論體系中佔有十分重要的地位。石家宜先生則從研究通變觀的侷限性及其與劉勰基本文學觀、理論體系的內在聯繫的角度，肯定了劉勰通變論的主旨是言「變」。另滕福海等人也從「通變」論在《文心》體系中的重要地位的角度作了探究。

（三）批評標準問題

批評論是《文心》的一個重要組成部分，劉勰總結批評原理、評論作家作品，涉及到一個批評標準的問題。學界向以《宗經》「六義」說或《知音》「六觀」說爲劉勰文學批評的標準。牟世金對待此問題的看法有一個發展變化的過程，在 1978 年出版的與陸侃如先生合著的《劉勰和文心雕龍》一書中，牟先生認爲，《宗經》篇的「六義」，「既是劉勰對創作的要求，也是他論文的六個批評標準」。〔註36〕在《劉勰論文學欣賞》一文中，他也坦言：「《知音》篇中的『六觀』，差不多已被公認是劉勰提出的文學批評標準。我過去談到這個問題時，雖有自己的解釋，但也承認了它是『標準』。」〔註37〕

隨著研究的深入，他意識到，必須突破《宗經》或《知音》篇的限制，從《文心》全書整體著眼來探討批評標準問題。其實，無論古今，文學批評自當有一定的批評標準。但無論「六觀」或「六義」，劉勰並未說明是他的批評標準。請看：

> 故文能宗經，體有六義：一則情深而不詭，二則風清而不雜，三則事信而不誕，四則義直而不回，五則體約而不蕪，六則文麗而不淫。
>
> （《文心雕龍・宗經》）

〔註34〕寇效信：《〈通變〉釋疑》，《陝西師範大學學報》1985 年第 4 期。
〔註35〕祖保泉：《文心雕龍解說》，安徽教育出版社 1993 年版，第 583 頁。
〔註36〕陸侃如、牟世金：《劉勰和文心雕龍》，上海古籍出版社 1978 年版，第 27 頁。
〔註37〕牟世金：《雕龍集》，中國社會科學出版社 1983 年版，第 294 頁。

是以將閱文情，先標六觀：一觀位體，二觀置辭，三觀通變，四觀
奇正，五觀事義，六觀宮商，斯術既行，則優劣見矣。(《文心雕龍·
知音》)

牟先生以爲，「若以《知音》篇爲批評論的專論，似乎理應提出標準問題；但從
《文心雕龍》全書是一個整體著眼，其『文之樞紐』也應是《知音》篇的『樞
紐』。這樣，視『樞紐』論中提出的基本觀點爲劉勰的批評標準就有其合理性」。
〔註38〕基於這樣的考慮，他改變了以前的看法，在 1981 年出版的《文心雕龍譯
注·引論》中提出：「『原道』和『宗經』，就是劉勰文學批評的標準」，「從全書
對作家作品的批評實踐來看，劉勰基本上是用是否符合『自然之道』，是否違反
『徵聖』、『宗經』之旨這兩個尺度，來衡量作家作品的」。〔註39〕在 1995 年出
版的《文心雕龍研究》中，他進一步發展《引論》中的看法，否定了大多數學
者以「六觀」爲批評標準的觀點，認爲「六觀」祇是「披文以入情」之術，並
未提出衡量優劣的標準，「所以，沒有必要把《知音》篇視爲一篇完全獨立的批
評論；劉勰並未講批評標準，就不必在《知音》篇中強求。應該把《文心雕龍》
全書視爲一個整體，須從這個整體中，才能看到劉勰全面的批評論。劉勰雖未
在其他篇內提出批評標準，但『文之樞紐』中提出的基本文學觀點是貫穿全書
的。《知音》篇就既不能違背全書的基本觀點，也不應另立什麼批評標準」。因
此，「『本乎道，師乎聖，體乎經』是全書立論的總觀點，總原則，也是劉勰評
論一切作家作品的總觀點，總原則。除此之外，《文心雕龍》中別無批評標準」。
〔註40〕

　　由於牟先生認識到劉勰評文「會通適變」的方法特徵及《文心》體系的內
在聯繫，所以他避免了對「六觀」、「六義」等個別概念的糾纏，而是從全書整
體出發，考察劉勰評文的標準，由此得出的結論顯然更符合《文心》的實際。

　　綜上所述，牟先生一方面從《文心》自身實際出發，探討其理論體系；
另一方面又處處聯繫《文心》的理論體系，分析其具體問題，將宏觀把握與
微觀考辨結合起來，對《文心》的理論體系問題進行了見林又見樹、見樹又
見林的研究，取得了超越前賢的研究成果，也把《文心》理論體系的研究向

〔註38〕牟世金：《「龍學」七十年概觀》，見《文心雕龍研究論文集》，人民文學出版
　　　　社 1990 年版，第 51 頁。
〔註39〕陸侃如、牟世金：《文心雕龍譯注》(上冊)，齊魯書社 1981 年版，第 106 頁。
〔註40〕牟世金：《文心雕龍研究》，人民文學出版社 1995 年版，第 449 頁。

前推進了一大步。

四、從《文心》看古代文論的民族特色

　　牟先生爲學取精用弘、博而能一，既對《文心》有著精深的研究，又在漢魏六朝文學，古代文論等方面有很高的造詣。他的研究領域也頗爲寬廣，對經學、子學、文字學等方面都有深入研究，這通過他的《文學藝術民族特色試探》一書可以看出，書中對中國古代詩文、繪畫、音樂、舞蹈、書法等多種理論進行了綜合研究，頗有見地地探討了文學藝術的民族特色。正因爲如此，牟先生在探討《文心》時能做到從博入手，由博返約。如《文心雕龍研究》一書中對「風骨」的探討，他把「風骨」置於整個齊梁時期的詩文書畫理論的宏闊視野中予以綜合考察，理清了「風骨」論的來龍去脈，「文學藝術的風骨論始於劉勰；其淵源雖早，但與東晉以後的書論才有較明顯的關係，劉勰的風骨論對後世的文學理論，書法理論，繪畫理論都有深遠的影響」，也明確了「風骨」最基本的內涵爲「剛健之力的審美要求」。

　　同時，牟先生還由點及面，以小觀大，從《文心》出發探討中國古代文論的民族特色，總結其發展規律。

　　《文心》彌綸群言，相容並包，體大思精，是中國古代文論的集大成者，牟先生對其地位與價值早有認識，他說：「在中國古代文學理論著作中，堪稱集大成之作的，只有《文心雕龍》；論述最全面，最系統的，也只有《文心雕龍》；一言以蔽之日：《文心雕龍》確是中國古代文論的典型。」〔註41〕《文心》正以其論述的全面，體系的完密，對前代文論的充分總結而成爲了中國古代文論的典型。有鑒於此，牟先生在理解《文心》的原意，充分揭示其理論蘊含的基礎上，進而總結了中國古代文論的民族特點，「是用體貌的方式，從實際出發進行綜合論述的結構；在儒家思想支配下，以『詩言志』爲中心，以文質論爲主幹構成的理論體系；用一套傳統的術語，概念和論題而進行一系列評論」。〔註42〕牟先生以《文心》爲視點，對古代文論在漫長的實踐中形成的規律和特色的透視，有助於《文心》理論體系研究的深入和對中國古代文藝理論民族特色的把握。

〔註41〕　牟世金：《文心雕龍研究》，人民文學出版社1995年版，第8頁。
〔註42〕　牟世金：《文心雕龍研究》，人民文學出版社1995年版，第511頁。

第四節　《文心雕龍》研究的歷史考察

　　學術研究的發展是以前人研究成果爲基礎的。當代研究者應該總結歸納學術研究中的歷史經驗，從中汲取學術養分，以提高研究起點。牟先生正是如此，他較早開始關注「龍學」史，開闢了「龍學」研究新領域。1964 年他在《江海學刊》第 1 期發表了《近年來〈文心〉研究中存在的幾個問題》一文，對 1956 年以來《文心》研究狀況進行較爲全面的總結。後又發表了《文心雕龍研究的回顧與展望》（《文心雕龍學刊》第二輯 1984 年 6 月）、《近三十年來的〈文心雕龍〉研究》（《語文導報》1985 年第 7 期）等文。而於《社會科學戰線》1987 年第 3、4 期，1988 年第 1 期發表的《「龍學」七十年概觀》一文長達四萬餘言，是對現當代《文心》研究成果的全面清理、總結、反思，具有「龍學」簡史的性質。《文心雕龍研究》一書中的第一章第二節「《文心雕龍》研究的回顧與展望」，正是在此文的基礎上修訂而成。牟先生還十分關注臺灣地區及國外的《文心》研究狀況，著有《臺灣文心雕龍研究鳥瞰》一書（山東大學出版社，1985 年 12 月第一版），第一次對臺灣的「龍學」研究概況進行評述。另還撰有《日本文心雕龍研究一瞥》（《克山師專學報》1984 年第 1 期）一文介紹了日本的「龍學」研究情況。從而在時間上、地域上相互銜接展開，形成系列，對「龍學」研究狀況構成較爲完整的反映。

　　牟先生作爲一名資深的「龍學」專家，加上對本學科研究進展的長期關注，所以他能夠以高屋建瓴的眼光，對「龍學」發展中異彩紛呈的研究情況予以梳理和總結，作出實事求是的學術評價，並善於發現研究中的不足和薄弱環節，從而提出新課題，展望發展趨勢。

　　「龍學」在長期的發展過程中，已經形成一門具有自身規律與特色的系統學科。牟先生準確把握了「龍學」的學科性質及其基本特徵，他認爲從黃侃開始至今（指 1984 年），對「龍學」的探討日益深入，研究規模也日益宏大，「『龍學』的實際，已是一門廣涉經學、史學、子學、佛學、玄學、文學、美學，而又有自己獨特的校勘，考證，注譯和理論研究的系統學科」。〔註43〕這是對「龍學」學科性質及基本特徵的第一次準確定位。

　　牟先生以其深厚的學術素養，廣闊的歷史視野和準確的學術把握，清晰地勾畫出「龍學」研究的歷史趨向，他把自黃侃以來到八十年代中後期《文

〔註43〕牟世金：《文心雕龍研究》，人民文學出版社 1995 年版，第 10 頁。

心》研究的歷史分爲三個時期，即「龍學」的誕生、發展和興盛三個時期。「從1914～1949 年的 36 年，可說是『龍學』的誕生期，1950～1964 年的 15 年爲『龍學』發展時期；1977 至今（指 1987 年）爲『龍學』的興盛時期」。

　　牟先生還十分注意揭示歸納有關《文心》研究領域中指導思想和操作方法的運用情況，著重從學術視野的開拓，理論方法的更新和研究成果的突破等方面深入剖析和切實評價。如關於「龍學」研究的思想方法，他認爲「第一期較之古人雖不乏新意，但主要還是用傳統的觀點來研究」；「第二期開始用馬克思主義的觀點方法來從事新的研究」；而第三期則「實事求是地探討劉勰理論的本來面目，按藝術規律進行科學地總結」。

　　牟先生在分析《文心》研究領域中理論的更迭、方法的增長的同時，還注意從宏觀角度發現研究中帶有普遍性、傾向性的問題，分析研究熱點，發現研究中的薄弱環節和不足之處。如他發現第一期發表的論文中「鮮有深入的專題研究，大多數是一般性的概述泛論」；第二期的某些研究者「由於初識馬列而求新心切，庸俗社會學的傾向使某些研究者筆下的劉勰面目全非」。

　　研究史不僅僅是總結歷史，它還肩負著啓示未來的重任。牟先生在深入研究，宏觀地把握過去的基礎上，展望「龍學」的發展趨勢，並在理論上予以指導規範，以促進「龍學」研究的良性發展。他通過對七十年「龍學」發展狀況的分析與評判，認識到「宏觀與微觀研究的結合，文史哲研究的結合，以及詩文書畫等藝術理論相結合的綜合研究，則爲龍學發展的新趨勢」。另外，「視《文心雕龍》爲古代美學的典型，可能給龍學開拓更爲廣闊的天地」。通過對七十年「龍學」研究狀況的考察，他堅信「龍學是有強大生命力的」。

　　《文心》是中華民族子孫共同的文化遺產，海峽兩岸的學者對此都十分珍視並作了深入研究。但由於眾所週知的原因，兩岸學者在「龍學」方面缺少溝通，缺乏瞭解。牟先生抱著「早得中國全龍」的殷切期望，關注彼岸的「龍學」研究情況。他廣爲搜羅臺灣《文心》研究資料，於 1985 年撰成《臺灣文心雕龍研究鳥瞰》一書，對近三十年來的臺灣的「龍學」做了全面、簡要的介紹，並結合自己多年研究《文心》的心得，客觀評述臺灣《文心》研究的得與失。

　　《臺灣文心雕龍研究鳥瞰》第一章爲「顯學」，從總體上介紹了臺灣「龍學」的研究情況，並進而考察這一顯學在臺灣的發展大勢，得出如下結論「臺灣的《文心》研究，以七十年代中期爲分界線，前期以校注譯釋爲主，後期

以理論研究爲主；理論研究又循著從部分到整體，進而深入某些專題的道路發展。」〔註 44〕這一概括使大陸讀者對臺灣「龍學」的歷史與現狀及發展趨向有了一定瞭解。

臺灣學者用力甚勤，在資料奇缺的情況下，仍在校注譯論方面作出了一定的成績，牟先生對臺灣學者來之不易的成績給予充分肯定。他認爲在校勘方面，李曰剛先生的《文心雕龍斠詮》比勘各家，兼采眾長，補正前人之失，成爲臺灣最好的校本。如《明詩》取范文瀾、楊明照、潘重規、鈴本虎雄及斯波六郎諸說而附以己意者十餘條，諸家未校而爲李氏親出者四條；在注譯方面臺灣學者也頗多創獲，如《總術》「動句揮扇」一辭，各家均認爲其訛誤難解，向無注釋。黃叔琳本無注，范注也未詳其義。臺灣學者張立齋先生在《文心雕龍注訂》中大膽推斷，以「扇」爲「羽」字，因形近而僞，又聯繫上下文，據下句「初終之韻」，及「引篇章於音樂」句來證實。另一學者潘重規據《說苑‧善說》及蔡邕《琴賦》推此四字爲「動角揮羽」。此說與楊明照先生《文心雕龍校注拾遺》的看法暗合，從而使長期存疑的問題煥然冰釋。

牟先生認爲臺灣學者在理論研究方面也有可圈可點之處。如王更生先生在《文心雕龍研究》中提出《文心》的「兩大脈絡」一是「經學思想」，一是「史學識見」的觀點，對理解劉勰的理論體系頗具參考意義。尤其是「史學識見」，「確是超越《史傳》篇的實際運用於全書多數問題的論述，其對《文心》理論體系的形成，是一個值得注意的重要因素」。

牟先生還本著實事求是、「知無不言」的科學態度，坦率地指出臺灣學者研究中的失誤與不足。如臺灣學者研究的重點《文心》的風格論問題，雖研究較深成績較大，但也有失之偏頗之處。龍學前輩李曰剛先生治學嚴謹，對風格論問題頗有研究，但也有自相矛盾、令人費解之處。他一方面明知「風格」一詞「不能代替傳統之文體觀念」；一方面在注「文體」時，卻云「今皆通稱之風格」；「亦即文之風格」。牟先生於此看到「臺灣的某些研究者，舊的混淆尚未徹底理清，卻又糾纏於新的混淆之中了。風格論本是他們成就較大的一個論題，唯惜未能把握個性的決定這個核心，因而造成概念上的混亂，致使一些研究者對所謂風格論，也是模糊不清的」。〔註 45〕他還直言不諱地對臺灣龍學界粗疏的學風進行了批評。

〔註 44〕牟世金：《台灣文心雕龍研究鳥瞰》，山東大學出版社 1985 年版，第 7 頁。
〔註 45〕牟世金：《台灣文心雕龍研究鳥瞰》，山東大學出版社 1985 年版，第 64 頁。

　　當然，牟先生更看到了海峽兩岸龍學一脈相承、阻隔不斷的血緣聯繫。臺灣學者往往以國家整體的觀念對待「龍學」，在繼承民族傳統思想資源時對大陸學者劉永濟、陸侃如、牟世金、郭晉稀等人的「龍學」見解及著作頗多稱引。如《原道》「自然之道」一語，臺灣學者幾乎眾口一辭地解為「客觀事物之原則或規律」。尋根究底，其本源自大陸學者陸侃如先生在六十年代發表的文章中的觀點。

　　臺灣學者和大陸學者一樣都懷著發展民族文學的良好願望，這通過他們「用傳統的觀念和傳統方法來研究傳統文論」的研究特點亦能窺見一斑。這種傳統研究方法凝聚著臺灣學人深厚的民族情感。針對「臺灣學者堅守傳統的研究方式」，牟先生一方面肯定其在臺灣具體環境下的一定必要性，另一方面又指出其保守性，因為如果一味以古證古，只會造成《文心》研究因循守舊，停滯不前。而對於現代文論，也不必視為洪水猛獸，「如果無違於古代文論的原旨原貌，而更有利於闡明其固有的精神，更能發揚傳統文論的民族精華，則現代文論就無完全拒絕的必要了」。他主張既要繼承傳統的治學方式中有生命力的東西，又要善於吸收西方有益的新觀念新方法，兼收並蓄，方能使中華「全龍」騰飛。

　　牟先生充分顯現臺灣《文心》研究成果，沿波討源，追蹤「龍學」源流演變，客觀公允地評判各家是非爭端，促進了海峽兩岸的學術交流，有助於民族文學的整體提升。

　　牟先生對「龍學史」的關注，開闢了「龍學」新的領域。許多學者也紛紛對「龍學」研究中的成績和存在的問題進行總結和反思。既有對一個時段的「龍學」概況的研究，如王運熙、李慶甲、楊明的《建國以來國內〈文心〉研究情況概述》，石家宜的《〈文心〉研究的勃興》等文；也有對百年「龍學」進行清理，探討的文章，如涂光社的《現代〈文心〉研究述評》，張少康的《〈文心〉研究的現狀和問題》，李平的《二十世紀中國〈文心〉研究的回顧與反思》等。既有對《文心》研究專家專著的深入探討，如祖保泉的《試論楊、曹、鍾對〈文心雕龍〉的批點》和《〈文心雕龍紀評〉瑣議》，李平的《「范注」三論》和《「范注」三題》；又有對《文心》專題的評述，如滕福海的《〈文心雕龍〉理論體系研究述評》等；還有對「龍學」的研究方法進行反思的文章。總結過去是為了開闢未來，人們對「龍學」歷史的系統科學總結，指引並促進了當代「龍學」研究的健康發展。

結束語

　　牟先生可謂劉勰隔世之知音。他始終傾力於《文心》，耗費數十年之功，對其進行了全面而深入的探討，在校注譯釋、身世考訂、義理探求、研究史論等方面勤耕不輟，勇於探索，取得的成績早已爲海內外龍學家所公認。同時，他在研治《文心》的過程中，做到了實證研究和理論研究相結合，宏觀研究與微觀研究相結合，傳統的知人論世與現代的唯物史觀相結合。這種既堅持傳統又立足現實的研究方法與治學路向的形成是他繼承傳統思想資源及借鑒吸收新方法的結果。對於我們今天的《文心》研究也具有一定的啓示意義。

　　清代學者治學在材料搜求上務求齊備，常以「竭澤而漁」的方式，將有關材料搜羅淨盡，然後加以排列整理，分析考辨，最後得出結論。牟先生研究《文心》也十分注意材料的搜集與積累。王元化先生曾對其作過這樣的評價：「他在蒐集資料上，用力甚勤，繼承了清人不病瑣，獲之創的求實學風，決不貪圖省力，以第二手資料充數。」〔註46〕這從《譯注》中也可窺見一斑。《譯注》洋洋六十萬言，涉及百家，出入經史，資料翔實豐富。這正是他從汗牛充棟的典籍中剔抉爬梳、廣爲搜羅、披沙揀金的結果。關於劉勰年譜的編製也是如此。牟先生早有爲劉勰製譜的想法，但苦於材料準備不足，而久未動筆。在廣泛搜集大量的第一手材料並網羅囊括古今中外十六家年譜之後，他完成了《彙考》一書。正是由於掌握了大量可靠的史料，所以他在劉勰生卒年、《滅惑論》撰年及《文心》成書年代等重要問題上均提出了有理有據、富有新意的看法。

　　牟先生十分注意弘揚傳統學術的優長之處。他以求眞求實爲宗旨，著力於校勘注釋、身世考訂等實證研究。爲了認識《文心》的原貌，準確理解其原意，他吸收了乾嘉學風的合理因素，極其重視考據工作。對《文心》的每字每句都正訛誤、訂妄僞，對各篇中引用的出處及典故，也都詳細訓釋、悉心探索其來源。他還極其重視相關史實的考訂。如考證了《滅惑論》的寫作年代、劉勰奉敕與慧震於定林寺撰經的年代等，爲作者的生平考訂提供幫助。在實證研究的過程中，牟先生常常是反覆思考、愼重衡量，體現了他爲學嚴謹、務實的態度與精神。

　　前代一些學者的考據由於受到歷史條件的限制，往往陷於瑣碎餖飣，只

〔註46〕王元化：《文心雕龍研究序》，載牟世金《文心雕龍研究》，人民文學出版社 1995年版。

停留在個別字句的考釋上，而未能上陞到理論層面作更深的發掘。牟先生在吸收傳統治學方法長處的同時，能夠做到不囿於傳統。他不是爲考據而考據，而是把考據的成果上陞到批評的高度。如關於《文心》的篇次安排問題，他在再三斟酌之後，認爲應該保持原著篇次不變爲好。但是他並非就此停止研究而是由此生發，對《文心》的體系作了積極探求。認爲《物色》在《時序》之後，正是分論自然現象和社會現象兩個方面，這與《原道》分「天文」和「人文」兩個方面相吻合，也說明了《文心》體系內在邏輯之嚴密。

　　牟先生一直在努力嘗試用馬克思主義理論來指導自己的《文心》研究。五六十年代，他對歷史唯物主義熱烈追求，參加了關於《文心》思想傾向是「唯心」還是「唯物」的論爭，指出「劉勰的唯物思想雖然不自覺，卻基本上是唯物的」。後來，他對自己的研究方法進行了反思，走出了生搬硬套馬克思主義理論的誤區，而更加注重堅持馬克思主義的實事求是精神和科學分析方法。這一點在他的力作《文心雕龍研究》中得到了很好的體現。正如他在該書《自序》中所言：「從另一個角度說，本書未曾引證一句馬克思主義的經典著作，這固因我習之未精而恐誤用，卻是力圖用其觀點、立場和方法來研究問題……」。他堅持宏觀研究與微觀研究相結合，對《文心》各個方面問題都進行了反覆探求。《〈文心雕心研究〉自序》對此作了如下描述：「以《引論》（按：指《譯注·引論》）所把握的整體爲基礎，重新回到一字一句的再認識（按：指《文心》原文）。我沒有記錄曾有多少次這樣的反覆，但在寫作這本書的過程中，也由於中途有間斷，差不多每一個小結，都要從中心點，繞行若干小圈。」這正是馬克思主義辯證唯物論的方法論的自覺運用，即從個別認識到掌握整體，再由整體認識以提高個別。如此反覆，逐步提高，以認清事物的本質。運用此方法，他對「原道」論、「辨騷」論等問題的看法更加牢固，也對某些觀點作出了修正，從而得到了更加符合《文心》實際的認識。

　　牟先生還把傳統的「知人論世」與現代唯物史觀結合起來用於分析評判劉勰其人。他在強調「知人論世」，注重考索劉勰生平，致力於探求其創作時代背景的同時，又實事求是地分析其思想成因、理論貢獻及時代侷限性，從而使我們對劉勰有了一個全面辯證的認識。

　　牟先生既有相當的國學根基，精於考釋，又思想新穎，善於理論開掘，並且將傳統方法與現代方法加以融會貫通，達到了熊十力先生所言的「根柢無易其固，而裁斷必出於己」，在《文心》這一研究領域中，取得了足以讓我

們備加珍視的成果。

　　目前,「龍學」研究正處於低谷,缺少像《文心雕龍研究》這樣的力作。造成目前這種狀況的原因,我想一方面是由於研究方法的陳舊單一;另一方面則是因為學風浮躁,願意腳踏實地、埋頭苦幹、潛心鑽研的「龍學」研究者為數不多。而牟先生傳統與現代會通的研究方法及其嚴謹的治學精神對我們擺脫目前「龍學」研究的困境或許能夠提供一些有益的啟示。

第八章 論王更生的《文心雕龍》研究

　　王更生，臺灣著名《文心雕龍》研究專家，1928 年生，河南汝陽人，少從軍，1949 年流徙遷臺，生活窘困，輾轉臺灣各地任教職。奔走衣食之際，王先生仍勤勉自勵，篤志進修，先後完成大學學業（1963 年臺灣師範大學夜間部國文系第一屆畢業生）、碩士學位（1967 年於臺灣師範大學國文系）、博士學位（1972年於臺灣師範大學國文系），留臺灣師範大學任教，主講《文心雕龍》課程。

　　王先生於 1969 年涉足「龍學」研究，從事「龍學」研究三十餘載，已故「龍學」家牟世金先生說：「（在）臺灣的《文心雕龍》研究者中，王更生是著述最多的一人。他在承上啓下、推動臺灣《文心雕龍》研究的發展上，是起了較大作用的。」〔註1〕儘管某些強調「處境分析」的學者可能並不贊同這一說法，他們認爲老式的版本、流傳、校勘、注釋、輯佚、篇章眞僞考證這方面的研究，在 20 世紀 70 年代中期以後的臺灣，「意義實已不大」。〔註2〕然而，學術研究理應呈現多元並存的格局，校注譯釋、義理探討和處境分析本無軒輊之分，何況王先生的《文心雕龍》研究，涉獵廣泛、著述甚豐，其「龍學」成果具有「百科全書」式的氣派，在大陸「龍學」界也只有牟世金先生堪與媲美。特別是臺灣《文心雕龍》研究在經歷了 20 世紀 70 年代的發展後，至 80 年代，由於學術轉向，熱度已減、成果不多、水平下降，許多學者不再以「龍學」爲務。〔註3〕在此背景下，王更生先生對《文心雕龍》研究尤役心

〔註1〕　牟世金：《臺灣文心雕龍研究鳥瞰》，山東大學出版社 1985 年版，第 77 頁。
〔註2〕　參見龔鵬程：《研究〈文心雕龍〉的故事與啓示》，載《楊明照先生學術思想暨〈文心雕龍〉國際學術研討會論文集》。
〔註3〕　參見王更生：《「文心雕龍學」在臺灣》，載楊明照主編《文心雕龍學綜覽》，

力，或修訂舊著，或刊佈新作，顯得難能可貴。就管窺所及，我以爲王先生的《文心雕龍》研究具有教學與研究相長、校注與釋譯並行、微觀與宏觀互融、資料與理論俱重、普及與提高兼顧等特色，茲分述如下。

第一節　教學與研究相長

王更生先生 1962 年始習《文心雕龍》，1969 年發表《文心雕龍》研究成果，40 餘年來，先生於「龍學」一門孜孜矻矻，勤耕不已。他以學者的本色和教授的身份，一方面專注於「文心雕龍」的學術研究，厚植根基；另一方面致力於《文心雕龍》的傳播工作，播種育苗。據統計，到目前爲止，他在「龍學」方面一共發表單篇論文近 60 篇，專著 8 種，主編和參編「龍學」研究資料 3 部，〔註4〕可謂成果卓著，體系大備；其「龍學」研究的主要論著和主編的「龍學」資料，恰如一部大書——《文心雕龍導讀》是前言和目錄，《文心雕龍讀本》與《文心雕龍選讀》是正文（前者求全，後者重精），《文心雕龍研究》、《文心雕龍新論》與《中國古代文學理論的秘寶——文心雕龍》是注疏（其中《研究》、《新論》是專門之注疏，《秘寶》是通俗之注疏），《文心雕龍范注駁正》與《歲久彌光的「龍學」家——楊明照先生在「文心雕龍學」上的貢獻》是附錄的評論（前者論書，後者論人），《文心雕龍研究論文選粹》與《臺灣近五十年文心雕龍研究論著摘要》是附錄的資料（前者爲研究之精華，後者爲研究之概觀）。1972 年先生於臺灣師範大學正式講授《文心雕龍》，此後除在師大國文系、國文研究所主講《文心雕龍》外，還先後在臺灣中央大學中文系、淡江大學中文系、東吳大學中文系、世新大學中文系和香港浸會學院等高校，以《文心雕龍》爲主講科目，直到 2000 年 9 月至 2001 年 6 月，他以 70 多歲的高齡，仍在臺灣師大、東吳大學和世新大學講授《文心雕龍》及《文心雕龍》專題研究；而經他指導獲得碩士、博士學位的研究生共有 30 餘人，其中多以《文心雕龍》研究爲學位論文選題範圍。〔註5〕

上海書店出版社 1995 年版。

〔註4〕 據王更生先生《中國古代文學理論的秘寶——〈文心雕龍〉》所附著作年表和其弟子劉渼女士《臺灣五十年來「〈文心雕龍〉學」研究》（表四）統計。

〔註5〕 參見楊明照主編：《文心雕龍學綜覽》，上海書店出版社 1995 年版，第 317 頁。劉渼：《臺灣五十年來「〈文心雕龍〉學」研究》（表二、表四），臺灣萬卷樓圖書有限公司 2001 年版。

　　韓愈曰:「師者,所以傳道、受業、解惑也。」(《師說》)要做一個稱職的教師,就必須對所講授的內容進行深入的鑽研和細緻的研究,以提高教學水平,為教學服務;而在教學中遇到的困難和問題,又反過來為教師提出新的研究內容和治學目標。對於一個教師,特別是大學教師來說,教學和研究是相輔相成的。而王更生先生的《文心雕龍》研究在這方面顯得尤為突出,他教以促學,學以益教,二者相長,形成鮮明的學術個性。

　　1968 年王先生再入臺灣師大國文研究所攻讀博士學位,主治《文心雕龍》,研究成果《〈文心雕龍〉聲律論》和《〈文心雕龍〉風骨論》,分別於 1969年和 1971 年發表於《中山學術文化集刊》第四集和第八集,這些研究成果為他走上大學講壇傳授《文心雕龍》奠定了基礎。1971 年,王先生的恩師李日剛先生因病住院手術,於是將他在大學部講授的《文心雕龍》課程邀王先生暫代。由於對王先生的代課「還算滿意」,〔註 6〕李日剛先生就破例聘他做兼任講師,從此王先生便正式接替了恩師的《文心雕龍》課程。後來,王先生回憶此事時感激地說:「如果不是先生有過人的膽識,破格的提拔,我絕沒有機會問津劉勰之門,打開《文心雕龍》的寶藏,邁入中國傳統文論的堂奧。」〔註7〕我們今天解讀這段話,有兩點可注意,一是恩師對他的提拔,正是基於他在《文心雕龍》研究方面的素養和成果;二是這種提拔使他有機會及早登上大學講壇,把研究成果轉化為教學內容,同時也迫使他進一步深入地研究《文心雕龍》,探尋「龍學」寶藏。王先生在回憶他正式講授《文心雕龍》的情景時說:「六十一年(西元 1972 年)講授《文心雕龍》於師範大學,用力之精勤,更百倍於往昔,舉凡目之所見、耳之所聞、口之所述、手之所指,一切都和劉勰《文心雕龍》息息相關。因此,使我於文學理論之外,對治學之道、做人之方,別有一番洞徹的體認。此時,《文心雕龍》之於我,已到了不可須臾或離的地步了。」〔註8〕此所謂「教學與研究相長」。

　　《文心雕龍研究》就是這種「教學與研究相長」的第一個重要成果。「原書各章,係結集由民國五十八年(西元 1969 年),至六十四年(西元 1975 年)

〔註 6〕　據先生弟子呂武志回憶:「先生奉命於倉促之間,懍於交付之重,每教一篇,莫不戰戰兢兢,必先倒背如流,然後上課時,口授指畫,繪聲繪影,將向稱奧澀難懂的《文心雕龍》講得深入淺出,精彩無比,因此大受歡迎。」見《更生退思文錄》,臺灣文史哲出版社 1997 年版,第 458 頁。

〔註 7〕　王更生:《更生退思文錄》,臺灣文史哲出版社 1997 年版,第 301 頁。

〔註 8〕　王更生:《更生退思文錄》,臺灣文史哲出版社 1997 年版,第 388 頁。

之間，《中山文化集刊》、《德明學報》、《師大國文學報》、《教育與文化》、《中華文化復興月刊》、《暢流半月刊》、《師大學報》，以及《國立中央圖書館館刊》，迭次發表的論文而成。」〔註9〕除了前面提到的兩篇外，其他發表的論文分別是：《梁劉彥和年譜稿》（1973 年）、《〈文心雕龍〉中的史學》（1973 年）、《〈文心雕龍〉中的子學》（1973 年）、《近六十年來〈文心雕龍〉研究概觀》（1974 年）、《〈文心雕龍〉版本考》（1974 年）、《〈文心雕龍〉中的經學思想》（1975 年）、《〈文心雕龍〉在中國文學史上的地位》（1975 年）等。可見，自 1972 年先生正式講授《文心雕龍》以來，由於精力悉萃於是，每年至少有兩篇「龍學」論文發表。由這些論文結集而成的「龍學」專著《文心雕龍研究》，1976 年正式出版。隨即，作者又對此書進行全面的重修增訂工作，兩年後重新交排，1979 年出版的《重修增訂文心雕龍研究》，已成為王更生先生最著名的「龍學」代表作，而這部著作實際上也可以說是他早年《文心雕龍》教學成果的結晶，是「教學與研究相長」的一個見證。例如，關於書中「結論」——《〈文心雕龍〉在「中國文學史」上之地位》——的專題研究，作者說：「筆者因授課之便，從事本問題的研究，開始於民國六十二年的暑假，去今倏忽一年又半，以個人甄採所得，較諸梁、黃二先生《重訂中國文學史書目》二百零七種之數，當然有瞠乎其後之感，但如袪除與《文心雕龍》絕對無關之專史、斷代史的話，綜其大要，則本人所見五十八種中國文學史或批評史之數，亦大體粗具。豹窺一斑，鼎嘗一臠，則循此以討《文心雕龍》在中國文學史上之地位，庶乎近之矣！」〔註10〕除了這部「龍學」理論研究著作外，王先生另一部「龍學」校注譯釋方面的代表作《文心雕龍讀本》，也發軔於早年的《文心雕龍》教學工作。他在該書《序言》中交代：「民國六十一年，講授《文心雕龍》於師範大學國文系，當時傳本有限，得書不易，然而更張舊注，別鑄新疏之決心，卻於是乎始。」〔註11〕經過十載籌思，苦心經營，終成此書，1985 年正式出版。

關於王更生先生《文心雕龍》教學與研究相長的特點，其弟子呂武志曾有過這樣的概括：「先生教學是與時俱進的，其源源不竭的動力，正是來自研究上的不斷推陳出新。聽課的學生，很多都是多年的老面孔，原因是先生不

〔註9〕 王更生：《更生退思文錄》，臺灣文史哲出版社 1997 年版，第 343 頁。
〔註10〕 王更生：《重修增訂文心雕龍研究》，臺灣文史哲出版社 1989 年版，第 449 頁。
〔註11〕 王更生：《文心雕龍讀本》（上篇），臺灣文史哲出版社 1999 年版，第 8 頁。

僅教材經常更新，講法更是隨時而易……」〔註12〕但我認爲，王先生《文心雕龍》教學與研究相長的特點，還有一個深層次的表現，那就是把《文心雕龍》的理論運用到高中「國文教學」中，將理論與實際結合起來，爲達到此目的，他又強調《文心雕龍》研究要注重民族特色和尊經意識。

1977 年，王先生發表了《試論〈文心雕龍〉在國文教學上的適應性》的文章。文中他強調：「本人運用《文心雕龍》的理論，印證到『國文教學』方面來，就是想嘗試著從傳統範疇中加以突破，邁向理論與實際整合的新領域。」〔註13〕如何整合呢？他首先從國文教學內涵方面進行論述，認爲《文心雕龍》「不僅有一貫的系統，更有強烈地民族思想，尤其他（劉勰）那『徵聖』『宗經』的文學觀，充分表現了對傳統學術的衛道精神，和對國家民族的使命感」，「這和目前國高中國文課程標準中，所反映的『國文教學內涵』基本要求，頗有異曲同工的本質」。〔註14〕接著，他又從「知人論世」、「解釋題文」、「文章作法」、「深究鑒賞」等方面，一一論述了兩者可供溝通發明之處。最後得出結論：只要我們善於斟酌損益，權衡時需，產生於 1500 年前的《文心雕龍》中的學理，就能作爲今日實際從事國文教學的借鑒。〔註15〕

王先生認爲：「教育是延續國族歷史，培育民族文化的根本。」〔註16〕學術研究理當爲這個根本服務，所以他在《文心雕龍》研究中，特別注重彰顯民族特色，致力於「民族文論」的發揚光大。他強調「以《文心雕龍》的學理，重建中華民族富有民族色彩的文學理論體系，以增強民族的自信心，實當前急務。」他的《文心雕龍研究》一書即爲完成此「急務」而作的努力，其《略例》曰：「今茲探研，特以淺近的文字，抉發其精深的妙境，俾此一部曠古絕今的文論寶典，能眞正作爲發展民族文學的張本。」〔註17〕其《序》又曰：「在這個東西學術極端交綏的時代，我們如何掌握機先，拓展研究的管道，把《文心雕龍》的理論與實際，和現代『三民主義』的文藝政策相結合，作爲創作民族文學的張本，這實在是值得我們反覆思考的事。」〔註18〕而經典是民族精神的載體，

〔註12〕 呂武志：《一棵挺立懸崖上的蒼松》，見《更生退思文錄》，臺灣文史哲出版社 1997 年版，第 459 頁。
〔註13〕 王更生：《文心雕龍新論》，臺灣文史哲出版社 1991 年版，第 261 頁。
〔註14〕 王更生：《文心雕龍新論》，臺灣文史哲出版社 1991 年版，第 262 頁。
〔註15〕 王更生：《文心雕龍新論》，臺灣文史哲出版社 1991 年版，第 278 頁。
〔註16〕 王更生：《更生退思文錄》，臺灣文史哲出版社 1997 年版，第 219 頁。
〔註17〕 王更生：《重修增訂文心雕龍研究》，臺灣文史哲出版社 1989 年版，第 15 頁。
〔註18〕 王更生：《重修增訂文心雕龍研究》，臺灣文史哲出版社 1989 年版，第 19 頁。

經學是傳統文化的正宗。劉勰具有強烈的尊經意識，王先生認爲，體現劉勰基本文學思想的「文原論」，即「文之樞紐」五篇，實際上是以《宗經》爲軸心的。因此，古爲今用應該以此爲抓手。他說：「在我們全力推動復興中華文化，建立民族文學的今天，研究劉彥和在文學上的基本思想，作爲我們溫故知新的張本，不但是有必要，而且是迫切的。」〔註 19〕

由此可知，王先生在《文心雕龍》研究上，既善於坐而論道，又長於作而成務。這也是他教學與研究相長的特色所帶來的必然結果。

第二節　校注與釋譯並行

歷代學人於《文心雕龍》校、注、釋、譯諸項，各臻專門，罕有兼備。古人所重在校勘與賞析，即使書名爲注，其實祇是以校代注，如王惟儉《訓詁》、梅慶生《音注》和黃淑琳《輯注》等；由於視《文心雕龍》爲文史之作，明清以來學者多喜以評點代釋義，書評語於頁眉，如楊氏、曹氏、鍾氏和紀氏諸人之評點。民國以來學人或重在釋，如黃侃；或重在注，如范文瀾；或重在校，如王利器；或重在校釋，如劉永濟；或重在校注，如楊明照。20 世紀 60 年代以後，儘管仍有一部分專家尚傾心於校與注，但「龍學」研究重心則移向釋與譯，此可由各家「龍學」著作書題窺見之，不勞冗舉。但在體例上能匯合校注釋譯於一體的「龍學」著述，尚屬罕見，而王更生先生的《文心雕龍讀本》則爲此方面的代表。

王先生「龍學」研究「校注與釋譯並行」之特色主要體現於《文心雕龍讀本》一書。王先生在《文心雕龍》教學實踐中萌發了「更張舊注，別鑄新疏之決心」。他「籌思十載，聚材盈篋，承前哲今賢之輝光，朋儕故舊之切磋，殫思竭慮，苦心經營，成此一部《文心雕龍讀本》上下篇，八十餘萬言」。〔註 20〕《文心雕龍讀本》詳備「龍學」眾作之目，且別創新目，開創「龍學」著作新體例。「每篇除『篇題』之外，先以細字『解題』，次以大字錄『正文』，再用黑體字作『注釋』，末列『集評』一目，並將『問題討論與練習』，典於全篇之後。『正文』眉上，更以細字加注『段落大意』。」〔註 21〕《讀本》於正文當字後附

〔註 19〕王更生：《重修增訂文心雕龍研究》，臺灣文史哲出版社 1989 年版，第 303 頁。

〔註 20〕王更生：《文心雕龍讀本》（上篇），臺灣文史哲出版社 1999 年版，第 8、9 頁。

〔註 21〕王更生：《文心雕龍讀本》（上篇），臺灣文史哲出版社 1999 年版，第 12 頁。

校勘依據和異字，於「正文」後詳列「注釋」，「注釋」後書「語譯」，而「解題」、「段落大意」、「集評」和「問題討論與聯繫」四目則可視為「釋義」的四種形式，其中「段落大意」和「問題討論與聯繫」則為王先生獨創以之釋義的新目。《讀本》如此詳備之體例，既承前賢之故舊，又創自家之新目，彰顯出校注與釋譯並行的特點。

一、「校勘」特色

《文心雕龍》校勘一事，前輩學人用力精勤，成果卓著。巨木冠蓋之下，雖楠梓之材亦難凌越。在此背景下，王先生於校勘一事發明不多，只好博綜各家成說，務求折衷精當，做一些補苴罅漏、張皇幽眇的拂塵掃葉工作，以形成自家損益補闕之優長。

如《樂府》：「至於塗山歌於候人，始為南音；有娀謠於飛燕，始為北聲；夏甲歎於東陽，東音以發；殷整思於西河，西音以興。」「有娀謠於飛燕」句，「於」原作「乎」，楊明照《校注》未改，王利器《校證》曰：「《玉海》作『于』，以上下文例之，作『于』為是，今改作『於』。」〔註22〕此處楊明照失校，而王利器運用本校法驗之上下文，於理有據，於文可通，故《讀本》從之。《事類》：「陸機《園葵》詩云：『庇足同一智，生理合異端。』」「合異」，《校注》未出校，《校證》出校語：「本集『合異』作『各萬』。」〔註23〕李曰剛《斠詮》作「生理各異端」，並校曰：「『各』原作『合』，形誤，據陸機本集訂正。」〔註24〕《讀本》作「生理各萬端」，校語謂：「（各萬）原作『合異』，依陸機本集改。」〔註25〕相比之下，王先生覺得《校證》之說更優，故從之。

又如《才略》：「商周之世，則仲虺垂誥，伊尹敷訓，吉甫之徒，並述詩頌，義固為經，文亦足師矣。」「文亦足師矣」句，原無「足」字，范文瀾校曰：「『文亦師矣』句有缺字，疑『師』字上脫一『足』字。」〔註26〕而此句楊明照、王利器均未出校，《讀本》從「范注」補「足」字，並謂：「『足』字

〔註22〕王利器：《文心雕龍校證》，上海古籍出版社1980年版，第45頁。
〔註23〕王利器：《文心雕龍校證》，上海古籍出版社1980年版，第238頁。
〔註24〕李曰剛：《文心雕龍斠詮》（下編），臺灣國立編譯館中華叢書編審委員會1982年版，第1736頁。
〔註25〕王更生：《文心雕龍讀本》（下篇），臺灣文史哲出版社1999年版，第170頁。
〔註26〕范文瀾：《文心雕龍注》（下），人民文學出版社1998年版，第702頁。

原脫，茲依范注及上文文義、句法、辭氣補。」〔註27〕

再如《通變》：「相如《上林》云：『視之無端，察之無涯，日出東沼，月生西陂』。馬融《廣成》云：『天地虹洞，固無端涯，大明出東，月生西陂』。揚雄《校獵》云：『出入日月，天與地遝』。」其中司馬相如《上林賦》之「月生西陂」，范文瀾、王利器均未出校，楊明照校曰：「按當依《上林賦》作『入乎西陂』。此蓋寫者涉下《廣成頌》『月生西陂』而誤。」〔註28〕李曰剛亦校曰：「『入乎』原作『月生』，涉下文馬融《廣成》『月生西陂』而誤，據《文選・上林賦》原文訂正。」〔註29〕《讀本》從楊、李二說校改。

然而，不知何故，上引「揚雄《校獵》云：……」一句，在《讀本》中位於「相如《上林》云：……」和「馬融《廣成》云：……」之間，作「相如《上林》云：『視之無端，察之無涯，日出東沼，月生西陂』。揚雄《校獵》云：『出入日月，天與地遝』。馬融《廣成》云：『天地虹洞，固無端涯，大明出東，月生西陂』。」查元至正本、黃叔琳本、范文瀾本、楊明照本、王利器本和李曰剛本《文心雕龍》俱不作此排列，《讀本》顯然有誤。諸如此類的錯誤，《讀本》中還有一些。

如上引《通變》「揚雄《校獵》」，《讀本》「校」改作「羽」，並出校語：「（羽）原作『校』，依《文選・羽獵賦》原文校改。」〔註30〕《誇飾》「子雲《羽獵》」，《讀本》「羽」改作「校」，又校曰：「（校獵）原作『羽獵』，一作校獵，依一作校改。」〔註31〕上例改「校獵」為「羽獵」，下例改「羽獵」為「校獵」，如此前後牴牾，上下矛盾，讓人丈二和尚莫不著頭腦。那麼，《讀本》何由致誤呢？一緣底本不清，體例乖違。再由盲從師說，莫辨真偽。

先說其一。此二句校勘無外乎兩種方式，一依他校法，據《文選・羽獵賦》原文將《通變》「校」改為「羽」，如此則《誇飾》「羽獵」不煩校改。如王利器為《通變》「揚雄《校獵》」出校語：「梅云：『校』當作『羽』。《文通》二一作『羽』。」又為《誇飾》「子雲《羽獵》」出校語：「『羽』原作『校』，

〔註27〕王更生：《文心雕龍讀本》（下篇），臺灣文史哲出版社 1999 年版，第 318 頁。

〔註28〕楊明照：《增訂文心雕龍校注》（上），中華書局 2000 年版，第 404 頁。

〔註29〕李曰剛：《文心雕龍斠詮》（下編），臺灣國立編譯館中華叢書編審委員會 1982 年版，第 1386 頁。

〔註30〕王更生：《文心雕龍讀本》（下篇），臺灣文史哲出版社 1999 年版，第 50 頁。

〔註31〕王更生：《文心雕龍讀本》（下篇），臺灣文史哲出版社 1999 年版，第 157 頁。

梅云：當作『羽』。何校本、黃注本改作『羽』。」〔註32〕一循本校法，將《誇
飾》「羽」（黃叔琳從梅慶生校而徑改）改爲「校」。如楊明照爲《誇飾》「子
雲《羽獵》」出校語：「『羽』，黃校云：一作『校』。元本、弘治本、活字本、
汪本、佘本、張本、兩京本、王批本、何本、胡本、梅本、凌本、合刻本、
梁本、祕書本、清謹軒本、尚古本、岡本、四庫本、王本、張松孫本、鄭藏
鈔本、崇文本亦並作『校』；湯氏《續文選》二七、胡氏《續文選》十二、《文
麗》十三、《四六法海》十、《賦略緒言》引同。梅慶生云：（校）當作『羽』。
按以《通變》篇引『出入日月，天與地遝』二句而標爲『校獵』證之，此當
依諸本作『校』，前後始能一律。黃氏從梅校徑改爲『羽』，非是。」〔註33〕
而無論哪種校法都必須充分尊重底本，不宜隨便改字。如王利器《校證》底
本依「范注」，而「范注」以黃叔琳校本爲底本，楊明照《校注》以乾隆六年
（1741）養素堂本爲底本，他們在校字中對底本的校改都十分愼重。「范注」
《通變》依底本作「校獵」，未出校語；《誇飾》亦依底本作「羽獵」，並出校
語：「（羽）一作校。」〔註34〕王利器底本依「范注」，出校以爲：《通變》「校
獵」當爲「羽獵」，《誇飾》「羽獵」不誤，當依梅校黃改。楊明照《通變》依
底本作「校獵」，且未出校語，當以爲是；《誇飾》亦依底本作「羽獵」，並出
校語如上，認爲「羽獵」當作「校獵」，並以《通變》「校獵」爲本校之證。
如此，無論以他校法將《通變》、《誇飾》兩篇「校獵」、「羽獵」統一校爲「羽
獵」，還是依本校法將《通變》、《誇飾》兩篇「校獵」、「羽獵」統一校爲「校
獵」，都甚爲明晰，且有理有據。反觀《讀本》對《通變》、《誇飾》兩篇「校
獵」、「羽獵」的校字，則汗漫不通，讓人難以適從。若《讀本》亦以黃叔琳
校本爲底本，則《通變》正文依他校法將「校」徑改爲「羽」，則《誇飾》依
同一底本已作「羽」，無煩校改，怎麼可以又依對校法將「羽」徑改爲「校」
呢？如依後法，則《通變》無須將「校」改爲「羽」。《讀本》現在這樣的校
字，無疑將自己置於前後兩難的境地，表現出底本不清，體例乖違的毛病。

再說其二。對《讀本》校勘出現的如此錯誤，開始我百思不得其解。後
來終於在其師李日剛先生《文心雕龍斠詮》中找到了答案。對《通變》「揚雄
《校獵》」句，《斠詮》「校」改作「羽」，並出校語：「『羽獵』原作『校獵』，

〔註32〕王利器：《文心雕龍校證》，上海古籍出版社1980年版，第200、232頁。
〔註33〕楊明照：《增訂文心雕龍校注》（上），中華書局2000年版，第469～470頁。
〔註34〕范文瀾：《文心雕龍注》（下），人民文學出版社1998年版，第609頁。

《新書》『梅云：校當作羽。《文通》二一作羽。』茲據改。案《羽獵賦》，見《文選》八《田獵》中。」〔註35〕對《誇飾》「子雲《羽獵》」句，《斠詮》「羽」改作「校」，又出校語：「『校』原作『羽』，黃校云：『一作校。』茲據楊明照徵元本、活字本、汪本、佘本、張本、兩京本、續文選、梅本、凌本、胡本、合刻本、四庫本、何本、王本、崇文本改。楊云：以《通變》篇引『出入日月，天與地遝』二句而標爲『校獵』證之，此亦當依諸本作『校』，前後始能一律。案《漢書》本傳作『校獵』，此處誤爲羽獵，蓋傳寫者依《文選》而改也。」〔註36〕單看此校，似乎無問題。但若將此校與《通變》篇「揚雄《羽獵》」句校勘對照起來讀，則不啻南轅北轍，以己之矛攻己之盾乎！至此，我們可以看出，王更生先生的錯誤與其師如出一轍，蓋盲從師說，莫辨眞僞所致也。牟世金先生曾指出：「臺灣的學風，略有漢儒嚴守家法、師法的遺習。尊重師說是應該的，但學術研究必須在前人的基礎上不斷發展，而不能停滯不前。臺灣龍學固然也有發展，但在不少問題上是不敢改變師說的。不僅觀點如此，甚至文字也照抄不誤。試讀臺灣龍著三本以上，其間論述，便每有似曾相識之感；略加檢核，就會發現是在不斷重複一些舊說。」〔註37〕看來，牟先生此番話並非無的放矢。

此外，《讀本》校勘還有一些誤排失校方面的錯誤。如《風骨》：「結言端直，則文骨成焉；意氣駿爽，則文風清焉。」「清」，范文瀾校曰「一作生」。〔註38〕《讀本》依一作改爲「生」，曰「並審上句『骨成』對文校改」。〔註39〕本條所校字爲「清」，但《讀本》卻誤附於「風」字後，顯係誤置。

二、「注解」特色

王氏於《文心雕龍》注釋一事，參照眾本，取宏用精，因學術取向在於闡發古代文化精義，目標讀者爲大學文科學生和「龍學」愛好者，故而呈現出異於別本的特色。筆者僅以《原道篇》爲例說明之。

〔註35〕李曰剛：《文心雕龍斠詮》（下編）臺灣北國立編譯館中華叢書編審委員會 1982 年版，第 1386 頁。
〔註36〕李曰剛：《文心雕龍斠詮》（下編），臺灣國立編譯館中華叢書編審委員會 1982 年版，第 1680 頁。
〔註37〕牟世金：《臺灣文心雕龍研究鳥瞰》，山東大學出版社 1985 年版，第 118 頁。
〔註38〕范文瀾：《文心雕龍注》（下），人民文學出版社 1998 年版，第 513 頁。
〔註39〕王更生：《文心雕龍讀本》（下篇），臺灣文史哲出版社 1999 年版，第 35 頁。

　　從《讀本》所列參考文獻可知，王氏著《讀本》參考了周振甫《文心雕龍注釋》（以下簡稱爲《注釋》），而未睹陸侃如、车世金二先生的《文心雕龍譯注》（以下簡稱爲《譯注》）。三書皆成於上世紀 80 年代前期，《讀本》稍晚於《注釋》《譯注》。茲以《注釋》《譯注》爲參比對象，以見《讀本》價值。與《注釋》比，以見其對《注釋》的超越；與《譯注》比，以見其注釋特色。

　　《注釋》注解而《讀本》未注解辭彙：文之爲德、煥綺、鋪、高卑、性靈、鍾、藻繪、凝姿、林籟、竽瑟、和、有心之器、其、元、肇、神明、靡追、夏后氏、逮、文勝其質、浮采復隱、精義堅深、重以、夫子、秀、雕琢情性、暨、成化、彪炳辭義、旁通不匱、天文、斯、效。

　　《讀本》注解而《注釋》未注解辭彙：心生而言立、文明、結、炳、雅頌所被、群言、原、道心河洛、數、光彩玄聖、炳耀仁孝、龍圖龜書。

　　《譯注》注解而《讀本》未注解辭彙：文、璧、綺、鋪、卑、性靈、鍾、藻繪、逾、錦匠、籟、竽、文、歟、元、易象、乾坤、聲采、夏后、業、績、峻、文勝其質、英華、辭令、暨、取象、極、人文、化、經緯、體、貌、斯。

　　《讀本》注解而《譯注》未注解辭彙：惟人參之、心生而言立、文明、旁及、雕色、結、太極、雅頌、群言、原、河洛、匱、龍圖、龜書、炳耀。

　　《讀本》《原道篇》注解七十四處，《注釋》三十四處，《譯注》九十四處。王注與周注重合處遠較王注與陸牟注重合處爲多，《讀本》受《注釋》的影響由此可見一斑。王氏於當字後標注，周氏於句後標注，陸牟於逗後標注。陸牟注解重字詞，王氏注解重文化內涵，周氏注解重史實與哲理。陸牟注解簡潔準確，文詞質樸；王氏注解周詳細密，富有文采；周氏《注釋》沒有譯文，故注解詳其出處，以益理解。

　　《注釋》《譯注》於龍圖、龜書皆未注解。《讀本》於中華文化起源處的傳說注解尤詳。《讀本》雖然在注解的細密和完備方面稍遜於《注釋》《譯注》，但對文化傳統的態度則較《注釋》《譯注》更爲關切。

三、「翻譯」特色

　　翻譯是校勘、注釋成果的進一步深化和具體體現，最見功力。《讀本》「凡例」申明文言譯成語體如中西文互譯般皆要以信達雅爲原則。王氏自言完全採取直譯方式，以求其信；「嚴守彥和行文脈絡，體察其字例、辭例、文例及全篇佈局，與習慣用語的眞意」，以達乎舍人意旨；置詞陳義務求文雅典正，

以求免於淺陋村俗。

　　《讀本》多方參考海內外眾家譯作，如郭晉稀的《文心雕龍譯注十八篇》、趙仲邑《文心雕龍譯注》、興膳宏《文心雕龍譯注》和戶田浩曉《文心雕龍譯注》。筆者擬以《神思篇》為例，取陸侃如、牟世金二先生的譯文為參比對象，以突出王氏譯文特色和成就。選陸侃如、牟世金二先生的譯文為參比對象是出於以下考慮：一要法乎上，參比對象應為名家之作；二要為同期著作，以見研究之短長；三要可比度高，兩種著作最好分屬不同學術環境。表面看來，日本或韓國的「龍學」著作更合乎要求，但是由於海峽區隔，建國後至上世紀 80 年代這段時期，海峽兩岸的學術交流遠沒有臺灣與日本、韓國之間交流頻繁。茲舉眾家關於「形在江海之上，心存魏闕之下，神思之謂也」的譯文以釋選擇具體參比對象的個中理由。

　　　《文心雕龍斠詮》：其意謂身雖隱居江海之草野，而心實懷念朝廷中
　　　之爵祿。此語可比況神思（心神思想）之不可捉摸也。〔註40〕

　　　《文心雕龍譯注十八篇》：古人曾經說：「有些人隱居在江海之外，
　　　心可能仍眷戀著朝廷的爵祿」，這種身在這兒、心在那兒，思考不受
　　　道路遠近、時間久暫限制的情況，就叫做神思。〔註41〕

　　　《譯注》：古人曾經說：「有的人身在江湖，心神卻繫念著朝廷。」
　　　這裡說的就是精神的活動。〔註42〕

　　　《讀本》：古人曾經說：「有形的身體，雖隱居於山村海島之上，但
　　　是他們的內心，卻可以思念著朝廷的爵祿。」這種身在江海，而心
　　　存魏闕的想像，就是所謂「神思」的奧秘了。〔註43〕

從譯文字數而言，郭晉稀的譯文和王更生的譯文較長，陸侃如、牟世金的譯文較短。「神思」一詞，郭、王二氏均直錄於譯文中，但前面有相關文字解釋；李氏亦直錄「神思」於譯文中，但其後附以解釋；陸、牟譯文釋「神思」為「精神上的活動」。「魏闕」一詞，郭、王二氏均譯為「朝廷的宮闕」，陸、牟譯為「朝廷」。對「形在江海之上」的譯釋，郭、王二氏均突出「隱居」之義，

〔註40〕李曰剛：《文心雕龍斠詮》，臺灣國立編譯館中華叢書編審委員會 1982 年版，第 1128 頁。

〔註41〕郭晉稀：《文心雕龍譯注十八篇》，甘肅人民出版社 1963 年版，第 66 頁。

〔註42〕陸侃如、牟世金：《文心雕龍譯注》下冊，齊魯書社 1982 年版，第 88 頁。

〔註43〕王更生：《文心雕龍讀本》（下篇），台灣文史哲出版社 1999 年版，第 13 頁。

李氏譯爲「身雖隱居江湖之草野」,陸、牟譯爲「身在江湖」。另外,王氏譯「江湖」爲「山村海島」,可以見出其融現實身境於古籍闡釋的學術取向和當下情懷——臺灣孤懸海外,先生託身孤島,雖與祖國隔離,但衷心向往之,此種情懷常在其著作中流露出來。

從上面比對可以看出,王氏譯文與郭氏最爲接近,與陸、牟譯文差異最大。因此,陸、牟譯文在突出王氏譯文特點和價值方面,參比價值要高於郭、李二家譯作。王氏譯文採取直譯方式,既充分達意,又措辭文雅、富有變化。下面舉例說明之。

1、故思理爲妙,神與物遊

　　《譯注》:由此觀之,構思的妙處,是在使作家的精神與物象融合貫通。

　　《讀本》:由此觀之,思維的活動是微妙的。作家精神與外界的景物交通融合,而後構成文章。

2、關鍵將塞,神有遁心

　　《譯注》:若是支配精神的關鍵有了阻塞,那麼精神就不能集中了。

　　《讀本》:若意志阻塞不通時,就證明他心神不定,精神就不能集中了。

3、人之稟材,遲速易分,文之制體,大小殊功

　　《譯注》:人們寫作的才能,有快有慢,文章的篇幅也有大有小。

　　《讀本》:可是,由於人們天賦才智的不同,所以在行文運思的時候,就有緩慢和快速的差別;再加上文章的體式規模各異,在篇幅方面,其長短大小也極不一致。因此,作起文章來,便有快有慢了。

4、拙辭或孕於巧義,庸事或萌於新意

　　《譯注》:粗糙的文辭中會蘊藏著巧妙的道理,平凡的敘事中也可能產生新穎的意思。

　　《讀本》:由於錘煉不精,往往在拙劣的文辭中,孕育著巧妙的義理;由於思慮欠周,在平庸的敘事裏,或包含了清新的意境。

5、伊摯不能言鼎,輪扁不能語斤,其微矣乎

　　《譯注》:從前伊尹不能詳述烹飪的奧秘,輪扁也難說明用斧的技巧,這的確很微妙的。

　　《讀本》:像伊摯那樣擅長烹調的專家,尚且不能談調和鼎鼐的奧妙;輪扁那樣巧妙的工匠,說不出運斤斲輪的道理。所以談到文

學創作的化鏡，眞是神妙莫測，力不能逮的地方太多了。

與《譯注》相比，《讀本》的譯文中增加了一部分詞語和短句，以便於句子內部、句子之間或章節之間補足文意、連貫結構和彌縫全篇。《讀本》於故實、事類譯文周詳，務求曲盡文意，妙達文旨，還適當補充背景知識，以益理解，如：

阮瑀據案而制書，彌衡當食而草奏

《譯注》：阮瑀在馬鞍上就能寫成書信，彌衡在宴會上就草擬成奏章。

《讀本》：阮瑀靠著馬鞍替曹操寫好書信；彌衡在宴會上，頃刻之間，草成了鸚鵡賦。

《讀本》：譯文中的「代曹操」「鸚鵡賦」既完善了句子結構，又豐富了閱者見聞。《讀本》譯文措辭講究變化，力避同一詞語反覆出現，如：

張衡研京以十年，左思煉都於一紀

《譯注》：張衡思考作《二京賦》費了十年的時光，左思推敲寫《三都賦》達十年以上。

《讀本》：張衡構思二京賦，鑽研了十年的工夫；左思揣摩三都賦，消耗了十二個寒暑。

《譯注》：重複使用「十年」，《讀本》前句用「十年的工夫」，後句用「十二個寒暑」。在達意的前提下，又講究用詞變化之美。

《讀本》和《譯注》分屬不同的學術環境，王更生和牟世金也從未謀面，且兩本著作互相沒有參照。因此，《讀本》和《譯注》的譯文差異可以說反映了那個時代兩個不同學術環境的學術特色：一個重質，一個重文。

一般來說，「釋」貫穿於研究的所有方面和整個過程，「校」和「注」是爲了更好的「釋」，是「釋」的基礎和工夫，而「譯」則是「釋」的深化和呈現。《讀本》還另備「解題」、「段落大意」、「集評」和「問題討論與聯繫」四目以爲「釋義」的具體形式，而此四者又往往關涉「龍學」研究的方方面面。於此四者，王氏常常以隻言片語點化著述宗旨和研究脈絡，見其「龍學」研究之要義和其校注與釋譯並行之特色。

中國文學批評研究有「形而下」和「形而上」的區別，前者偏於文獻典籍的考索校釋，後者偏於理論問題的思辨闡發。前者是後者的基礎，後者是前者的指歸。王更生先生的《文心雕龍讀本》一書，涉及《文心雕龍》「形而下」研究的方方面面，又宗旨鮮明、處處提挈宗經思想和史學識見，通於「形

而上」研究領域。王更生先生對「龍學」研究的貢獻以及先生對祖國文化學術的熱誠由此可窺一斑。

第三節　微觀與宏觀互融

「比較理想的《文心雕龍》注，應該在對字字句句落實出處前提下，並且對一些語詞範疇以及整個文論體系，結合歷史文化背景，作出具有理論深度和思辨性的闡發，微觀具體的注釋應與對劉勰文論宏觀整體的把握相結合，而宏觀的認識也應植根於微觀的研究，如此才能判明典故出處背後的文學思想，才能直抵劉勰的本意。」〔註44〕儘管汪先生此論乃是針對梅氏《文心雕龍音注》有為而發，但其提出的微觀與宏觀相結合的研究思路卻具有普遍性的意義。

對於「龍學」而言，宏觀研究指關於《文心雕龍》性質和理論體系的研究以及關於《文心雕龍》研究歷史的整體把握和描述，微觀研究指關於《文心雕龍》具體問題和單篇研究。此二者略相當於王更生先生所謂「綜合研究」和「單篇研究」。誠如王更生先生所言「單篇研究是綜合研究的基礎，……按理應該先作單篇研究，然後集腋成裘，結合而成全面」，〔註45〕合理的研究格局應該是二者互攝。但事實上，從事微觀研究者往往糾纏於枝節、拘泥於個別材料，缺乏宏通識見和理論視野；從事宏觀研究者常常放言高論、比附西學，遊談無根，多膚廓之論。由王更生先生著作編年可知，其《文心雕龍》研究之層序乃先單個篇章，繼之整體結構，最後具體問題。由於其整體宏觀研究有篇章研究為基礎、微觀具體問題研究有宏觀視野為指導，故而，王更生先生的《文心雕龍》研究，能夠做到微觀與宏觀互融、部分與整體兼顧。下文分述王先生此兩方面研究之實績。

一、微觀具體研究

（一）關於劉勰自身研究

關於劉勰自身研究可分為生平、思想、出身和成書時間諸端。王先生《文心雕龍研究》第二章「梁彥和先生年譜」中載有劉勰年譜，譜前附「東莞劉氏

〔註44〕汪春泓：《文心雕龍的傳播和影響》，學苑出版社 2002 年版，第 90 頁。
〔註45〕王更生：《臺灣「文心雕龍學」的研究與展望》，《臺灣近五十年〈文心雕龍〉研究論著摘要》，臺灣文史哲出版社 1999 年版，第 13 頁。

世系表」。《年譜》:「從本世系表得知劉勰是漢齊悼惠王肥之後代,父名尚,祖靈眞,宋司空秀之弟也。」〔註46〕由《年譜》知,王更生先生確定劉勰生於宋孝武帝大明八年(西元464年),卒於梁武帝普通三年(西元522年),有著高貴的皇室血統,後雖敗落,但係世家大族之後,於劉宋朝也曾顯貴一時。

王先生由劉勰生平進而覘其思想。關於劉勰思想,許多研究者往往把它混同於《文心雕龍》的思想傾向。王氏由生平而思想,顯然有見於二者之別,其卓識誠爲時流所不及。《文心雕龍研究》第二章「梁劉彥和先生年譜」:「劉勰目睹家世之興亡盛衰,給他極大的震撼,在心理上,他一直想著『君子藏器,待時而動』,宜『蓄素以弸外,散采以彪外』,並手著《文心雕龍》,作爲干祿之憑籍,期能光宗耀祖,恢復京口劉氏之舊觀。另一方面,他又覺得『歲月飄忽,性靈不居』,『形甚草木之脆,名逾金石之堅』,因而類似自我解脫似的,在他晚年的時候,遂啓請出家,燔髮自誓,於寺變服,改名慧地。在浮沈的宦海中,他能不顧一切的跳出三界,找回自我,這是他積極進取的另一種形式,同時也是學術與信仰的綜合表現。」〔註47〕由上可見,王氏持「思想階段」說,即劉勰青壯年時期積極有爲,深懷傳統士人心志;老年透徹達觀,心歸釋氏。王氏主張撰述《文心雕龍》之劉勰與晚年削髮爲僧之劉勰的思想傾向是大爲不同的,前者以儒家思想爲主導,後者則皈依佛旨。王氏對於劉勰思想的分析,能夠以「瞭解之同情」透入研究對象之具體境遇,於劉勰思想、心境發明良多,誠爲劉氏之異代知音。

《文心雕龍》成書年代既是推定劉勰生年的重要依據,又對把握其思想軌迹至關重要。因此,學者多專注於此。關於《文心雕龍》成書年代,主要有齊末、梁初二說。王氏主張《文心雕龍》成書於齊末。《文心雕龍研究》年譜「齊明帝建武三年(西元469年)丙子,先生三十三歲,因感夢始撰《文心雕龍》」,〔註48〕「齊和帝中興元年(西元501年)辛巳(東昏侯永元三年),先生三十八歲,《文心雕龍》書成,但未爲時流所稱,乃負書干約。」〔註49〕《文心雕龍新論》第七章「文心雕龍成書年代及其相關問題」:「劉勰《文心雕龍》成書於南齊之末,和帝中興元、二年(西元501～502)之間。其次,

〔註46〕王更生:《文心雕龍研究》,臺灣文史哲出版社1989年版,第72頁。
〔註47〕王更生:《文心雕龍研究》,臺灣文史哲出版社1989年版,第76頁。
〔註48〕王更生:《文心雕龍研究》,臺灣文史哲出版社1989年版,第96頁。
〔註49〕王更生:《文心雕龍研究》,臺灣文史哲出版社1989年版,第98頁。

由劉勰定林寺校經和他感夢述作《文心雕龍》的前後關係，推得定稿於第一次校經之後，劉勰對佛教的信仰尚未堅深以前。」〔註50〕王氏尊重文獻，持論平實，不以鳴異相高，足見其徵信之學風和守成傳信之精神。

（二）《文心雕龍》「宗經」說

「臺灣學者對劉勰『宗經』思想的深刻體認，在世界龍學上是獨樹一幟的。」〔註51〕王更生先生對此的闡發又最為精闢。在《劉勰的文學三原論》一文中，王氏稱「道」為文學的共原，「經典」為中國文學的自原，「屈騷」是中國文學的變原，強調「《宗經》是劉勰文學思想的骨幹，非但《原道》、《徵聖》以此為結穴，就是《正緯》、《辨騷》亦以此為發議的基點」。〔註52〕在《中國古代文學理論的秘寶——文心雕龍》一書第三章「樞紐全局的文學本原論」中，王氏明確的指出「『經』，既是中國文學自己的本原所在，也是中國文學通古變新的基因。這不僅是劉勰文學理論的重要關鍵，也是《文心雕龍》五十篇的發脈所在」。〔註53〕在對《宗經》篇的具體分析中，王氏全面總結「經」於中國文學之關係，具體分析經典與文章之關係，最後反思當下中國文學的四種危機——思想之無據，內容之膚淺，措辭之怪異，結構之雜亂，並開出療救的藥方——宗經。在王氏看來，「宗經」不僅是《文心雕龍》文原論部分之樞紐環節，是中國文學的基元，還是療救歷代文學弊病的救濟之方。

王氏不惟於《文心雕龍》全書闡釋「宗經」之價值，更把「經」放在中國文化傳統的大背景下闡發其要義。從經學史而言，一種文本被尊為經是後人選擇的結果。《詩》《書》《易》《禮》《春秋》經過若干時代的閱讀和闡釋才由一般典籍躍上經的寶座。這既是政治技術操作的結果，同時也與這五種典籍的內在特質有關。五經是古人社會生活經驗的總結和提升，這種經驗中不僅積澱了知性的成果，還積澱了古人的意志和情感。人生而有性，性在不同的個體或同一個體社會生活的不同方面表現出不同的情狀。性是就其共同的基礎而言，情是就其不同的表現而言。可以這麼說，五經是古人性情在五個

〔註50〕 王更生：《文心雕龍新解》，臺灣文史哲出版社 1991 年版，第 163 頁。

〔註51〕 劉渼：《臺灣近的五十年來「〈文心雕龍〉學」研究》，臺灣萬卷樓圖書有限公司，2001 年版，第 273 頁。

〔註52〕 王更生：《劉勰的文學三原論》，見《文心雕龍管窺》，臺灣文史哲出版社 2007 年版，第 84 頁。

〔註53〕 王更生：《中國古代文學理論的秘寶——文心雕龍》，臺灣黎明文化出版社 1995 年版，第 76 頁。

不同方面的文本化凝結，只不過這種性情是社會化的可以作爲典範的性情，而非個體一己之性情。典籍成爲經典，典籍中所濃縮的性情也成爲性情的典範。隨著個體需求的多樣化和社會生活的不斷豐富，五種典籍不足以涵蓋社會生活的方方面面。這樣，對應社會生活的不同方面便產生了不同類別的典章，這些典章被奉爲寫作這類文章的模本；各類文章由於社會生活對其具體要求不一，便於形式體制方面發生相區別之特徵。文章按照社會功能來劃分，就其對應社會生活的不同方面、滿足社會生活不同方面的需要而言，可以稱之爲文類；文章按照自身的特徵來劃分，就其所表現出來成熟的具有與別的文章相區別的形式特徵而言，可以稱之爲文體。由經典至文類再至文體是文章不斷發展成熟的過程，而社會化的性情則是其發展的內核。

王更生先生對《文心雕龍》「宗經」說的發明和倡導，體現了其執常達變、以正馭奇的文化「通變」觀。而這種識見則來自其對傳統文化的沈潛深味和對當下文化病態的隱憂深慮。

(三)《文心雕龍》風格論

「文心雕龍中，含有我國最具系統之風格論，作者劉勰更是我國第一位具有見地的討論文章風格的學者。」〔註 54〕王更生先生所謂「風格」既包括文章類別之體要，又涵攝作者之個性。由創作過程言，文章乃因作者內在之性符之於外的產物；由作品風格的成因而言，風格緣於作家才氣之情性和學習之陶染；個體才氣不同，文章剛柔異趣，而童子學習文章，必先雅製。王先生並非僅著眼於《體性》一篇，而是從《文心雕龍》全書發論。「《文心雕龍》五十篇著述的旨趣，就在昌明文章的風格」，〔註 55〕「《文心雕龍》的風格論，是以群經的『雅麗』作前導，在橫的方面，確定了各種文體的風格，縱的方面，他爲時代文風樹立了明確的方向，同時順隨著文學理路的演進，對作家和作品的不同傾向，都做了公正的裁判。」〔註 56〕王先生還以風格爲準繩品第不同時代文學之高下，「第一商周篇什，是『序志述時』，爲情造文的時代；第二楚騷漢賦，以迄宋初的『風末氣衰』，是爲文造情的時代；第三『今才穎之士』的齊梁，是『近附遠疏』，背本趨末的時代」。〔註57〕

〔註 54〕 王更生：《文心雕龍新論》，臺灣文史哲出版社 1991 年版，第 45 頁。
〔註 55〕 王更生：《文心雕龍新論》，臺灣文史哲出版社 1991 年版，第 73 頁。
〔註 56〕 王更生《文心雕龍新論》，臺灣文史哲出版社 1991 年版，第 50 頁。
〔註 57〕 王更生《文心雕龍新論》，臺灣文史哲出版社 1991 年版，第 66 頁。

　　王氏更生先生主張由文章風格可上窺作者性情，強調爲文者先天才氣與後天學習對文章風格的重要性。由此出發，王先生不同意紀昀對《文心雕龍·體性》篇「氣以實志，志以定言，吐納英華，莫非情性」的評點——「此（由文窺情）亦約略大概言之，不必皆確，百世以下，何由得其性情」，認爲「由文窺情，不會相去太遠的」。〔註58〕單純就「由文窺情」而論，劉勰所論乃文學賞鑒之大體，紀昀所評乃文學評鑒之特例，王氏所維護者乃文學之綱維，故不能不異議於紀評。

　　一般而言，由文所窺之情有文章性情和作者性情之別。爲情而造文者，由文章可知其人之性情；爲文而造情者，由文章僅可知其文章之性情。由文進而窺爲文者之性情端賴接受者的眼光和功底之如何，能否由文睹作者之性情要看作者於臨文之頃調動多少眞誠的生命感受。劉勰說：「水性虛而淪漪結，木體實而花萼振，文附質也。虎豹無文，則鞹同犬羊，犀兕有皮，而色資丹漆，質待文也。」此句雖然主要用來說明質文的關係，但亦可見文的兩種情形：自然之文，是內質外顯之文；人爲之文，是外飾附質之文。因內符外的自然之文固然爲妙，但舍人亦不排斥人爲之文。只要飾得其要，人爲之文還是非常必要的。「翠綸桂餌」之所以失魚，不是由於其人爲修飾的緣故，而是飾不得其要，手段與目的相背離。內發之文，言與志合，見作者性情易；外飾之文，言與志未必一，見作者性情不易。且人之性情是多方面的統一體，文章之性情僅爲其一端，執一端難以見全體。故而，由文窺情之說當作詳論而不可遽斷。

（四）《文心雕龍》風骨論

　　關於《風骨》篇，「龍學」眾家各抒己見，仁智多出。王更生先生合併歸納《風骨》異說爲四類：甲、以風即文意，骨即文辭者；乙、以風即情思，骨爲事義者；丙、以風乃氣韻，骨乃結構者；丁、以風骨就是文字的風格者。王先生董理《文心雕龍》中有關風骨的辭句，總結六種義類：甲、以辭爲風，志即骨者；乙、以辭采爲風，事義爲骨者；丙、以辭爲風，義實骨者；丁、從生成以釋者；戊、自風骨證驗以釋者；己、由風骨比較以釋者，並泐成提綱解說風骨內涵：

　　　　風—辭—辭采—辭—意氣俊爽—辭趣—形式上所表現的感性
　　　　骨—志—事義—義—結言端直—思理—文章的中心思想

進而得出結論——「風骨就是辭趣與情實，所謂辭趣者，即形文、聲文交織而成的一種感染力……然而辭趣本乎情理……所謂情理，『蓋文章之外，據事以類義，援古以證今者也』」。〔註59〕王先生以辭趣屬風，以情理屬骨，而以辭趣、情理交融而成的藝術感染力屬風骨；但辭趣本乎情理，情理發乎辭趣，二者互濟，於文章中難以劃然兩分。王先生以「風」「骨」分屬文章藝術感染力的兩個層次，「骨」高於「風」，「骨」較「風」更爲根本。王先生「風骨」說得之於《文心雕龍》全書，並驗之於全書，自出機杼，立論堅實有據，爲「風骨」又樹一說。

風骨是優秀的文學作品所呈現出來的審美氣象於人的感受。先有風骨之人，後有風骨之文。從這個角度而言，風骨關涉到劉勰心目中理想的寫作主體。從《文心雕龍》一書的思想傾向而言，傳統儒家思想對其影響相當深刻；從劉勰的行狀來看，事功之心幾乎支配其整個人生。據此可知，劉勰心目中的寫作主體應是既守儒說，又能建功立業的，集儒士與文吏於一體的文士。士有志於道，志，是士人與普通人的分別所在，是士人人格形象的標誌。文吏具有雙重的品格，既有文才又屬掾吏，作爲屬員，要按照外在的規範和權威爲文行事；作爲文人，其心中濃鬱的才情因掾吏身份的擠壓而更加鬱勃。才情表現於外，就成爲文章，才情斂於內就是氣。士人之志強調的是始終如一的理想追求，文吏之氣強調的是擺脫冗俗的眞實生命感受。氣以實志，志以率氣。劉勰要求文章中既要表現眞正的才情又要表現眞實的心志。個體性情就是氣，流露於文章，給人以親切感，以「風」名之，見其柔和化感之特性；個體追求就是志，流露於文章，給人以崇高感，以「骨」名之，見其特立之質和震撼之效。從創作主體的角度而言，風骨就是個體志氣透過文章所給人的感染力。

包括王更生先生在內的「龍學」專家大多是從文本的角度探究「風骨」內涵，但未能透過文本探究風骨的主體根源，於劉勰「風骨」精蘊猶隔一間，誠爲憾矣。

（五）《文心雕龍》之美學

沈約謂《文心雕龍》「深得文理」並常陳几案，既因爲舍人關於聲律之說合乎己見，也由於是書駢儷多典、文采華美。古代研究《文心雕龍》者，也多半把它當作文學作品看待，或者說先把它當作文學作品看待再研核文理。

〔註59〕王更生《文心雕龍新論》，臺灣文史哲出版社 1991 年版，第 84～85 頁。

明清之人關於是書章法結構之評點恰恰透露此方面消息。王更生先生「龍學」研究亦有此方面傾向,「文心雕龍之美學」就是這方面的研究成果。王氏所謂「美學」不是哲學層面的理論學科,而是指《文心雕龍》於形式體制方面的藝術性。不過,王氏於哲理亦有所闡釋,但其重心在於分析《文心雕龍》美的特徵。

在《文心雕龍研究》第四章「文心雕龍之美學」中,王更生先生首先明確「《文心雕龍》五十篇,即為藝術的化身」,〔註60〕繼之從思想的統一性、理論的完整性、字句的對稱性、敘事的遞進性、語調的感染性、結構的綿密性和音韻的和諧性等方面分析《文心雕龍》之美;接著言及《文心雕龍》的美學基礎——自然,謂自然、群經、道德為《文心雕龍》美學的三環節:美因自然而生長,因經典而獲得的規範,因道德而發生效用;然後,從創作主體的含藏出發,強調靈感想像、才氣學習對藝術化主體的重要意義;最後,由技術層面談及藝術美於媒介載體的生成,具體內容如下:標三準以立意、討字句以安章、綜附會以謀篇、本比興以烘托、用誇飾以傳情、會隱秀以抒情、據事類以明理、因聲律以和諧。觀王氏所論,由理論而實踐,由主體而文本,由素養而修辭,涉及《文心雕龍》藝術性的方方面面,既字字落實,又時有生發,補當代學者於此方面研究之不足。

古人於《文心雕龍》,由鑒賞而批評,下學而上達,小處見精神;今人「龍學」研究,以理論說理論,愈說愈繁,變成純粹的理論遊戲,而影響日漸式微。王氏「文心雕龍之美學」專篇,由批評而鑒賞,其以理論還諸文本之作法,對於當下理論研究不無糾偏作用。惜未為研究者所留意,筆者特於此處識之。

二、宏觀整體研究

《文心雕龍》宏觀體系之研究歷來是「龍學」界聚訟之焦點。古人評點專注於己之會意處,鮮顧整體,無所謂體系,即使言及《文心雕龍》立論井井有條、體大慮周者亦一語帶過,未遑詳說。近代以來,西學東漸,學人始注意《文心雕龍》體系研究。因理論視野相異,研究出發點不一,於《文心雕龍》體系眾說紛紜。約略言之,眾說之異糾結於以下幾點:《文心雕龍》有無體系,其體系綱領為何,結構如何劃分,性質屬性是什麼。

〔註60〕王更生:《文心雕龍研究》,臺灣文史哲出版社1989年版,第200頁。

（一）《文心雕龍》的結構

結構是思想和意義的形式化，文本結構是著者或接受者思理的對象化，著者含思理於結構中，接受者參詳思理於結構解讀中。

王更生先生於《文心雕龍》結構之觀點深受劉大杰先生影響。王氏弟子劉渼女士說：「自從劉大杰《中國文學發展史》將《文心》分爲序言、緒論、文體論、創作論、批評論五大部分後，臺灣學者多遵從此五分法，唯在篇目上略有出入。主張依《序志》篇及原有篇次來架構全書體系的占大多數，如王師更生《劉勰文心雕龍結構的完整性》，言上篇分爲二部分：文原論，又稱『樞紐論』，是文學基本原理；文體論，又稱『文類論』，是文學體裁論。下篇分爲三部分：文術論，又稱『創作論』，是文學創作論；文評論，又稱『批評論』或『文術論』，是文學批評論；加上《序志》一篇，爲『總序』、『緒論』性質。」〔註601〕

王先生一貫主張依據《文心雕龍·序志》對全書內容的提要把全書分成五部分：文原論、文體論、文術論、文評論和緒論，但在具體篇章歸屬和關鍵篇章於全書結構之作用的認識上有一個不斷深化和自我糾錯的過程，於此過程能見王氏學術演進軌迹。結構各部分篇章數目的變化軌迹如下：

《文心雕龍范注駁正》：文原論五篇，文體論二十篇，文術論二十篇，文評論四篇，緒論一篇。

《文心雕龍讀本》：文原論五篇，文體論二十篇，文術論二十篇，文評論四篇，緒論一篇。

《文心雕龍導讀》：文原論五篇，文體論二十篇，文術論十九篇，文評論五篇，緒論一篇。

《文心雕龍新論》：文原論五篇，文體論二十篇，文術論十九篇，文評論五篇，緒論一篇。

《中國古代文學理論的祕寶──文心雕龍》：文原論五篇，文體論二十篇，文術論十九篇，文評論五篇，緒論一篇。

由上可知，王氏於《文心雕龍》結構認識可分爲兩個階段：由《駁正》到《讀本》爲第一階段，主張文術論二十篇，文評論四篇；由《導讀》到《祕寶》

〔註601〕劉渼：《臺灣近五十年來「〈文心雕龍〉學」研究》，臺灣萬卷樓圖書有限公司2001年版，第285～286頁。

為第二階段，主張文術論十九篇，文評論五篇。筆者所見《導讀》為二○○○年十月重修增訂四版，但內容完全同乎一九八八年重修增訂初版。筆者所見《讀本》為一九九九年九月初版七刷，但因此書始終未作修訂，仍同於一九八三版原貌。因此，可以推斷王氏於文體論與文術論所屬篇章之觀點變化發生於上個世紀八十年代中期。此時「龍學」研究蔚為大觀，眾家弄潮，相互攻錯借鑒，完善己說，共同推動「龍學」研究的深入發展。

第一階段物色篇歸文術論，第二階段物色篇歸文評論。物色篇的歸屬是文術論與文評論所屬篇章變化的具體體現。這種變化反映了王氏對原書篇章次序認識的變化。第一階段，王氏從自己關於文學理論著作結構框架的知識含藏出發，依據本人對《文心雕龍》一書結構的理解，接受別的專家學者關於物色篇與時序篇刻書誤倒的觀點，把物色篇前置歸入文術論。儘管沒有找到這方面的版本依據，但是由於此種觀點與王氏關於全書結構的理解和認識相合，故而采信其說。第二階段，王氏依據原書篇章次序，把物色篇歸入文評論部分。對《文心雕龍》報以同情的理解，先作舍人知音，再作舍人諍友。對異說新論，必衡之於己之體認，不輕易採信，無實證可據者寧可存疑，以原著為是。王氏於古代典籍之態度變化實際上反映了王氏於傳統文化的眷顧之情。作為精英知識份子，王氏於書中時常流露出的對文化傳統漸滅斷裂的焦慮和憂思常令筆者久久悵懷。態度是情感對象化的表徵，情感真誠，態度自然慎重。

（二）《文心雕龍》的理論體系

對於《文心雕龍》的理論體系，研究者聚訟的焦點主要有兩處：一、《文心雕龍》有無理論體系？二、《文心雕龍》理論體系的宗旨、綱領或中心問題是什麼？

一部理論著作有無體系，既與其著作形態有關，又與評論者對理論體系的界定有關。如果嚴格按照西方關於理論體系的界定（有明確的研究對象、研究原則和相應的研究方法，並對概念的內涵和外延有清晰的界定）來衡量《文心雕龍》的話，那麼《文心雕龍》是沒有什麼理論體系可言的。但是，如果把《文心雕龍》放在中國古代的著作環境裏來考察，與眾多的古代著作相比，無疑《文心雕龍》是有很強的體系性。舍人分《文心雕龍》為上下兩篇，上篇明綱領，下篇顯毛目，邏輯關係是說得過去的；《序志》篇交代己之研究對象──乃始論文，研究原則──擘肌分理，唯務折衷和研究方法──振葉以尋根，觀瀾而索源，以及一以貫之之觀念──文章關乎世運人心，宜

體乎要。因此，儘管《文心雕龍》存在著概念邊界不清且上下游移之問題，但不妨稱之爲一部有理論體系之著作。

王更生先生不僅主張《文心雕龍》有嚴密的理論體系，而且還認爲經學思想和史學識見是其理論體系的脈絡。經典是我國文學之本源所在，宗經是劉勰文學理論的歸趣。宗經思想是建構《文心雕龍》理論體系的指導原則，而史學識見是劉勰理論建構的方法、門徑——溯源尋根，在歷史追溯過程中，揭示並解決相關問題。王先生於不同著作中，由於所要強調重點不一，於言及《文心雕龍》理論體系時，有時說經學思想和史學識見爲兩大脈絡，有時說經學思想是一條大動脈。儘管表述不一，但其宗旨還是清晰的：經史是《文心雕龍》理論體系的脈絡或主線。王先生的觀點是在對《文心雕龍》結構各部分、各篇章具體分析的基礎上統合整理得出的，與其他「龍學」家的說法相比更具有說服力，更符合《文心雕龍》的實際，也更符合傳統文論以「經史立論」的實際情況。

（三）《文心雕龍》的性質

著作之性質一方面由研究者賦予研究對象之價值所決定，另一方面由接受者於該著作何所求取所決定。由於舍人著述意圖無法確證，《文心雕龍》具有豐厚的文化內涵，中國古代「文」的觀念的複雜和模糊，所有這些使得爲《文心雕龍》定性十分困難，研究者往往強調其性質一端而忽略另一端，在文學理論和文章法門之間顧此失彼。《文心雕龍》之性質，「在二、三十年代把它看成是文章學，在五、六十年代稱它爲文學理論，到八十年代初期又肯定它是美學理論，近年來的論文從中國文化史、思想史的角度揭示出《文心雕龍》的文化哲學層面，認爲作爲中國文化的結晶，具有中國文化百科詞典的性質。」〔註62〕

一九七六年，王更生於《書評書目》三三期發表《文評中的子書，子書中的文評——讀〈文心雕龍〉箚記之一》一文，爲《文心雕龍》之定性。一九九五年出版的《中國古代文學理論的秘寶——文心雕龍》及其最新著作《文心雕龍管窺》分別稱是書爲「中國文學理論的經典」和「中國古典文學理論著作」。在《文心雕龍》研究史上，王先生的觀點可謂獨樹一幟。其前期爲《文心雕龍》的定性，由人及書，體現了中國古代學術文獻學、目錄學的慣例；

〔註62〕馬白：《近年來中國文心雕龍研究的現況及趨勢》，轉引自劉渼：《臺灣近五十年來「〈文心雕龍〉學」研究》，臺灣萬卷樓圖書有限公司 2001 年版，第 278 頁。

其後期的定性，視野更加寬廣，在中西文學理論的交彙的學術大背景下，堅守中國傳統學術文化的本位立場。

王氏對《文心雕龍》性質的認定有兩大特點：一、從「龍學」研究的歷程而言，由《書評書目》中的《箚記》到《導讀》，先生以立爲主，樹己之觀點；從《讀本》到《秘寶》，先生以破爲主，駁斥他說。二、王氏論述《文心雕龍》性質有兩個基本原則：堅持民族文學理論的立場和論文兼及論人的標準。王氏強烈反對用西方文學理論名詞概念爲劉勰和《文心雕龍》貼標籤，始終主張漢話漢說。隨著西方文藝思想在學界的影響越來越大，這種立場越到後來越堅定。別的不說，就這種歷久彌篤、不隨時俗轉移腳跟的精神，也足以令人佩服。王氏儘管在具體的研究方法上於現代科學方法有所借鑒，但其從事「龍學」研究始終堅持知人論世、文行一貫的傳統路向，體現在《文心雕龍》一書的定性上則是這樣一種情形：先從具體的時代環境確定劉勰其人，再進而確定《文心雕龍》其書。王氏的定性照顧到傳統文論的民族特色，揭示了該書的文化內涵，但側重從外部關係爲該書定性，對該書的自身特性和內部關係關注不夠。

王更生先生於《文心雕龍》宏觀體系研究是其「龍學」研究之大綱領，而其微觀具體問題的研究則是其「龍學」研究之細節目，有綱有目始見王先生「龍學」研究之整全。

第四節　資料與理論俱重

資料有文獻資料和研究資料即第一手和第二手之別，而理論又有作爲研究對象和作爲研究方法之分。本節所謂資料與理論係籠統而言，不作細分。對於「龍學」研究而言，由於多數學者認定《文心雕龍》爲中國古代文學理論的著作，尤其注重闡發其理論內涵，但關注「龍學」發展和研究團隊建設的一部分學者卻並未因此而輕忽《文心雕龍》研究資料的整理和彙編工作。「龍學」研究專家中，資料與理論俱重的學者，當數大陸牟世金先生和臺灣王更生先生。

王更生先生積十年之功綜輯而成的《文心雕龍論文選粹》一書，是最早的一部《文心雕龍》研究論文集。是書於 1969 年開始搜輯資料，至 1979 年定稿付梓，「從二十六種雜誌學報中選出八大類三十八篇、世界五大地區的三十五位學者論著，包括臺灣九位、大陸十四位、香港九位、新加坡一位、美國一位、

韓國一位，足爲近七十年世界龍學的代表，對世界龍學有極大的貢獻。」〔註63〕
而王更生先生《文心雕龍研究》一書，則是一部研究《文心雕龍》的理論專著，
被牟世金先生譽爲第一部「全面而系統」的龍學專著，「不僅獨步當時，至今仍
無出其右者」，〔註64〕具有重要的理論價值和學術地位。以上所舉僅爲王更生先
生「龍學」研究資料與理論俱重特色之一斑，下文略言其詳。

　　翻檢王更生先生的「龍學」著述，他對於資料的關注表現於以下三端：
於專著後附本人著作年表、考求《文心雕龍》版本、彙編《文心雕龍》研究
資料並撰寫研究目錄和提要；對於理論的關注表現於兩個方面：闡發《文心
雕龍》理論內涵，借鏡「他者」理論發明《文心雕龍》理論品格。尤其難能
可貴的是，他還以高度自覺的方法論意識爲指導對「龍學」研究的相關資料
進行理論分析。此點尤其能夠說明其「龍學」研究資料與理論並重之特色。

一、重視資料之表現

　　在《中國古代文學理論的秘寶——文心雕龍》一書中，王更生先生將自
己的著述年表附錄於書後。在《文心雕龍管窺》一書中，他附錄自己的專門
著述年表於書後。不惟如此，在《歲久彌光的「龍學家」》一書中，王先生編
著楊明照先生的「龍學」研究著作年表，將著作年表看作該書的第七部分內
容。王先生並不是僅將著述年表視爲資料而是作爲著作的一部分來看待，足
見其對此種資料之重視。

　　王氏於「龍學」版本之成就一方面體現於輾轉訪求到王惟儉訓故本《文
心雕龍》，據此駁正范注，並撰成《王惟儉訓故本校勘紀》一文以正王利器
《文心雕龍訓詁校勘紀》；另一方面體現於王氏證明現藏於臺北外雙溪國立
故宮博物院因未注明刊刻時地而被誤作元版的《文心雕龍》爲甲子吳門馮允
中刻本。在《文心雕龍讀本》一書後，王先生附錄劉勰著作兩篇（《梁建安
王造剡山石城寺石像碑文》和《滅惑論》）、劉勰傳、《文心雕龍》重要傳本
和劉勰《文心雕龍考評》。據《重修增訂文心雕龍研究》第三章「文心雕龍
版本考」知，王先生經眼目驗《文心雕龍》手抄本九種、單刻本十八種、評
刻本十三種、校本二十種、選本十二種，並撰寫板式、流傳及著錄資訊。另

〔註63〕劉渼：《臺灣近五十年來「〈文心雕龍〉學」研究》，臺灣萬卷樓圖書有限公司
　　　　2001 年版，第 512 頁。
〔註64〕牟世金：《臺灣文心雕龍研究鳥瞰》，山東大學出版社 1985 年版，第 77～83 頁。

外，王先生「龍學」著述十之八九以《文心雕龍》重要版本書影爲封面、封底裝幀，且正文之前多附古本書影，其於版本之重視竟化爲形式美之追求，足見其誠篤。

在《中國古代文學理論的秘寶——文心雕龍》一書中，王更生先生將研讀《文心雕龍》所需的主要參考書目附錄於書後。在《重修增訂文心雕龍導讀》一書中，王更生先生簡單介紹了幾種「龍學」參考著作，包括黃侃箚記、范注、楊氏校注拾遺、劉氏校釋、王氏新書、李景溁新解以及其研究與讀本，將這一部分內容作爲本書的第十二章。另外，他還將《近六十年（1912～1973）來〈文心雕龍〉研究總結》和《最近（1974～1987）國內外研究〈文心雕龍〉概況》二文附錄於該書之後。在附錄二文中，重點列舉了有關「龍學」研究的重要著作和文章的出版與發表資訊，可以算得上「龍學」研究的簡明目錄。王先生在《當代〈文心雕龍〉著作述評》一文中，述評現代「龍學」研究著作二十六種，爲《文心雕龍》學術史的構建作了基礎性的資料準備。在《〈文心雕龍研究論文提要〉前言》一文中，王先生揭示了該書之資料營聚、分類整理和宗旨意義，描述「龍學」發展之脈絡。除了自己編製目錄、撰寫提要外，王先生還上及古代文獻目錄關於《文心雕龍》的著述。在《文心雕龍新論》一書中，王先生還爬梳整理文獻目錄著作和史志中關於《文心雕龍》的著錄與提要，評議得失，爲其準確定性，足見其對於研究資料的重視。

二、重視理論之表現

對於「龍學」家而言，由資料可察其《文心雕龍》研究根基之深淺，由理論可知其識見之高下。王更生先生的《文心雕龍》研究的根基深厚已如上述，下文略陳其識見高遠之表現。

王更生先生的「龍學」研究發明《文心雕龍》一書的兩大原理，宗經思想和史學識見。王先生認爲「宗經」不僅是《文心雕龍》中的一篇文章，且是「文原論」前五篇的中心，甚且是全書的靈魂、全部中國古代文學的靈魂。王先生主張「經既是中國文學的自原，也是中國文學萬變不離其宗的『基因』，這是劉勰文體論的關鍵，也是劉勰《文心雕龍》全書的發脈。」〔註65〕王先生歸納《文心雕龍》的主要論點，認爲「文體備於六經」；在「文術論」方面，

〔註65〕王更生：《劉勰的文學三原論》，《〈文心雕龍〉國際學術研究會論文集》，臺灣文史哲出版社2000年版，第21頁。

王氏認爲「宗經之六義」實爲文章創作的規範；在「文評論」方面，王氏認爲宗經六義之「情深」「風清」「義貞」屬內容方面的文章批評標準，「事信」「體約」「文麗」屬形式方面的標準；在文學發展方面，王氏認爲經典作爲文章的典範，對文學的發展具有「正本歸末的整合作用」。總之，經典在「思想上可以陶冶人們的性情」，「在語言形式上，也居於領導地位，可作爲寫作的規範」。王先生於「龍學」研究中推崇經典既緣於《文心雕龍》文本自身依經樹則立說的特點，又出於其本人對經典的價值認同。

王更生先生論學極重史識，認爲「歷史家的著述，眞乃千秋盛業」，史學在材料別裁和著述態度方面，對文學有借鑒作用，史識是《文心雕龍》一書的結構脈絡。在《文心雕龍‧史傳》解題中，王先生由史家著述動機和目的、史料搜集甄別、史筆曲直以及史著例法諸方面，談到《文心雕龍‧史傳》對於史學的價值和劉彥和的史學識見對其文論的影響。王先生在「龍學」研究中倡導並實踐文獻學證據法和二重證據法。文獻學證據法在強調言必有徵的史學精神的同時，傳承積澱了傳統文化中的精神價值。二重證據法以科學實證的材料確證傳統文化的眞理品質。王先生重視史學識見是爲了宗經崇聖，「故『依經』『附聖』，實彥和史傳篇的主導思想。」〔註66〕一旦所謂的科學實證方法動搖傳統文化的根本時，其價值取向是毫不含糊的。

除了對《文心雕龍》本身的理論蘊藏多所抉發外，王先生還對是書展開理論反思。在新近結集的「龍學」著作《文心雕龍管窺》第二部分內容「《文心雕龍》的學術價值」中，王先生說：「一種學問有沒有學術價值，取決於以下五個條件：（一）它有沒有系統完備的理論體系？（二）它有沒有放之四海而皆準的理論？（三）它有沒有歷久彌新的適應性？（四）它有沒有鉤深窮高的學術基礎？（五）它對後世學術界有沒有深遠的影響？」〔註67〕王先生以此五個條件衡量《文心雕龍》，在具體分析的基礎上得出肯定的回答，確證了《文心雕龍》對於中國文學之文章作法、文學史寫作和中國文學批評之古代文論、後世文話和批評典範的學術價值。

王更生先生提倡化理論爲方法、廣泛借資其他學科的理論研究《文心雕龍》，體現了一個「龍學」家開闊的理論視野。在《文心雕龍導讀》第十一部分內容中，王先生預測「龍學」發展的新趨勢，說「《文心雕龍》既是通古今

〔註66〕王更生：《文心雕龍讀本》，臺灣文史哲出版社1999年版，第273頁。
〔註67〕王更生：《文心雕龍管窺》，臺灣文史哲出版社2007年版，第23～24頁。

之變的，我們有理由借用其文論思想與現代的文藝思潮相結合」，〔註68〕提倡「龍學」研究與現代文藝思潮和西洋文學批評理論相融通。在王先生認識中，方法不惟是研究的工具，更是一種學科獲得學術增長點的重要方式。在《文心雕龍新論》一書第十三部分中，王先生展望「龍學」研究的前景，呼籲加強「文心雕龍學」與別的學科的聯繫，「經學是中國文學之源，和《文心雕龍》關係之密切自不待言，其他就是子學、史學、文學，以及中文系或外文系開設的相關科目，如修辭學、文法學、語言學、中國文學史、書畫史、文藝心理學，和西方文學批評、比較文學論、藝術論、中西美學等，都應當做適當的擷取，以便相互生發。使『文心雕龍學』的研究，在多種工具學科的媒介下，更能拓展領域，為中國文學理論走出一條鮮活的坦途。」〔註69〕由此可見，王更生先生具有自覺的方法論意識。

三、關於資料的理論

王更生先生對資料整理十分重視，不僅集結彙編《文心雕龍》研究資料，還對研究資料進行分析研究。在《文心雕龍新論》第十三部分「臺灣『文心雕龍』學的研究與展望」中，王先生說：「作品的內容，固然決定於作者主觀意識，但配合主觀意識所需要的材料也很重要，往往查資料的豐歉，可以決定學術研究的成敗，資料的運用，更可以看出一個從事研究工作者的智慧與學養。所以搜集《文心雕龍》以及與其相關的資料，是從事研究者的當急之務。」〔註70〕王先生把《文心雕龍》研究資料根據相關程度分為三類：基礎資料、專業資料和相關資料。基礎資料又叫靜態資料，指的是《文心雕龍》本身，同時也包括前人的注釋、校勘、評語在內。專業資料，又稱動態資料，指目前研究《文心雕龍》而公開發表的論文，這些論文散見於各書報雜誌。相關資料，又稱旁涉資料，指與《文心雕龍》本文相互關涉的資料，如音樂理論、書法理論、繪畫理論等。王先生的三分法對於學術研究具有普遍意義，是從事「綜合研究」的前提和條件。

在《歲久彌新的「龍學」家》〔註71〕一書中，王更生先生於總結楊明照

〔註68〕 王更生：《重修增訂文心雕龍導讀》，臺灣文史哲出版社 2000 年版，第 87 頁。
〔註69〕 王更生：《文心雕龍新論》，臺灣文史哲出版社 1991 年版，第 309 頁。
〔註70〕 王更生：《文心雕龍新論》，臺灣文史哲出版社 1991 年版，第 311 頁。
〔註71〕 王更生：《歲久彌新的「龍學」家——楊明照先生在「文心雕龍學」上的貢獻》，臺灣文史哲出版社 2000 年版。

《文心雕龍》研究方法時，提到文獻學證據法和二重證據法。

> 文獻學證據法即運用目錄、版本、校勘、訓詁、聲韻、辨偽、考據；
> 並配合小心觀察，合理懷疑，大膽假設，周詳搜證，作出推斷。

> 二重證據法，即近人王國維先生在一九二五年於《古史新證・總論》
> 中提出的史學研究法。此法是以「地下新材料」與「紙上之材料」
> 互證。

由「小心觀察，合理懷疑，大膽假設，周詳搜證」等語詞可以看出，其文獻學證據法背後濃重的實證色彩和胡適先生實證主義方法論的影響。二重證據法淵源自王國維先生，所謂「地下之新材料」，於《文心雕龍》研究而言，王更生先生意謂敦煌唐寫殘卷。從「綜合研究」之統計、歸納、比較和文獻學證據法、二重證據法的總結，可以見出王先生於《文心雕龍》基礎性研究中所持的社會科學研究方法立場。

　　嚴格地說，對於《文心雕龍》研究而言，只有敦煌發現的唐寫殘卷可以算得上考古發現的新材料。王更生先生曾利用唐寫殘卷校勘《文心雕龍》，成果凝於《文心雕龍讀本》〔註72〕一書中。一般說來，作為史學研究之方法，二重證據法雖然對《文心雕龍》之具體研究會有所發明，但作為《文心雕龍》研究的一般模式並不相宜。究其實，二重證據法所強調的實證精神與文論研究所致力於的意義闡釋在研究目標的選擇上不完全一致。〔註73〕不過寬泛的看待二重證據法，此法對《文心雕龍》研究也是有裨益的。「地下之新材料」強調的是新出之材料，新近研究成果也應當屬於此範圍；「紙上之材料」指的是研究對象本身和已為學術界推許的既往研究成果。「地下之新材料」與「紙上之材料」的互證就是王更生先生於別處所提到的靜態資料（基礎資料）與動態資料（專業資料）相結合的方法。靜態資料與動態資料結合法，強調學術研究應當吸收最新研究成果，學人之間學術互濟，共同推動學術進步。王先生《文心雕龍讀本》就是

〔註72〕 王更生：《文心雕龍讀本》，臺灣文史哲出版社 1999 年版。

〔註73〕 王國維先生《古史新證・總論》：「吾輩生於今日，幸於紙上之材料外，更得地下之新材料。由此種新材料，我輩得據以補正紙上之材料，亦得證明古書之某部分全為實錄，即百家不馴之言亦不無表示一面之事實。」陳寅恪先生《王靜安先生遺書序》：「一曰取地下之實物與紙上之遺文互相釋證。……二曰取異族之故書與吾國之舊籍互相補正。……三曰取外來之觀念，與固有之材料互相參證。……吾國他日文史考據之學，範圍縱廣，途徑縱多，恐亦無以遠出三類之外。」綜合二先生論述可知，二重證據法主要適用於文史考據之學，用以證實而非證偽古書之載記。

薈萃前人、時賢成果，加上個人研究和教學心得，會校釋譯爲一體的《文心雕龍》研究著作。先生關於《文心雕龍》「文體部分」的研究也是在遍考相關資料、批判吸收徐復觀先生《〈文心雕龍〉的文體論》的基礎上做出來的。

　　由資料到理論，由理論到方法，王先生的《文心雕龍》研究既重視資料又重視理論，不僅對資料進行細緻的梳理、彙整、分類，還對此進行理論的分析和綜合；在理論方面，他不僅抉發是書理論內涵，還在具體研究實踐中，以理論指導研究，並倡導多方取茲，化理論爲方法，開創「龍學」研究新境。王先生之於「龍學」研究可謂之兼重。

第五節　普及與提高兼顧

　　王更生先生於「龍學」既有精深研究，又有通俗推介。其「龍學」成名著作《文心雕龍研究》出版於 1974 年 3 月，於是書出版三年後，便推出《文心雕龍導讀》一書。前者爲其「龍學」之精深研究的代表，後者爲其普及推介之表徵。且二書爲其「龍學」著述之最先之二種。由此可見，王先生「龍學」研究普及與提高兼顧之特色。究其原委，王先生既是一位「龍學」研究的專門學者，又是一位講授《文心雕龍》的教育者。教以促學，學以益教，二者相長，形成先生學術個性。先生繼承前輩學人志業，於「龍學」研究不讓先哲；先生又希望後學傳「龍學」統緒，諄諄示以門徑，所提攜培養的學生已成爲臺灣「龍學」研究的主力軍。其一身集「龍學」研究與教育之雙重身份，於「龍學」普及與提高大有裨益。

一、熱心普及之方面

　　馮春田先生概括王更生對於「龍學」研究之貢獻爲六個方面，而「推廣『龍學』研究風氣」爲其中之一。〔註74〕據馮先生統計，王更生於「龍學」研究普及方面的專門著述約爲四種：《文心雕龍導讀》、《文心雕龍讀本》、《文心雕龍選讀》和《中國古代文學理論的秘寶——文心雕龍》，占其「龍學」著述的將近一半。另外，據其弟子劉渼所著《臺灣近五十年來「〈文心雕龍〉學」研究》〔註75〕和王更生所編訂《臺灣近五十年〈文心雕龍〉研究論著摘

〔註74〕詳見楊明照主編：《文心雕龍學綜覽》，上海書店出版社 1995 年版，第 316 頁。
〔註75〕劉渼：《臺灣近五十年來「〈文心雕龍〉學」研究》，臺灣萬卷樓圖書有限公司

要》〔註76〕二書，王更生先生尚有數篇以普及爲目的的專文，如《簡論劉勰及其〈文心雕龍〉》、《閒話劉勰其人及其文批理論》、《震古鑠今的文苑秘寶——〈文心雕龍〉》、《任何研讀〈文心雕龍〉》、《文心雕龍的成書年代及其相關問題》、《文評中的子書，子書中的文評——讀〈文心雕龍〉箚記之一》《學兼中印，出入儒釋——讀〈文心雕龍〉箚記》、《〈文心雕龍〉在中國古典文學批評上的價值》等。

　　導讀屬於入門讀物，指引研讀方法和順序。導讀類的作品雖然不屬於《文心雕龍》研究，但卻與「龍學」的研究和普及大有關係。王更生先生鍥而不捨地從事普及方面的著述工作，自 1976 年 4 月發表《如何研讀文心雕龍》一文後，1977 年 3 月便有《文心雕龍導讀》一書問世。此書問世十年間梓行六版，「十年後復有重修增訂本，修訂本介紹劉勰生平、《文心》性質、寫作背景，成書年代、內容組織、重要版本、行文之美、研讀方法、預修科目、參考用書等，並附錄二篇研究綜述。不但較原書增加行文之美、預修科目及附錄一篇，且對原書內容做了頗多修訂。」〔註77〕其《中國古代文學理論的秘寶——文心雕龍》一書，行文「大致以接近學術性的『新民叢新體』爲準，由於儘量不使用生字冷詞，所以凡具有中學以上語文程度的人士，均可通讀無阻」，〔註78〕雖然在抉微闡幽方面稍有不足，「但是對一個初學而有志探索中國古代文學理論秘寶的人來說，這部深入淺出的作品，也許可以做爲投石問路的標杆吧！」〔註79〕其《文心雕龍選讀》一書亦屬於針對中文系及愛好者而作的普及性讀物，選文十七篇。選文中，首列解題，次列正文，再次列注釋，又次爲集評和賞析，最後爲圖解。「『賞析』與『圖解』是此書最大特色，發揮其教學所長，賞析闡發全文旨趣與內容重點；圖解乃王師首創，方『課文分析表』將原文每句都加以析解，釐定其關係與位置而以圖表示之。」〔註80〕

2001 年版。
〔註76〕王更生總編訂：《臺灣近五十年〈文心雕龍〉研究論著摘要》，臺灣文史哲出版社 1999 年版。
〔註77〕劉渼：《臺灣近五十年來「〈文心雕龍〉學」研究》，臺灣萬卷樓圖書有限公司 2001 年版，第 440～441 頁。
〔註78〕王更生：《卷頭的話》，《中國古代文學理論的秘寶——文心雕龍》，臺灣黎明文化出版社 1995 年版，第 8 頁。
〔註79〕王更生：《卷頭的話》，《中國古代文學理論的秘寶——文心雕龍》，臺灣黎明文化出版社 1995 年版，第 8 頁。
〔註80〕劉渼：《臺灣近五十年來「〈文心雕龍〉學」研究》，臺灣萬卷樓圖書有限公司

二、普及中寓提高

　　以上諸書，雖然著眼點在於普及推廣，但從諸書關於研讀方法和研究條件的接受以及書後所列重要參考文獻可知，作者意在引領讀者進入「龍學」研究之堂奧，由普及而臻於提高，爲「龍學」研究營造社會風氣、培養研究隊伍。而最能見其「普及與提高兼顧」之特色的著作當爲《文心雕龍讀本》藝術。是書「綜採各家體例上的優點，如周振甫《文心雕龍注釋》分『評』與『說明』、李師曰剛《文心雕龍斠詮》的『直解』以及戶田浩曉《文心雕龍譯注》，各篇正文前有解題，後有注釋、語譯、集評、問題討論與練習，眉端有段落大意。故此讀本內容兼有校勘、注釋、翻譯、理論闡發等多重性質，爲學者所喜用」。〔註81〕《文心雕龍讀本》校注釋譯諸目前文已有詳細說明，下面擇其「解題」和「問題討論與練習」兩項分析之，以突出王先生「龍學」研究「普及與提高兼顧」之特色。

（一）解　題

　　解題或稱提要，其功用在於幫助讀者瞭解一書大致內容、價值意義及作者生平事迹等。王先生於《文心雕龍》每篇正文之前，皆有一大段文字，勾畫龍睛，雖名爲解題，實則爲專篇研究文章。《讀本》解題從功能上說，類似小說、戲劇評點中書前「讀書法」，常以三言兩語，鈎玄提要，既從內容上闡發篇章主旨，又在形式上合乎解題義例。

　　《讀本》「解題」訓詁篇題以發明篇章意旨，一方面守訓詁舊例，援引典籍，探本索源，如：

　　　　「章」「句」二字，初皆指文字稽、指、停、頓的區別，後推展爲篇
　　　　籍、文辭、段落、界劃的稱謂。「章句」成詞，本謂分析古籍之章節
　　　　句讀，如漢書藝文志六藝略，於易載有施孟、梁丘章句，於書有歐陽、
　　　　大小夏侯章句，於春秋有公羊、穀梁章句，彥和此處以「章句」名篇，
　　　　主要在討論文學創作的裁章造句和漢儒專務章句訓詁之分析者不同。

又時有突破，對篇題進行現代性闡釋，如：

　　　　比者，擬也，借擬他物，譬喻比理，言近旨遠，情附於物，可說是
　　　　修辭的象徵法。興者，寄託外物，興發內感，先比後賦，物動夫情，

　　　　2001 年版，第 443 頁。
〔註81〕劉渼：《臺灣近五十年來「〈文心雕龍〉學」研究》，臺灣萬卷樓圖書有限公司
　　　　2001 年版，第 443 頁。

可謂是修辭中的聯想法。

一篇之「解題」往往涉及全書之架構和前後篇章，如：

> 「總術」者，總論文術之應當講求，可說是創作論的前言。因為全書的序言放在書末，所以創作論的前言也殿於全論之末，並非別有所謂文術也。

以及他人著作以明理論之來途去徑，如：

> 「風骨」一詞，最早見於《魏書祖瑩傳》，所謂「文章須自出機杼，成一家風骨，何能共人同生活也」，與彥和同時之謝赫的《古畫品錄》裏，評曹不興的畫說：「觀其風骨，名豈虛成？」

（二）問題討論與練習

《文心雕龍讀本》所設問題關涉「龍學」研究方方面面，全部問題恰好勾勒出「龍學」研究脈絡。《讀本》此目特點如下。

（1）問題設置小中見大，雖就具體字句發問，卻關乎篇章主旨，如：

> 劉勰謂：「道沿聖以垂文，聖因文而明道。」試舉其說而申言之？（《原道》）

> 「文能宗經，體有六義。」此六義為何？（《宗經》）

（2）所設問題關涉全書結構，勾連前後篇章，如：

> 神思篇以前與以後，其論議目標有何不同？（《神思》）

> 章學誠謂文心「體大慮周」，試就全書五十篇之組織、佈局說明之。（《序志》）

（3）所設問題涉及古代文論眾多著作，非局於《文心雕龍》一書，如：

> 孟子言善養浩然之氣，曹丕言文以氣為主，彥和著養氣之篇，三家所謂之「養氣」，有何不同？

> 文心雕龍之「原道」，與淮南子之「原道」，韓愈之「原道」，三者有何不同？

（4）王氏關注學術文化遷流，這在問題設置上亦有所體現，如：

> 試述屈宋作品在中國文學發展上的地位？及其對後世之影響。（《辨騷》）

> 春秋經與左氏之間關係如何？並申言在我國史籍上的價值。（《史傳》）

（5）問題有當下意識，指向讀者自身，重切己體察工夫，如：

　　彥和言「通變」，今人言「傳統與現代」，時隔千載，不知兩者的思想、觀念，有無契合處，試述己見以明之。（《通變》）

　　彥和論虛字，有云：「據事似閒，在用實切。」何故？試根據自己寫作經驗，加以說明。（《章句》）

除了以上兩端外，王更生先生對《文心雕龍》的研究方法的倡導和實踐以及關於研究綜述的撰寫也能見出其「龍學」研究上述特色。其關於《文心雕龍》研究方法的論述，約略可概括為以下三端：一、介紹《文心雕龍》研究路徑，二、實踐並總結《文心雕龍》研究方法，三、高揭並實踐《文心雕龍》研究之「自為法」。第一點是關於《文心雕龍》研究之方法論，屬於「道」的層面；第二點是「論」《文心雕龍》研究之具體方法，屬於「術」的層面；第三點是化對象自身理路為主體之研究方法，是王先生在《文心雕龍》研究方法上的創闢。其關於「龍學」研究的綜述約有四種：《〈文心雕龍〉研究的回顧與前瞻》，屬於通史類；《隋唐時期的龍學》，屬於斷代史類；《近六十年來〈文心雕龍〉研究概觀》（1914～1973）、《最近（1974～1987）國內外研究〈文心雕龍〉概況》，屬於現當代史。研究方法的提倡和學術史的描述，兼有普及與提高二義，由此可見王先生「龍學」研究之特色。

第六節　問題與不足摭談

　　王更生先生集數十年之心力於「龍學」研究，不轉不移，立得住腳跟，耐得住寂寞；對研究問題長時間深入思考，是則贊之，非則駁之，態度一貫。正惟如此，王先生「龍學」研究亦不無一偏之失。筆者亦不避尊者諱，在行文結束之際，摭談其問題與不足。

一、不同著述交叉重複現象時或有之

　　對同一個問題的「長考」，能夠推動研究進步，表現於著述中，就是「以今日之我非昨日之我」；但同樣的內容略作改動出現於另一種著作中，則造成著述之間交叉重複現象。王更生先生的著述中有這種現象。

　　《文心雕龍研究》「緒論」四「文心雕龍研究的瞻望及其應循之途徑」與《重修增訂文心雕龍導讀》十一「『文心雕龍學』發展的新趨勢」內容相同。

《中國古代文學理論的秘寶——文心雕龍》三「樞紐全局的文學本原論」與《文心雕龍管窺》四「劉勰的文學三原論」內容相同。《文心雕龍新論》第六部分與《文心雕龍管窺》第八部分不僅標題一致，同為「劉勰文學批評的理論與實際」，而且內容完全相同。除此之外，內容近似、意旨相同者，亦不在少數，如《中國古代文學理論的秘寶——文心雕龍》與《文心雕龍研究》關於《文心雕龍》文體論、文術論和文評論的論述。

　　以上現象恐怕出於著述求全之考慮，其得在於此，其失亦在於此。

二、對范文瀾、楊明照二家評價有欠妥當

　　范文瀾先生的《文心雕龍注》和楊明照先生的《文心雕龍校注》都是「龍學」研究的經典著作。王更生先生著有《文心雕龍范注駁正》和《歲久彌光的「龍學家」》二書評論范、楊二氏著作。相較而言，王更生先生嚴責「范注」，而對楊明照先生的著述則褒揚有加。

　　《文心雕龍范注駁正》於分析「范注」體例後從六個方面指摘范注瑕纇。一、采輯未備：於所引《梁書》本傳中不錄《序志》原文，沒有為舍人編製年譜；板本無考；未收前人於是書之序跋、評點、著錄；未收舍人之遺著。二、體例不當：收錄日本人鈴木虎雄《黃叔琳本文心雕龍校勘記》之緒言和校勘所用書目，觀點有偏差，不合乎著書體例；於《文心雕龍》各篇篇旨或釋或不釋，無體例可循；校勘或夾入正文，附注中，或校而不注，或別目單行，無體例可循；稱謂不當，前後不一，未合乎例言；引書不詳卷次，與例言不一致。三、立說乖謬：范注圖表組織體系毫無根據，不按《序志》劃分結構；排列順序錯誤，「文原論」、「文體論」不分；不辨是非，《辨騷》入「文原論」；創作論體系圖牽強附會，致「體性」分途、「風骨」異幟、「通變」「定勢」散置眾篇之下、「附會」「物色」異路爭趨。四、校勘不精，范氏鑒於黃注紀評之謬而親為操觚，其自身誤校、失校可商量處很多，王氏採得九十二條。五、注解錯訛，范氏不甚明瞭舍人行文詞例、字例以及造語之例，資料選取、剪裁、安排未盡精當，有些注釋望文生義、牽強附會，王氏正之者三十四條。六、出處不明，王氏綜理范注，擇其出處不明、不當，或引證未博，而待補者四十六條。

　　王先生所駁正的第二點與第三點，在筆者看來，一處屬於著述習慣之不同，一處屬於學術觀點之爭鳴。王氏於此二點之駁正，不說是無謂，亦屬於

以己繩人、求全苛責。

在《歲久彌光的「龍學」家》一書，王氏高度評價楊明照先生於「龍學」之貢獻，由學術著述而學術方法而學術態度而學術精神，由書而人，褒揚不已，與嚴責「范注」相較，可謂霄壤懸殊。其間既有政治原因，又與王氏個人評價態度與時轉變相關。嚴責「范注」以求學術之真，此乃學術研究之知識定位；褒讚楊明照先生「龍學」成就揚人之善，此乃王氏於「龍學」之真情流露。《駁正》成書於上世紀70年代末期，臺灣與大陸處於隔絕敵對的狀態，作為一個資深的國民黨中央委員，王氏自然有責任為王前驅，在學術上「反擊」「范注」。在2007年出版的《文心雕龍管窺》一書第十一章言及「范注」時，王氏的口氣明顯緩和了許多。《歲久彌光的「龍學」家》出版於2000年，此時大陸與臺灣關係已走向緩和，楊明照先生的學術功力又普遍受到「龍學」界的推崇，二人又曾於1995相晤於北京，王氏對楊明照先生由知識而敬愛，以知心能見著作之真，以愛心能會著作之善，故於楊明照先生不責一辭。〔註82〕

三、對周振甫《文心雕龍注釋》依傍過重

《文心雕龍讀本》「序言」稱是書寫作曾參考周振甫《文心雕龍注釋》。

〔註82〕 王氏對於楊明照先生的學術觀點的態度並非一成不變，亦有一個轉變的歷史過程。《文心雕龍研究》第十三章「臺灣文心雕龍學的研究與展望」，王氏評己之《梁劉彥和年譜稿》說：「二是不採楊明照《梁書劉勰傳箋注》和李慶甲《劉勰卒年考》二家的新說。以為他們『用後說推論前證』，不僅危險，且犯不考之過。」《重修增訂文心雕龍導讀》第一章附注18說：「他（李慶甲）根據後出的資料如南宋釋祖琇撰於隆興（西元1163～1164）年間的《隆興佛教編年》、南宋釋志磐撰於咸淳（西元1264～1274）年間的《佛祖統紀》、南宋釋本覺撰於咸淳年間的《釋氏通鑒》、元釋念常撰於恭定（西元1324～1328）年間的《佛祖歷代通載》、元釋覺岸撰於至正（西元1341～1368）年間的《釋氏稽古錄》，推斷劉勰的卒年是梁武帝中大通四年（西元532）總共活了六十七、八歲，李氏有以後說推翻前論之意，今錄於此，供讀者參考。」《中國古代文學理論的秘寶──文心雕龍》「緒論」於陳述己見後，繼之以「近年有人根據後出的《隆通論》記載，以為劉勰卒於梁武帝中大通四年（532），把劉勰的存活時間延長了十年」數語，未加評論，視為兩存。《歲久彌新的「龍學」家》：「此說即修正了他（楊明照）早期在《梁書劉勰傳箋注》的看法，同時也看出他如何運用後出的新資料，與原本《梁書》、《南史》中《劉勰傳》，和其他相關作品，達到精理密察，無徵不信的目的。」由《研究》到《導讀》、《秘寶》再到《「龍學」家》，王氏對楊明照和李慶甲的劉勰卒年新說，由最初的駁斥，繼之以評錄，再繼之視為兩存，最後肯定。此間變化既昭示了王氏學術視野的擴大，又可見王氏其人胸襟和氣度的開闊和謙和。

劉渼說《文心雕龍讀本》著作體例曾採周振甫《文心雕龍注釋》「評」與「說明」。筆者比對二書，發現《文心雕龍讀本》對周振甫先生《文心雕龍注釋》依傍過重。

「校注與釋譯並行」一節中，曾對王氏《文心雕龍讀本》與周氏《文心雕龍注釋》之間的關係加以比較，說明王注受到周注甚大影響。除「注釋」一端外，《文心雕龍讀本》「集評」一項中的「評點」幾乎照搬《文心雕龍注釋》中「評」的條目。而校字方面亦過於依傍周氏《注釋》，乃至不明真相。例如《比興》：「枚乘《菟園》云：『焱焱紛紛，若塵埃之間白雲』。」「焱焱」，《讀本》校曰：「原作『焱焱』，形近致誤，茲依周振甫《校注》並枚乘《菟園賦》上下文義改。」〔註83〕檢周振甫《文心雕龍注釋》（1981年），此句「焱焱」逕改為「焱焱」，未出校；而其此前出版的《文心雕龍選譯》（1980年），此後出版的《文心雕龍今譯》（1986年），於此均曰「據楊注改」。核驗楊注，此句校曰：「按從三火之『焱』與從三犬之『猋』，音義俱別。枚賦此段寫鳥，合是『猋』字。『猋猋紛紛』，蓋形容眾鳥『往來霞水，離散沒合』之變化多端，不可名狀。……是『焱』、『猋』二字形近，故易互偽也。」〔註84〕據此，《讀本》「茲依周振甫《校注》」，當為「茲依楊明照《校注》」。

〔註83〕王更生：《文心雕龍讀本》（下篇），臺灣文史哲出版社1999年版，第146頁。
〔註84〕楊明照：《增訂文心雕龍校注》（上），中華書局2000年版，第462～463頁。

第九章　論祖保泉的《文心雕龍》研究

　　祖保泉先生爲當代「龍學」研究重鎮，中國《文心雕龍》學會發起人之一。1982 年 10 月下旬在山東濟南召開了全國第一次《文心雕龍》研討會，會上推舉王元化同志爲組長，由孫昌熙、祖保泉、任孚先、牟世金五人，組成《文心雕龍》學會籌備小組。1983 年 8 月，《文心雕龍》學會正式成立，祖保泉在成立大會上當選爲常務理事。1986 年 4 月，祖保泉在安徽屯溪組織籌辦了《文心雕龍》學會第二屆年會，會議代表 100 多人，大會取得了圓滿成功。

第一節　「龍學」研究淵源有自

　　祖保泉先生早在大學時代就有幸聆聽「龍學」大師潘重規、楊明照的教誨，對《文心雕龍》產生濃厚興趣。1943 年祖保泉先生考取四川大學中文系，他選修的專業課就有潘重規先生主講的《文心雕龍》。據祖保泉先生回憶：潘先生「講《文心雕龍》，板書特多『黃先生曰』（《文心雕龍箚記》），我之研習《文心雕龍》自此始（1945～1946）。」〔註1〕潘重規先生爲黃侃女婿，「黃先生曰」的內容就是黃侃的《文心雕龍箚記》。

　　《箚記》原是黃侃 1914 年至 1919 年任教北京大學的講義，並非一次性完成，而是在授課的過程中不斷增益的。《箚記》正式出版之前，亦曾零星發表於一些雜誌上。1927 年，北平文化學社將散見的講義集結成書，名之爲《文心雕龍箚記》，收錄《神思》以下二十篇。1919 年，黃侃離開北京大學，任教於武昌高等師範、武昌中華大學等學校，亦曾講授《文心雕龍》。爲教學方便，

〔註1〕祖保泉：《生平述略》（自撰打印本）。

將講義印出，分發給學生。1935 年，黃侃逝世於南京，前中央大學所辦《文藝叢刊》計劃出版紀念專號，乃檢篋中所藏武昌高等師範所印講章，錄出《原道》以下十一篇畀之。

不過，《箚記》首次以全貌出現當屬四川大學排印本。祖保泉先生就是當時編訂人員之一，他回憶說：「1943 年秋至 1946 年春，潘重規先生在四川大學主講《詩經》、《文心雕龍》，四五年秋，抗日戰爭勝利，四六年初，安徽大學宣告復校，聘先生為中文系主任，潘先生於四月下旬離川大，我班的《文心》課中輟。有人提出集資翻印黃侃《文心雕龍箚記》，全班贊成，訪求《箚記》原文，得三十二篇（包括《物色》），疑為尚有逸佚。八月，佘雪曼先生到校，出其所藏《箚記》三十二篇，並一再說：『黃先生只寫三十一篇』。於是決定付印……」〔註 2〕川大本《箚記》封面為黑綠色，上有瘦金體「文心雕龍箚記」字樣，旁有「佘雪曼署」題簽。書正文之前有一頁，題曰：「民國三十六年刊於國立四川大學」，近隸體。書內頁為宣紙，除首兩頁未標頁碼外，共 88 頁。目錄首載「題辭及略例」，次為「原道第一」等至「總術第四十四」，但其中「議對第二十四」、「書記第二十五」於目錄俱脫，而其內文並無缺。其後附有駱鴻凱所撰《物色》篇箚記。但由於成書倉促，未加細校，加之排版不精，書中錯訛之處較多，所以書後附有兩頁勘誤表。此書由成都華英書局發行，主要用於內部傳閱，印數較少，至今罕見，但其價值卻十分重大：首次將三十一篇合為一體，真正展現了《箚記》的全貌。〔註 3〕

祖保泉先生在川大研習《文心雕龍》的另一名啟蒙老師就是楊明照先生。1946 年 4 月底，潘重規先生課未終了就離校回安徽，「《文心》課中輟」。而當時楊明照正好在講授「校勘學」，並允許中文系四年級學生聽課，於是祖保泉就成了楊氏「校勘學」的旁聽生。「楊氏講授校勘學，實乃以黃叔琳注《文心雕龍》為底本，擇要校勘字句。他在課堂上給學生的第一印象：真把五十篇《文心雕龍》背誦得透熟，令學生折服。從楊氏學習校勘《文心雕龍》，學生必備掃葉山房石印本黃注《文心雕龍》一套，隨楊氏指點，連類而及，摘原文、黃注，又記錄楊氏「按語」，方可具體地獲得教益。否則，只落得個讚歎

〔註 2〕 見祖保泉 1998 年 1 月 20 日手書《〈文心雕龍箚記〉川大本付印簡況》。
〔註 3〕 關於《文心雕龍箚記》版本及成書的詳細情況，參見本書第一章《論黃侃的〈文心雕龍箚記〉》第一節。

——『楊老師眞博學！』」〔註4〕

此後，祖保泉一直對楊先生執弟子禮，讀楊氏有關《文心雕龍》的著作，受益頗多。中國文心雕龍學會成立後，楊明照當選爲副會長，考慮到祖保泉與楊先生的師生關係，學會成立初期與楊老的聯繫工作，主要由祖保泉來做。這樣，祖保泉與楊老的接觸也就多起來。1989 年，爲慶賀楊明照先生 80 壽辰暨執教 50 週年，川大特向海內外學者徵稿。祖保泉以《〈文心·指瑕〉疑難句試解》一文爲其師祝壽，篇首祝壽辭爲：

> 卓哉先生，國之英邁。深究龍學，稱揚四海。著述宏明，貴有精解。
> 學而不已，謙遜誰逮？誨我後生，似霑如漑。遺榮崇實，得大自在。
> 輕撚美髯，奕奕神采。壽開八秩，風望百代。

學生　祖保泉三拜
1989·8·16

祝壽文集《文心同雕集》1990 年由成都出版社正式出版，曹順慶在後記中對祖保泉的文章作了這樣的評價：「祖保泉教授的論文，考證周詳，功底深厚，深得先生（楊明照）之衣缽。」

2004 年 3 月 27 日，我在深圳大學參加《文心雕龍》國際學術研討會，本來祖保泉先生要與我一同參會的，後來因身體原因而未能同行。曹順慶教授在會上彙報了楊明照先生仙逝的有關情況，並請我將參會論文《楊明照〈文心雕龍〉校注四書的版本變遷及文獻學價值》轉交給他，以備出版楊先生紀念文集之用。後來我在該文篇首補寫了題記：

> 2003 年 12 月 6 日，一代學術大師楊明照先生安然與世長辭。先生畢生研治《文心》，蜚聲四海，有「龍學」泰斗之稱。所著《文心雕龍》校注四書，歷時七十餘年，凝聚了他的畢生心血，可與天地同久，共日月永光。

2004 年 6 月 15 日，四川大學、大足縣政府在大足縣北山石刻公園內爲楊先生修建了陵墓，並舉行了隆重的葬禮，同時召開了由四川大學、大足中學、重慶師範大學共同主辦的「楊明照先生學術思想暨《文心雕龍》國際學術研討會」。祖保泉先生因年事已高，行動不便，遂派我爲代表，攜文參加楊先生葬禮，並在會上宣讀論文《楊明照〈文心雕龍〉校注摭拾》。該文被收入曹順慶主編的《文心永寄——楊明照先生紀念文集》（巴蜀書社 2007 年出版）。

〔註4〕祖保泉：《現當代〈文心雕龍〉五學人年表》，載《文學前沿》第 13 輯。

楊先生在世時也很看重祖保泉這個當年的「旁聽生」，1987 年 10 月 7～12 日，楊先生在成都主持召開中國古代文學理論學會第五次年會。因到會的會員很多，楊先生日夜為會議操勞，還特意讓祖保泉主持一次會議討論。

這種親密的師生關係對祖保泉先生的《文心雕龍》研究起了潛移默化的影響，也使祖保泉先生有心傳承楊氏之學。祖保泉先生在《文心雕龍解說》例言中明確地說：「在注釋中說清某字某句原作某字某句，以及校改的依據、旁證。楊明照先生在這方面貢獻特多，因而本書校字引用楊先生的校語也比較多些。」多到什麼程度？祖保泉先生最近對全書逐頁進行翻檢，統計結果為：全書引用楊先生語共計 68 條。由此可見，楊先生《文心雕龍》研究對祖保泉先生的影響很大，同時亦可證祖保泉先生對楊氏「龍學」的傳承用力甚勤。

第二節　《文心雕龍解說》略評

祖保泉先生在川大得潘重規、楊明照等「龍學」大師的真傳，為其日後的《文心雕龍》專門研究奠定了堅實的基礎。然而，祖保泉先生對《文心雕龍》的真正研究又是與教學實踐聯繫在一起的。早在 70 年代末，祖保泉先生在安徽師範大學中文系就為高年級學生講授《文心雕龍》。他認為教材是教學質量的根本保證，要上好《文心雕龍》課，必須寫一本教材。於是有了《文心雕龍選析》的油印本（我至今保留著這個油印本）。課上了四遍，油印本教材也修補了兩次，1984 年《文心雕龍選析》由安徽教育出版社正式出版。這本書是完全按教學順序編排的，首選《梁書‧劉勰傳》，次選《序志》、《原道》、《宗經》、《辨騷》等 20 篇，涉及全書的總論、文體論、創作論和批評鑒賞論各個部分。每篇有原文、注釋和簡析三部分組成。由於這本書的內容和體例符合教學實際，切合教學需要，且多有獨到見解，所以被多所大學開設《文心雕龍》課的教師選為教學參考書。1989 年，該書榮獲國家教委頒發的《文心雕龍》教學、教材建設國家級優秀獎。

多年來，祖保泉先生一直堅持為本科生和研究生開設「《文心雕龍》研究」課程。他強調教師上課要有紮實的基本功，要講出自己的心得體會，不能炒冷飯。為系統講授「《文心雕龍》研究」課程，他對全書進行了認真的鑽研，從字句校勘、典故引證到義理闡釋，都力求講出自己的見解。在此基礎上，

祖保泉先生決定對《文心雕龍選析》進行修改，按照原來的格局，寫一部包含 50 篇的《文心雕龍解說》。經過近十年的努力，1993 年《文心雕龍解說》正式出版。

20 世紀 90 年代以來，《文心雕龍》研究呈現出萎縮的趨勢，其中一個重要表現就是研究專著的數量有所減少、質量有所下降，校注譯釋方面的力作更是少見。在這種情況下，《文心雕龍解說》一書便顯得彌足珍貴。該書是作者近 50 年學習、研究《文心雕龍》心得的結晶，全書注釋簡明而解說詳盡。各篇解說均就原文所提出的主要問題展開論證，對歷來認爲重點、難點問題更是詳加剖析，且多有精解新見。

作爲一部對《文心雕龍》作全面解說的研究著作，作者首先對一些有爭議的理論問題表明了自己的觀點。關於《文心雕龍》文學理論體系，作者緊扣《文心雕龍·序志》對全書結構體系的說明作闡釋，認爲「貫串《文心》全書的『文之樞紐』，就集中體現在『稟經制式』、『變通適會』這對矛盾統一的雙向要求上。」接著作者對這種「雙向要求」在全書「文之樞紐」、「論文敘筆」和「剖情析采」三個部分的具體運用作了合情合理的解釋。既然根據劉勰自己所列示的《文心》理論體系，我們能作出合理的說明，那麼就不必用先移動《文心》篇次然後加以闡發的方式來得出一套理論體系。因爲通過這種方式得出的理論體系是不是《文心》原來的理論體系，就要打問號了。所以，作者在另一個有爭議的問題，即《文心》篇次問題上，又是肯定通行本《文心》五十篇篇次全無錯亂。作者分別就《文心》分卷問題、上篇《雜文》的位置問題、下篇篇次組合問題展開論證，提出應該細心體會通行本的分卷和篇次安排，在沒有得到確鑿的證據之前，不宜對通行本的分卷和篇次作強行移動。這種觀點不僅是愼重的，而且也是有重要依據的。因爲距梁代不遠的陳、隋人所見到的《文心》的篇次、卷數就是如此。

其次，作者在書中對一些隱性問題提出了自己獨到的見解。「比興」是中國古典詩學的核心問題，劉勰撰《比興》篇申述其義，歷來備受人們重視。《比興》篇論「比」較詳，論「興」只有寥寥數語，且受《毛傳》思想影響，認爲凡「興」皆有寓意。其實，問題並不這麼簡單。作者爲了把問題弄清楚，通檢《詩經》用「興」的詩句，指出《詩經》中兩句頭的「興」的用法，「有些是全有寓意的，有些是一句湊韻、一句有寓意的，有些是兩句全爲湊韻的」。這樣，《比興》之「興」就有三種表現形式：「有的有譬喻作用，有的半有半

無譬喻作用，有的全無譬喻作用。」明乎此，不僅對理解《比興》篇有幫助，而且對讀詩也是有益的。另外，對劉勰為何要撰《事類》篇，「事類」與「事義」是否是等同的概念等問題，作者也有獨到之見。我們知道，寫駢文要有修辭功夫。在駢文中以古事、成辭為裝點，已成為一個不可忽視的因素。「但是在文章中用古事、引成辭有它的兩面性：運用得當，借古事以申今情，則『不啻自其口出』；運用不當，則紕繆叢生。劉勰注意到了這個創作上的實際問題，試圖加以解決，便撰寫《事類》篇。」然而，六朝人對用古事、引成辭這種修辭現象稱謂不一：有稱為「事類」的，有稱為「事義」的，也有稱為「用事」的。作者通過對六朝文論的系統分析和《文心》前後各篇的相互比勘，得出這樣幾個結論：（一）鍾嶸、蕭統、顏之推筆下的「事義」指「用古事」；（二）摯虞、劉勰筆下的「事類」指「用古事」；（三）劉勰筆下的「事義」有的泛指日常事理，有的專指「用古事」，不可一概而論；（四）劉勰筆下的「事類」、「事義」不是等同的概念。搞清這些隱性問題，對人們研習《文心》不無裨益。所以，詹鍈在《文心雕龍義證》中特別徵引了作者上述見解，以助說明《事類》問題。

　　復次，該書對《文心雕龍》中一些疑難詞語的校勘也頗多精彩之處。《哀弔》有言：「弔者，至也。詩云：『神之弔矣』。言神至也。君子令終定諡，事極理哀，故賓之慰主，亦以至到為言也。」對這段話中「故賓之慰主，亦以至到為言也」兩句，注家多未獲確解，因而譯文也就不得要領，或譯作「所以客人來慰問喪家的主人，也是從至到來說的」，或譯作「故賓客來慰問主人，也用『至到為弔』這個詞了」。這樣的譯文語意含糊，使人無法瞭解「弔」的具體內涵。作者遍考《說文》、《爾雅》、《經義述聞》、《甲骨文編》諸書，認為古代有「至到」之「弔」，有「祥善」之「弔」。並進一步指出劉勰對「弔」的訓釋是沿漢人之誤而來的，但劉勰明確說出：「弔者，至也。詩云：『神之弔矣』。言神至也。」這就是說「至」的主語是「神」，不是「賓之慰主」的「賓」。《小雅・天保》：「神之弔矣，詒爾多福。」可證劉勰所謂「神至」，指鬼神到來，「詒（通貽）爾多福」。因此，「以至到為言」，實是「以神至，詒爾多福為言」的縮略語。「故賓之慰主，亦以至到為言也」兩句，意思就是「也用鬼神到來貽福為話題來安慰喪主」。「詒爾多福」正是弔唁之詞，諸家譯文含糊不清的原因在於沒有看到劉勰引文省略的情況。還有，作者對《指瑕》篇難句的考證也是道前人所未道。《指瑕》有「始有賞際奇至之言，終有撫叩

酬即之語」兩句，黃侃《文心雕龍劄記》曰：「二語，今不知所出。」范文瀾《文心雕龍注》曰：「未得確解。」劉永濟《文心雕龍校釋》曰：「二句，頗難索解。」此後譯注者對此皆缺而不論。這兩句的關鍵是「賞際奇至」、「撫叩酬即」八個字，這八個字是「兩個句子」，還是「四個復合詞」，或者是各不相連的「八個單詞」？三者必居其一。爲了求得實證，作者檢閱了存留下來的晉宋詩文，最後得出結論：「那八個字不是『兩句』，也不是『四個復合詞』，因爲這都查無實據；而只能是『八個單詞』，這在晉宋詩文中是可以找到大量實據來爲劉勰作證的。」接著，作者以晉宋詩文爲例，對這八個字作了一一論證，鐵證如山，實爲不刊之論。此外，作者對《隱秀》篇校勘的補充論證，也從版式排列上爲斷定《隱秀》「補文」爲僞託提供了新的論據。

作者除了對隱性問題、疑難詞句時有精解新見外，對一般論者都關注的重要理論問題也力求有自己的裁斷。《神思》曰：「拙辭或孕於巧義，庸事或萌於新意；視布於麻，雖云未費，杼軸獻功，煥然乃珍。」黃侃、劉永濟認爲這幾句談的是文章修改潤色問題，郭紹虞主編《中國歷代文論選》認爲這幾句說的是通過想像如何對寫作素材進行加工問題。作者卻認爲：「這兩種解釋，合之則全，離之則偏。」「拙辭」之所以拙，因爲缺乏形象化；「庸事」之所以庸，因爲作家未能從平常事物的背後看到不平常的新意象。改掉這些缺陷，不僅是修辭問題，也是想像問題。這種認識無疑是全面而又深刻的。《風骨》是《文心》研究中爭議最多的一篇，一般認爲「風」是對思想內容方面的一種美學要求，「骨」是對詞語形式方面的一種美學要求。作者認爲「風骨」是劉勰提出來的文學風格上的具有特定含義的術語。「風」與「骨」皆與文章的情思有關，這關係表現爲：作家必先具有激動著自己的思想感情，然後才能進行創作——立意、鋪辭，這樣，他的作品才可能具有強烈的感染力。顯然，這是一線貫連的，不能相互代替的三個階段。「風骨」的精神實質，即劉勰說的「風清骨駿」或「風力遒」、「骨髓峻」。形之於風格就成了一種文情並茂、結構嚴密、剛健朗暢的力的美。這種分析應該說是深得《風骨》要旨的。關於「通變」，作者不同意「通指繼承，變指創新」的說法，而是認爲「通變」就是文中的「憑情以會通，負氣以適變」，就是作家應根據自己的眞情實感和創作個性，融會貫通地吸收古今作品的長處，從而創造出適應時勢需要的嶄新的作品。關於「定勢」之「勢」，作者認爲指的是文章的「姿勢」，即「風格的外在表現」。它是在創作時，由作家特定的思想感情轉化爲形式的過程中

形成的，是作家發揮了創作的主觀能動性而又適應了客觀需要的結果。這些都是作者不避成說且又別出新解的觀點。

　　總之，該書為 20 世紀《文心》研究的一部力作，是《文心》校注譯釋方面的精品。所以，該書榮獲安徽省第三屆社會科學研究成果一等獎，也就是當之無愧的了。據參與其事的人說，評審專家對該書拔得頭籌別無異議，而是充分肯定了該書貢獻卓著。首先，「龍學」研究經歷了從文本校注到通俗翻譯再到理論詮釋的發展過程，《解說》乃詮釋新作，全書不避艱奧，逐篇逐點解說，有助於提升《文心》理論研究的水平；其次，在學理上有多項突破，如在劉勰的思想基礎、《文心》的篇次組合等有爭議之處，皆提出了一家之見；再次，該書在國內多次再版重印，供不應求，並已行銷到美國紐約、澳大利亞悉尼、法國巴黎、日本東京等地，在海內外產生較大影響。

附錄：主要引用書目簡稱全簡對照表

簡　稱	全　稱
梅注、《音注》	梅慶生《文心雕龍音注》
《訓故》	王惟儉《文心雕龍訓故》
黃注、《輯注》	黃叔琳《文心雕龍輯注》
紀評	紀昀《文心雕龍評點》
《補注》	李詳《文心雕龍補注》
《箚記》	黃侃《文心雕龍箚記》
范注	范文瀾《文心雕龍注》
楊注、《校注》	楊明照《文心雕龍校注》
楊注、《拾遺》	楊明照《文心雕龍校注拾遺》
楊注、《補正》	楊明照《文心雕龍校注拾遺補正》
《校證》	王利器《文心雕龍校證》
《創作論》	王元化《文心雕龍創作論》
《講疏》	王元化《文心雕龍講疏》
《校釋》	劉永濟《文心雕龍校釋》
《義證》	詹鍈《文心雕龍義證》
牟注、《譯注》	陸侃如、牟世金《文心雕龍譯注》
《彙考》	牟世金《劉勰年譜彙考》
周注、《注釋》	周振甫《文心雕龍注釋》
郭注、《注譯》	郭晉稀《文心雕龍注譯》
《解說》	祖保泉《文心雕龍解說》
王注、《讀本》	王更生《文心雕龍讀本》
《斠詮》	李曰剛《文心雕龍斠詮》

後　記

　　1990 年，我陪祖保泉先生赴汕頭參加《文心雕龍》學會第三屆年會。途中，我與先生聊起了學位論文的寫作及以後的學術研究方向問題。先生告訴我，他對明清有關《文心雕龍》的批點和評點作過專門研究，寫了《試論楊、曹、鍾對文心雕龍的批點》和《文心雕龍紀評瑣議》兩篇文章，發表在《文心雕龍學刊》上，這些研究屬於《文心雕龍》研究史的範圍，並問我是否願意在這方面繼續研究下去，協助他完成《文心雕龍》研究史的工作。我說當然願意，祇是擔心能力不夠。先生鼓勵我說：能力是鍛煉出來的，先選一個點試試。於是我們商定先以范文瀾《文心雕龍注》為研究對象，並作為我的學位論文選題。經過兩個月的拼搏，我拿出了初稿。先生審閱完畢，改動了幾處用語，說可以定稿了。在我畢業留校後，先生又對我說：以後《文心雕龍》研究史你自己繼續做下去。

　　可是，剛開始工作頭緒繁多，無暇顧及「《文心雕龍》研究史」。直到 1999 年我才寫了一篇《20 世紀中國文心雕龍研究的回顧與反思》的論文，想循著先生明清《文心雕龍》研究的路子走下去，把重點放在 20 世紀《文心雕龍》研究上。2001 年，我憑藉《范文瀾文心雕龍注研究》和《20 世紀中國文心雕龍研究的回顧與反思》的前期研究成果，以「《文心雕龍》研究史」為題，申報了教育部人文社會科學研究規劃基金專案，並被批准立項。

　　然而，就在 2001 年初，我兼任了學校一個老牌中語類刊物的主編，雖然是兼職，但要把事情做好，還是需要耗費大量的時間和精力。課題已經正式立項，不能不做；剛接手的雜誌又要開拓發展，不能不盡職！怎麼辦？情急之下，我想到了我的研究生。當年先生就是在我讀研究生時，讓我參與他的研究計劃的；而我從 1998 年也開始指導研究生了，為什麼不能讓他們參與到

我的課題研究中呢！於是，我先後邀請了張霞雲、范偉軍、葉當前、羅冰、殷學國、付莉、金玉生七位研究生，加入到「《文心雕龍》研究史」課題的研究中。我們師生在一起，以已經完成的《范文瀾文心雕龍注研究》爲藍本，共賞文心，協力雕龍，對 20 世紀著名「龍學」家的重要「龍學」成果，沈潛往復，從容含玩，陸續完成了對楊明照、牟世金、王利器、王元化、王更生、詹鍈、黃侃七位「龍學」大家的研究。這樣，加上我先前已經完成的范文瀾、祖保泉等「龍學」家的「《文心雕龍》研究史」成果，數量已頗爲可觀，可以構成一部內容豐厚的《20 世紀文心雕龍研究史論》。

　　本課題原來的工作計劃是分專題、按階段進行研究。但是在本課題進行過程中，大陸已有張少康等人的《文心雕龍研究史》問世，臺灣也有劉渼的《臺灣近五十年來文心雕龍學研究》出版。這兩部書材料豐富、跨度很大，廣涉古今中外現有的「龍學」研究成果。這樣，「《文心雕龍》研究史」在「史」的敘述方面留下的空間已不大，而在「論」的深入方面尚有開拓的餘地。有鑒於此，本課題對原研究方案作適當調整，以避免重複，突出重點。具體來說，就是以明清及 20 世紀《文心雕龍》研究中的重大成果爲主要研究對象，先就《文心雕龍》研究的整體狀況作一宏觀概述，然後對其中重要的「龍學」家和重大的「龍學」研究成果進行深入的個案分析和研究，以人爲綱、以論爲主，提高本課題的研究層次和質量。

　　需要說明的是，本課題是集體智慧的結晶，原結題成果《文心雕龍研究史論》中，不僅包括祖保泉教授的《論楊、曹、鍾的文心雕龍批點》、《論紀昀的文心雕龍評點》和《現當代文心雕龍五學人年表》，而且包括華東師大陸曉光教授的《王元化文心雕龍研究的六部著作》和何懿女士的《文心雕龍創作論「八說釋義」探微》、《〈文心雕龍講疏〉對〈文心雕龍創作論〉所做減法之啓示》，還有我的學生葉當前的《論戶田浩曉的〈文心雕龍研究〉》。這些成果都是他們獨立完成的，爲避免掠人之美，決定不再收錄本書中，但我還是要感謝他們對課題結項所給予的大力支持和無私幫助。

2012 年 2 月 14 日

書　影

書影一　不同時期出版的黃侃《文心雕龍箚記》

書影二　不同時期出版的范文瀾《文心雕龍注》

書影三　不同時期出版的楊明照《文心雕龍校注》

書影四　王利器的《文心雕龍新書》和《文心雕龍校證》

書影五　不同時期出版的王元化《文心雕龍創作論》

書影六　詹鍈的《文心雕龍義證》和《文心雕龍風格學》

書影七　牟世金的《文心雕龍》研究著作

書影八　王更生的《文心雕龍》研究著作

書影九　祖保泉的《文心雕龍解說》和《文心雕龍選析》